ちくま学芸文庫

自己言及性について

ニクラス・ルーマン
土方 透　大澤善信 訳

筑摩書房

目次

自己言及性について

第1章　社会システムのオートポイエーシス

オートポイエーシスという用語は、生命を定義するものとして考案された。その出所は、あきらかに生物学である。他のさまざまな分野へ広げることが議論されてきたが、それらはあまりうまくいっているとはいえず、しかもまちがった前提にもとづいている。おそらく、われわれが疑わしいアプローチを行っていることが、つまり、われわれの研究の「ヒエラルキー」を「もつれ」させてしまっていることが、問題なのである。

さしあたり、心的システムも、そして社会システムでさえも、生命システムであるということに問題はないように思える。生命を欠いた意識や社会生活がありうるだろうか。ありえないとすれば、そして生命がオートポイエティックなシステムと定義されるならば、心的システムと社会システムをオートポイエティックなシステムと記述することをどうして拒否できるだろうか。このように、われわれは、オートポイエーシスと生命の密接な関係を保っておいたまま、この概念をさらに心的システムおよび社会システムに適用することができる。

ほとんど、そうするように強要されると言ってもよいくらいである。われわれの概念的アプローチがそれを強要するのである。[*1] しかしながら、心的システムおよび社会システムの「構成要素」がなんであるのか、厳密に定義しようとすると、われわれはただちに困難に突き当たる。心的システムも社会システムも、当該システムの同一の構成要素によって回帰的に再生産されることが、それぞれのシステムのオートポイエティックな統一性を成り立たせているはずだが、それぞれの構成要素はなんなのであろうか。また、われわれの理論的アプローチが、生命体の細胞、神経生理学的システム、免疫システム等々をも包括的な(?)心理学的現実や社会学的現実にふくめることを要求するのであれば、心的システムおよび社会システムにおける「閉鎖性」とは、なにを意味するのだろうか。

さらに、オートポイエーシスの理論は、オートポイエティックなシステムの自己再生産の様式としての生命に結びつけて理解されるならば、脳と機械、心的システムと社会システム、システムとしての社会と短期の相互作用を包含する一般システム理論のレベルに到達することはない。一般システム理論のレベルから見れば、生命システムはシステムの特殊な一タイプである。生命から離れ、オートポイエーシスを、自己言及的閉鎖性を用いたシステム形成の一般的形式と定義するならば、われわれは、非生命的なオートポイエティック・システムが、あるいはオートポイエティックな再生産のさまざまな様式が、存在することを認めなければならないだろうし、オートポイエティックな組織化の一般的諸原理

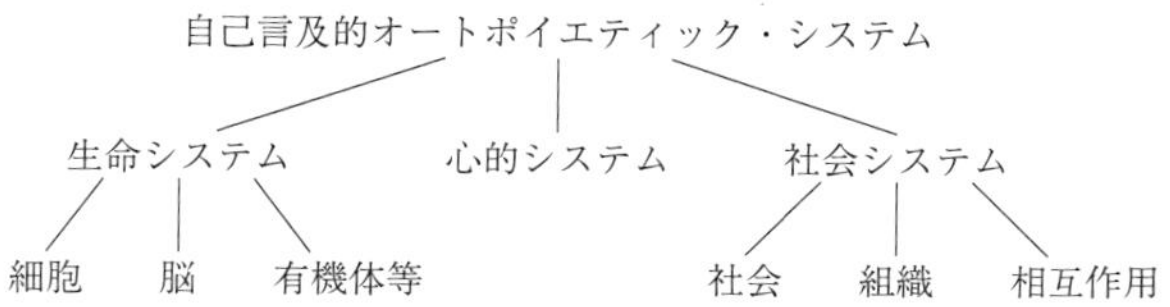

図　1

が存在していて、それが生命として具現するが、循環性と自己再生産の別の様式においても具現する、ということも認めなければならないであろう。いい換えれば、もしわれわれの世界に非生命的なオートポイエティック・システムを見いだすならば、そしてそのときのみ、われわれは、生命システムにのみ妥当するような言及を注意深く避けるオートポイエーシスの真の一般理論を必要とするようになるであろう。とはいえ、オートポイエーシスのどの属性が、このきわめて高度なレベルで有効であり続け、どの属性が、生命との結びつきのために除外されるべきなのだろうか。

以下では、次のような複数のレベルを区別するアプローチを用いる。すなわち、自己言及的なオートポイエティック・システムの一般理論と、より具体的なレベルを区別するが、より具体的なレベルでは、生命システム（細胞、脳、有機体、等々）と心的システムと社会システム（〔システムとしての〕社会、組織、相互作用）の三者を、異なった種類のオートポイエティック・システムとして区別することができるであろう（図1を参照）。

この図を、システムの内的分化を表したものと理解してはならない。

これは、システムの作動に関する図式ではなく、システムを観察するための図式である。この図が区別しているのは、システムの異なったタイプであり、オートポイエーシスの異なった実現のされ方である。

こうしたアプローチは、社会システムは生命システムではないし心的システムでさえもそうではないという反《アンチ》-アリストテレス的前提を受け入れる準備ができてはじめて、受容可能となる。オートポイエティックな閉鎖という考え方それ自体が、この理論的決断を要求している。つまり、この考え方から出発するなら、意味と生命とを異なった種類のオートポイエティックな組織化として明確に区別すべきだということになるのであり、さらに意味を使用するシステムは、意味にもとづく再生産の様式として意識を用いるか、あるいはコミュニケーションを用いるかということに応じてふたたび区別されなければならない。そうだとすれば、一方で、心理学および社会学の理論はこの要求に応えられるよう展開されなければならず、他方で、オートポイエーシスという考え方からは、生物学的含意を取り除かなければならない。この二つの作業は、あきらかに相互に依存している。オートポイエティック・システムの一般理論は、心的システムおよび社会システムの理論を基礎づけ、これに成功してはじめて、一般理論そのものは有意義なものとなる。なぜならば、そうしないかぎり、どのような属性が真に一般的であるか決定することができないからである。

原典の記述をそのまま用いるならば、オートポイエティック・システムとは「次のような構成要素の産出ネットワークの統一体として定義されるシステムである。すなわち、構成要素を産出するネットワークを、構成要素が回帰的に、つまりそれらの相互作用を通して、生み出し、実現し、さらに構成要素が存在する空間に、ネットワークの実現に関わる構成要素としてネットワークの境界を形成する、そうした構成要素の産出ネットワークの統一体である」[*2]。この定義によれば、オートポイエティック・システムは、単に自己組織的なシステムであるというだけではない。つまり、みずからの構造を生産し、やがて変更するというだけではない。その自己言及は、構造以外の構成要素の産出にも同様にあてはまる。これは、決定的な概念上の革新である。いわば、すでにパワフルな自己言及的マシンのエンジンに、さらにターボをつけたようなものである。つまり、要素さえも、すなわち、すくなくともシステムにとって分解不可能な最終的な構成要素（分割できないもの in-dividuals）さえも、システム自身によって生産される。それゆえ、システムによって単位として用いられるいかなるものも、システム自身により単位として生産されるのである。このことは、要素にも、過程にも、境界にも、そしてまた他の構造にもあてはまり、システムという統一体そのものにもあてはまる。つまり、オートポイエティック・システムは、同一性と差異性の構成という点で、統治者であるといえよう。もちろん、システムは、システム自身の物質的世界をつくるわけではない。システムは、たとえば人間の生活が、水が〔氷でも水蒸気でもなく〕液体でいられる範囲に気温が収まることを必要としているように、他のリアリティのレベルといったものを必要としている。しかし、システムが同一性と差異性として用いるものはいかなるものであれ、システム自身がつくりだしているのである。いい換えれば、システムは、外部世界から同一性と差異性を取り入れることはできない。それらは自己自身で決定しなければならない形式である。

　社会システムは、オートポイエティックな再生産の社会システムに特有の様式としてコミュニケーションを用いる。社会システムの要素は、コミュニケーションであり、このコミュニケーションは、コミュニケーションのネットワークによって回帰的に生産され再生産されるものであって、かかるネットワークの外部では存在することができない。コミュニケーションは、「生命体」に関する単位ではなく、「意識」の単位でもなく、また「行為」でもない。このコミュニケーションの統一は三つの選択、すなわち情報、伝達[*3]、そして理解〔誤解をふくむ〕の総合《ジンテーゼ》を要求する[*4]。この総合《ジンテーゼ》は、コミュニケーションのネットワークによって生産されるのであり、なにかある種の意識に固有の力によるのでもなければ、また情報に固有の特性によるのでもない。情報、伝達、そして理解、それらはシステムの――システムから切り離して存在することのできない――局面であり、それらは、コミュニケーションの過程の内部で、同時に造られる。「情報」でさえ、システムが環境から入手するようなものではない。情報は、システムによって拾い上げられるのを待って「外部に」存在するのではない。選択として、他のものと比較されて（つまり、生起しえたであろうことと比較されて）、システム自身によって生産されるのである。

情報、伝達、そして理解のコミュニケーション上の総合《ジンテーゼ》は、目下活動中の社会システムの基礎的単位としてのみ可能である。三者の総合は、作動上の単位として分解不可能であり、あくまでもシステムの要素としてのみ、オートポイエティックな働きをなす。しかしながら、ひとつの単位に続いて生じる単位は、情報と伝達とを区別でき、またこの区別を他者言及性と自己言及性とを分けるために用いることができる。すなわち、後続の単位それ自身は、生じた瞬間は分解不可能であるが、先になされたコミュニケーションについては、まずはその内容に言及することができる。つまり、情報に関するさらなる情報を求めることができる。他方で、先になされたコミュニケーションの伝達に焦点を合わせて、「どのように」コミュニケートしたのか、あるいは「なぜ」コミュニケートしたのかを問うことも可能である。前者の場合は他者言及性を、後者の場合は自己言及性を追求することになろう。G・ギュンターによって提唱された術語を使えば[*5]、コミュニケーションの過程は、それはあるがままのそれであるといった意味で自体 - 言及的（auto-referential）であるわけではないということができよう。他者言及性と自己言及性とを分離し、そして再結合することは、コミュニケーション過程それ自身の構造によって強いられるのである。

それ自身に言及することで、過程は情報と伝達を区別しなければならず、また区別のどちら側がさらなるコミュニケーションの基礎になると想定されているのか、示さなければならない。それゆえ、自己言及とは、この他者言及と自己言及との区別に対する言及にほかならない。そして、自体－言及性は、一値のものとして理解されるかもしれず、また二値をともなった論理によってのみ記述されるかもしれないのだが、社会システムの場合、事態はもっと複雑である。というのは、その自己言及は、(1)活動中の自体－言及的（オートポイエティック）な過程にもとづいており、その過程は、(2)それ自身と(3)そのトピックとを区別していく過程として、それ自身に言及しているからである。もし、こうしたシステムが環境をもっていなかったとするならば、他者言及性の地平として、それを作り上げなければならなかったであろう。

システムの基礎となり、また分解不可能な単位は、最小限のサイズのコミュニケーションである。この最小限のサイズもまたシステムから独立に決定されることはない。[*6] それは、後続のコミュニケーションないしその見込みによって構成されるのである。基礎的要素は、最小限の意味をもっている。それは他のコミュニケーションによる言及に必要であり、たとえば拒否されるにたる最小限の意味をもつ。さらなるコミュニケーションは、前のコミュニケーションの情報と伝達と理解を分離し、それぞれについて論じることができるが、それでも、前のコミュニケーションのなかでそれらが総合《ジンテーゼ》されていることを依然として前提としているはずである。ある意味で、システムは、その基本的単位の構成を限定することによって、自己自身を制限してはいない。もし必要とあらば、それはあらゆるものについてコミュニケートでき、前のコミュニケーションの各局面を、現実の欲求を満たすために分解することができる。しかしながら作動的システムとして、いつもこのことを極端に行うわけではない。

　したがって、社会システムはコミュニケーションに関して回帰的に閉じたシステムである。とはいっても、「閉鎖性」には、社会と相互作用とを異なったタイプの社会システムとして区別することができる二つの異なった意味がある。社会は、社会にとってコミュニケーションの特性を有するあらゆる出来事を包含するといった意味で、包括的システムである。社会は、それ自身の環境とコミュニケートすることはできない。なぜなら、もしできるとすると、環境は相互に理解しあう社会のパートナーということになるが、理解はコミュニケーションそのものの不可欠の一局面なのだから、このパートナーはコミュニケーションの包括的システムである社会にふくまれることになってしまうからである。[*7] コミュニケーションに際して、社会は、コミュニケートするかどうか、なにをコミュニケートするか、なにを回避するかを決定しながら、社会という包括的なシステムを拡張しまた限定する。一方、相互作用は、当事者の存在をもって、その境界を構成し、そのまわりでコミュニケーションが現実の彼らの相互作用と接触をもつことなく進行していくということをよく知っている。相互作用は、環境のコミュニケーションを斟酌しなければならず、また目の前にいて、相互作用に参与するひとが、いま、ここにおいてコントロールされえないシステムの内部で別の役割と義務とを担っているという事実を認めなくてはならない。しかし、相互作用もまた、次のような意味において閉じたシステムといえる。すなわち、それ自身のコミュニケーションは、システムのコンテクストにおいてのみ動機づけられ、また理解される。もしだれかが相互作用の空間に接近し、参与しはじめるならば、そのひとはまず皆に紹介されなければならず、会話のトピックは新しい状況に応じて変更されなければならないのである。さらに、相互作用は、すでに用意されたコミュニケーションを、その環境から導き入れることはできない。相互作用は、それ自身の要素を再生産するか再生産しないか決定することによって、コミュニケートするか、あるいはコミュニケートしない。相互作用は、生き続けるか死ぬかという生命システムと同様に、それ自身のオートポイエーシスを継続するか中断するかである。生命にとっても、コミュニケーションにとっても、第三の可能性はない。あらゆる選択が、オートポイエティックな再生産の維持に適合するようになされなければならない。なにかが述べられなければならない。つまり、他者が存在すれば、すくなくとも善良で平和的な（あるいは邪悪で攻撃的な）意図が示されなければならないのである。[*8] それ以外のすべては、システム内部における構造化された選択の問題である。たとえば、情報上の特性をもたないことが語られ続ける場合でも、[*9] またコミュニケーションが論争的で不快なものになった場合でも、コミュニケーションの継続を確実にすることに特化した構造がいくつかできあがるであろう。

―――

基本的単位の問題を前に、ほとんどの社会学者は、次のように答えたがる。すなわち、「行為である」と。たまに「役割」、あるいは人間個人が選ばれる。たしかに、M・ヴェーバーおよびT・パーソンズ以来、行為理論は、もっとも進歩した概念を提供してきたように見える。[*10] コミュニケーションは――たとえば、J・ハーバーマスの「コミュニケーション的行為」[*11]のように――、行為の一種として紹介されている。たいてい、こうした概念化が当然のことと思われ、古典的社会学理論は、「行為の理論」というタイトルのもとに要約される。[*12]「行為対システム」、あるいは社会的現実に対する「個人主義的対全体論的」アプローチといった見出しのもと、論争が行われている。そこには、行為とコミュニケーションとの関係を扱う真剣な概念的議論がない。また、行為ないしコミュニケーションのどちらを社会システムの基底的かつ分解不可能な単位として考えるかという重要な問題は、まだ扱われていないのである。

オートポイエティック・システムの理論にとって、社会システムの基底的な自己言及的過程の基礎的単位の位置を与えることができるのはコミュニケーションだけといえる。コミュニケーションだけが、必然的かつ本来的に社会的なのである。行為はそうではない。さらに、社会的行為は、コミュニケーションをともない、すくなくとも、行為の意味あるいは行為者の意図のコミュニケーションをともなう。しかもまた、状況を定義するコミュニケーション、理解され受け入れられるだろうという予期に関するコミュニケーション等々をも、ともなっている。とりわけ、コミュニケーションは、行為の一種といったものではない。なぜならば、それは、ただメッセージを発し、それを送るということより、はるかに豊かな意味をもっているからである。これまで見てきたように、コミュニケーションの完成は、理解をともなう。理解はコミュニケートするひとの活動の一部というわけではなく、また理解をそのひとに帰することはできない。それゆえ、オートポイエティックな社会システムに関する理論は、社会学内部における概念上の革命を要求する。すなわち、システムの基礎的作動のレベルを特徴づけるものとして、行為理論をコミュニケーション理論にとって替えることである。

行為とコミュニケーションの関係を、逆にしなければならない。社会システムは、特別な種類の行為——すなわちコミュニケーション行為——から構成されているわけではない。しかし、社会システムは、それ自身のオートポイエーシスを作動させるため、行為の帰属を必要とするのである。心理的動機づけや、論拠の提示や論証の能力ではなく、帰属が、[*13]つまり選択肢を限定するために選択と責任とを結びつけることが、行為を構成する。コミユニケーションの選択に責任を帰属させることによってのみ、さらなるコミュニケーションの過程が方向づけられる。コミュニケーションの参加者は、コミュニケーション過程を継続するために次にどんなことが語られるべきかを、だれの言ったなにが決定しうるのかを、瞬時に判断できなければならない。決定のポイントをこのように単純化しながら局限することによってのみ、過程は自己自身にもどってくることができ、コミュニケーションについてコミュニケートできるのである。

再帰的コミュニケーションというものは、ときおり起きる出来事といったものにとどまらず、オートポイエーシス自身によって共同－再生産される継続的可能性ともいえる。いかなるコミュニケーションも、この種の回帰的な練り上げ、問い掛け、否定、また修正を予期しなければならず、またその将来の可能性に前適応しなければならない。各コミュニケーションは、こうした推定にもとづく適合をなしとげることでのみ、オートポイエティックな過程の一部となるのである。しかし、このことは責任の配置と分配を必要とし、またこの機能は行為を考慮することで満たされる。それゆえ、コミュニケーション過程は行為の連鎖としてみずからの第二のヴァージョンを生産する。コミュニケーションにおける情報は本来的に選択的なものであり、理解もまた選択的であるため、コミュニケーションは両者の重なり合いと部分的な相互浸透によってその要素を構成する。しかし、そうしたコミュニケーション本来のありようとは逆に、行為の連鎖は、互いに相容れない独立した要素からなっている。基礎をなすコミュニケーションの現実とは逆に、コミュニケーション行為の連鎖は、非対称的に理解され、また扱われるのである。

この意味で、行為の構成と帰属は、コミュニケーションのシステムの単純化する自己-観察として用いられる。システムは、情報を処理するが、責任を負うのはこの処理過程の行為部分に関してのみであり、情報に関してではない。かくしてシステムは世界と調和し、普遍的な能力を有し、あらゆる排除を包含し、同時に世界内のシステムであり、また自己自身を区別し、観察し、コントロールできる。それは、自己言及的システムであり、そのために全体を想定するシステムである。それは、それ自身の「世界」のなかでしか作動できない。さまざまな社会がさまざまな世界を構成する。自己自身を観察するために、つまり自己自身についてコミュニケートするために、社会は、観察するシステムと他のものとを分化させる区別をかならず用いることとなる。社会のコミュニケーションは、その世界のなかで自己自身を観察し、それ自身の能力の制限を記述する。自己-超越をするものになるようなことはけっしてない[*14]。自己の境界外部の作動を用いることもけっしてない。しかしながら境界それ自体、システムの構成要素であり、前もって構成された世界によって与えられたものととらえられることはない。

こうしたことすべてが、パラドキシカルに聞こえるだろうし、事実そうである[*15]。観察者によって理解される社会システムは、パラドキシカルなシステムなのである。このシステムは、システムのオートポイエーシスを可能にする条件としてだけではなく、システムの自己観察に起因する自己言及的な作動をふくんでいる。コミュニケーションと行為との区別および、その結果としての世界とシステムとの区別は、作動上の要求である。オートポイエティック・システムの一般理論は、オートポイエーシスと観察との明確な区別を要求する。その条件は、社会システムの場合も同様に守られることとなる。この区別を用いずに、システムが自己観察に必要な自己単純化を完遂することはできないであろう。オートポイエーシスと観察、コミュニケーションと行為の帰属という二組の概念は、同じものではなく、また融合することもない。にもかかわらず、互いにはっきりと分けられた責任ある行為の連鎖として自己自身を記述するという特定の意味における自己観察は、オートポイエーシスそれ自体の先行要件である。それ自身の単純化されたモデルを用いるというテクニックがなければ、システムはコミュニケーションに関しコミュニケートできないだろうし、またその基礎的諸要素を、それらのオートポイエーシスの要求に適合するキャパシティを考慮して選択することもできないであろう。こうした特殊な配置は、すべてのオートポイエティック・システムに普遍的に妥当するものではない。しかし、社会システムという特別な場合を考えてみるならば、一般理論は、このように自己観察がオートポイエーシスの必要条件であるケースを除外しない方法によって、オートポイエーシスと観察との区別を定式化しなければならない。

このようなシステムを論理的分析による特別な拘束のもとで観察するならば、われわれはそれらシステムをパラドキシカルなシステムないし「もつれたヒエラルキー」として記述しなくてはならない。このようなシステムを脱パラドクス化し、多レベル論理分析に適する方法で記述することは、外部観察の仕事ではない[*16]。システムは、みずからを脱パラドクス化する。それは、「決定不可能な」決定を要求する。社会システムの場合、それは行為の帰属に関する決定である。もし望むのであれば、この決定それ自体を行為として帰属させることが可能だが、そのように考えるのであれば、その帰属もまた行為として帰属可能であり、以下同様にして無限後退に陥ってしまうであろう。論理的には、行為はつねに根拠のない行為であり、また決定は、恣意性と予測不可能性という避けることのできない契機をふくんでいるからこそ、決定である。だからといって、このことが致命的な帰結にいたるということはない。システムは、自分自身に関する経験を積み重ね、先行する行為を基礎に、将来の行為に関わる予期（構造）を次第に確立することで、みずからの行為と決定の習慣を学習するのである[*17]。オートポイエーシスは、論理的撞着に直面して停止するなどということはない。オートポイエーシスは、さらなるコミュニケーションの可能性が十分身近にありさえすれば、論理的撞着など無視して継続していくのである。

オートポイエーシスの形式的な定義は、構成要素が存続する時間というものに関し、なんら言及していない。オートポイエーシスが前提としているのは、更新の必要が繰り返し生じることである。生物学的なレベルでは、細胞内の分子の交替ないし有機体内の細胞の交替を考えたくなるが、それらの交替によって、結局いつかは避けることのできない衰退が延期される。非蓄然的進化を実現するためにはなんらかの代償が必要であって、生命の延命化は、そのような代償の一つの支払い方法のように思える。あらゆる複雑な秩序は、衰退に逆らって達成されるように思える。

このことは、社会システムについても、性格上の差異をともないながらも、同様にあてはまる。意識システムと社会システムは、それ自身の衰退をつくりだす必要がある。それらは、その基礎的な要素、すなわち思考とコミュニケーションを、短期間存在する状態としてではなく、現れるやいなや消えてしまう出来事として生産する。出来事もまた、最小限度の時間を、つまり現在と見なされる時間を必要とするが、その持続時間は、定義の問題であり、オートポイエティック・システム自身によって調整される必要がある。すなわち、出来事は蓄積されえないということである。意識システムは、あらゆる過去と現在の思考の集積から成り立っているわけではないし、また社会システムも、そのコミュニケーションのすべてを蓄えることはない。もし蓄えるなどということになれば、非常に短い時間が経過しただけで、要素の集塊は耐えられないほど巨大化し、システムがコーディネートのパターンを選択できないほど、またカオスを生み出すほど、その複雑性が高くなるであろう。そのようにならないためには、要素の作動レベルであらゆる安定性を放棄することであり、出来事のみを用いることである。したがって、システムの継続的な解消が、システムのオートポイエティックな再生産の不可欠の原因となる。システムは、まさに基礎的な意味で、動態的になる。本来的に静止することがなくなる。要素の非安定性が、システムが持続する条件である。

社会システムのあらゆる構造は、消滅する出来事、すなわち消えてゆく身振りや消えてなくなる言葉という根本的な事実にもとづいていなければならない。[*18] 記憶、そして書き記すことの機能は保存——出来事ではなく、構造を生成させる出来事の力の保存である。[*19] 出来事それ自体が保存されることはない。その消滅は、その再発生の条件である。それゆえ、時間と不可逆性は、構造レベルだけではなく、要素レベルにおいても、システムに組み込まれる。その要素は、作動であり、そこには「点」と「作動」とを区別する納得のいくやり方は、なんら存在しない。分解と再統合、秩序崩壊と秩序形成は相互に相手を必要とし、再生産は分解と再統合との統合が繰り返されることによってのみ、生じる。

自己言及的な構造による統合から要素の自己言及的構成へという理論的重点移動は、システム維持を考える際、重要な帰結をともなう。維持は単純に、複製や文化の伝達や、たとえば、食事にナイフとフォークを用いる、しかも食事のときのみにそれらを用いるといった、類似した環境における同じパターンの再生産などの問題ではない。そうではなくて、基礎的な過程は、実際の状況における次の要素の生産である。しかも、出来事として認識されうるためには、次の要素が先行する要素と異なっていなければならないのである。このことは、維持可能なパターンといったものの重要性を排除するわけではない。それどころか、基礎的過程は、次の可能性を十分迅速に認識できるために、維持可能なパターンを必要とする。しかしながら、システムが自己自身を維持するのはパターンの蓄積によってではなく、要素の生産によってであり、またミーム（meme）（遺伝子（gene）と類似する文化伝達ユニット）[20]の伝達によってではなく、出来事を生産するために出来事を回帰的に用いることによってである。システムの安定性は不安定性にもとづいている。このように不連続と新しさが必須要件としてシステムに内蔵されているということは、環境あるいはシステムの状態が、きっかけとしてなにを提供するにせよ、情報を処理し加工することが必要であるということに等しい。情報は、状態の内部的変化であり、コミュニケーション上の出来事が自己生産される一局面であり、システムの環境に存在するなにものかではなく、適合的または類似した目的に対して、有効に用いられなければならない。[21]

もし、オートポイエーシスが、出来事にもとづいているとすると、システムの描写は、ひとつではなく二つの二分法を必要とする。すなわち、システムと環境との二分法および出来事と状況との二分法である。[22]どちらの二分法も、世界記述の定式である。つまり、システム準拠を仮定したうえで、システムと環境とを加えたものは、世界を記述するひとつの方法であり、出来事と状況とを加えたものは、またべつの方法である。もしシステム（あるいはその観察者）が出来事／状況という二分法を用いるのであれば、出来事の視点からは、システムと環境との差異を、状況の構造と理解することができる。つまり、システムだけでなく、その環境をもふくむ状況という理解である。システムは状況－内－出来事の生産によって情報を処理するので、内部の関連事項と外部の関連事項という差異に定位することができる。次の出来事を生産する限られた可能性を指針として用いながら、状況は、出来事の地平（フッサール）として、システムに、環境に、その差異に言及する――ただし、すべて選択的に――のである。[*23] それゆえ、二重の二分法は、システムがシステムと環境との差異をシステムに「再参入」させる仕方を記述する（この点については以下でふたたび触れる）。他方、システムがある状況－内－出来事から次の状況－内－出来事へと進んでいくことが可能であるためには選択肢が限られていることが必要だが、その選択肢の制限を構造化するのが、システムと環境との差異である。

　出来事にもとづくシステムは、時間に関するより複雑なパターンを必要とする。システムにとって、時間はただ不可逆的なものとしてのみ与えられるわけではない。出来事は、「これまで」と「これから」との差異を生み出すハプニングである。出来事は、このような差異としてのみ同定され、観察され、予期も記憶もされる。出来事の同一性は差異である。出来事の存在とは、「これまで」と「これから」がともに存在しているということである。それゆえ出来事は、時間の内に時間を提示しなければならず、未来へと推移していく存在——これには過去と未来という二重の地平がともない、その二重の地平によってのみ存在という特性をもつ——という観点から時制を再構成しなければならない。[*24] こうした基礎のうえに、意識的な時間結合が可能となる。[*25] 地平の二重性は、未来の現在ないし過去の現在を想起したとたん、ただちに倍加する。どちらも、それぞれの未来とそれぞれの過去を有するからである。時間の時制的な構造は、それ自身のなかで繰り返され、この再帰性だけが、安定的で持続的な存在の放棄を可能にする。[*26] 進化のゆっくりした過程を経て、時間のゼマンティクは、こうした諸条件に適応してきた。長いあいだ、宗教的な留保——不滅(aeternitas)、永遠(aevum)ないしつねに在る神の存在——が、時間の完全な歴史化の回避に用いられてきた。近代社会だけが、社会自身がそれ自身の時制を構成するということを認め、その結果、以前のあらゆる社会もそうであったと認識するようになったのである。[*27] 自律的なオートポイエティック・システムとしての社会の構造的分化は、それに相応する時制構造の共進化を必要とする。近代の歴史主義は、そのよく知られた帰結である。

以上の簡単な論述によって、社会システムの理論がオートポイエティック・システムの一般理論の抽象化と洗練に貢献することができるという提案のもつ広がりを論じつくすことなど到底できない[*28]。持続的創造（creatio continua）、継続、持続、維持……について考えてきた長い伝統を前にして、いったいなにが新しいのかという問いをもって、本題にもどることにしよう[*29]。一六世紀の終わり以来、自己‐維持という考え方は、目的論的な論法を駆逐するとともに、システムの維持こそがシステムの目的である、あるいは構造と作動の機能であるという論拠によって目的論を再参入させるために用いられてきた。それゆえ、周知ではあるがあまり生産的ではないこの伝統的な概念化にオートポイエーシスの理論がなにを付け加えるのかという討論のなかで、いったいなにが新しいのかという疑問が呈されることは、なんら驚くことではない[*30]。簡単な回答として、構造レベルの自己言及（自己組織化）と基礎的作動ないし要素レベルの自己言及とをはっきり区別することを挙げることができるであろう。さらに、オートポイエーシスと観察とを区別する——観察するシステムはそれ自身オートポイエティック・システムであるが——ことの認識論的帰結を挙げることもできよう。マリノフスキー／ラドクリフ＝ブラウン／パーソンズが引き起こした従来の論争のレベルと較べ、新しい問題と新しい解決の企てに直面していることに気づくためには、「出来事‐構造」アプローチが社会学理論に対してもたらす帰結に注目するだけで十分であろう。ただし、そこにはもうひとつ明確にすべき面がある。

オートポイエティックなシステムの理論は、二者択一状況を定式化する。システムは、そのオートポイエーシスを継続するか、しないかのいずれかである。どちらともいえない状態、あるいは第三の状態といったものはない。女性は妊娠しているかもしれないし、していないかもしれないが、少しだけ妊娠しているということはありえない。もちろん、このことは「システム維持」にとっても同様にあてはまる。それゆえ、表面的にしか観察しない者は、まったく同じトートロジーを発見するだけであろう。しかしながら、オートポイエティックなシステムの理論は、開放システムの理論が一般的に受け入れられるようになった状況に対してつくりだされてきた。この歴史的なコンテクストを顧みれば、オートポイエティックな閉鎖性は、開放的システムの回帰的に閉じられた組織化として理解されなければならない。(開放的システムに対する)閉鎖的システムという古い考えにもどるわけではない。[*31] そこで問題は、いかにしてオートポイエティックな閉鎖性が開放的システムのなかで可能であるかを理解することである。新たな洞察によれば、閉鎖性は開放性の条件として前提されるのであり、そうした意味で、この理論はシステムの構成要素をなりたたせる限定条件を定式化している。たいていの構成要素は、それらが閉鎖性と開放性とを結びつける能力を有するときのみ、再生産されうる。とりわけ基礎的要素はそうである。生物学的なシステムの場合、このことは環境の「認識」、あるいは環境についての知識というものを要求するわけではない。意味に基礎づけられた意識システムと社会システムの場合は、意味のオートポイエティックな様式が、「再参入」の可能性、[*32] すなわち、システムと環境との差異をシステム内に提示する可能性を与える。このふたたび持ち込まれた区別は、これらのシステムの要素的な作動を構造化する。社会システム、すなわちコミュニケーション・システムにおいては、コミュニケーションの要素的な作動は、「情報」と「伝達」との区別の「理解」によって生ずる。情報は、システムの環境に言及できる。伝達は、主体に起因する行為とみなされることで責任を帯び、システム自身のオートポイエティックな再発生を可能にする。このようにして、情報と伝達は、共働することが強制され、また統一がもたらされるのである。コミュニケーションとみなせるものが初めて誕生するためには、この総合《ジンテーゼ》が前提となる。情報と伝達を基本的に異なった種類の選択として区別するということがなければ、理解はコミュニケーションの一局面としてのそれではなく、単純な知覚になってしまうであろう。

それゆえ、十分な区別を行いながらコミュニケーションを分析するならば、いかにして閉鎖性と開放性の接合が繰り返し生ずるかを示すことができる。この接合は、コミュニケーションが初めて誕生するためには必要不可欠である。情報、伝達および理解という三選択の総合《ジンテーゼ》がなければ、コミュニケーションは存在せず、単純な知覚があるだけであろう。この総合《ジンテーゼ》によって、システムは、閉鎖性と開放性とを媒介する可能性を求めるよう強いられる。換言すれば、コミュニケーションは、開放性という条件のもとで閉鎖性を維持することができるシステムを作り上げることを可能にする、進化によって獲得された能力といえる。これらのシステムは、こうした制限を満たす意味を選択し続けなければならないという必要性に直面しているのである。その帰結は、われわれがよく知るところの社会である。

加えていえば、オートポイエティックな閉鎖性という考え方は、二者択一が強制されることの機能を理解させてくれる。システムは、そのオートポイエーシスを継続することができるし、また停止することもできる。システムは生き続けることができ、意識の状態を生産し続けることができ、コミュニケーションし続けることができるが、それらにともなう唯一の選択肢は終了することである。[*33] オートポイエーシスに関しては、第三の状態はない。これはパワフルな技術的単純化である。他方、システムには、自己−超越的なパワーはない。外部世界の作動を規定することはできない。社会システムができることは、ただコミュニケートすることだけである。生命システムは、生存できるだけである。観察者が、生命システムのオートポイエーシスが、その環境に対し、因果的な影響を及ぼしていることを見いだすこともあろう。しかし、オートポイエーシスは、厳密には次のような過程としての生産である。すなわち、それがめざす結果を達成するためには、みずからによって生みだされたのではない原因を必要とする、そういう過程である。このように一切を統制下におけるわけではないという事態に対する代償が、オートポイエーシスの二者択一的構造であるように思える。全面統制の代わりに一種の「内的全面性」を用いるのである。すなわち、存在するか存在しないか、オートポイエーシスを継続するかしないかという二者択一が、諸可能性の全体を内的に表現するのである。システムにとっては、起こりうることのすべてが、これら二つの状態の一方へと縮減される。世界は、それがなんであれ、この問題に対し無関心であろう。システムは、この選択をつくりだすことによって現れ、この選択はシステムがなければ存在することはない。否定的な価値は、世界の価値ではなくシステムの価値である。しかし、それはあらゆる事情の総体を、ひとつの決定的な問題へ、すなわち、次のシステム状態を、次の要素を、次のコミュニケーションを、いかにして与えられた状況の制限のなかで生産するかという問題へと単純化することに役立つ。たとえ外部世界を意識することがなくても、生命システムは、それでも自分が生きていることを「知っている」し、生命を再生産するために生命を用いるにあたって作動を選択する。コミュニケーション・システムもまた、進行中のコミュニケーションを基礎にして、コミュニケーションを継続できるのである。このことは、外部の状況に関して信頼できる知識というものをなんら要求しないが、システムの視点から見られたシステムと環境との区別を必要とする。オートポイエティック・システムの統一とは、継続するかしないかというこの差異を回帰的に処理することであり、その回帰的処理が、この差異を、オートポイエティック・システムそれ自身の継続の条件として、再生産するのである。処理の各ステップが、オートポイエーシスを中断する代わりにオートポイエーシスを選択するという点で、選択されたものという性格を帯びる。このことは、優先の問題でもなければ、目標達成の問題でもない。むしろ、存在の「コード」として理解されなければならない。つまり、わざわざ可能性を二重化することですべての要素が選択として提示されうるようになる、そういうコードである。

このことは、社会システムの場合を考えてみれば、さらにあきらかになろう。ここでは、オートポイエーシスは、コミュニケーションの継続を意味する。これは、二つの異なった臨界閾に直面して、問題をはらんでくる。第一のものは、コミュニケーションが理解されなかったがゆえに、過程を停止させることになる。第二のものは、コミュニケーションが拒絶されたがゆえに、過程を停止させることになる。これらの領域は、互いに補強しあう。というのは、理解は、拒絶のチャンスを増加させるからである。[*34] こうした困難に直面してコミュニケーションを控えることは可能であり、相互作用システムにおいてかなり一般的に行われる解決方法である。とくに、近代にあっては相互作用がきわめて自由に行われるが、そうした近代の諸条件のもとでは、かなり一般的な解決である。しかしながら、社会は、すなわちすべてのコミュニケーションによって構成されるシステムは、この問題に直面した場合に、簡単には屈伏することができない。すべてのコミュニケーションを一度に停止することはできず、またいかなる再開の回避も決定することができない。[*35] 社会のオートポイエーシスは、理解不足やあからさまな拒否反応にもかかわらず、その継続を保証する強力なメカニズムをつくりだしてきた。それは、相互作用上のコンテクストの変更や、再帰的コミュニケーションによって継続する。コミュニケーションの過程は、コミュニケーションそれ自身へともどり、みずからの困難さをコミュニケートすることとなる。それは、深刻な誤解に気づくようになるために、一種の（かなり皮相的な）自己‐コントロールを用いるのであり、拒否反応をコミュニケートし、この「拒否」をめぐってみずからを再構成する力を有している。換言すれば、過程は、論理のルールを追わなくてはならないというわけではない。過程は矛盾しうるのである。このテクニックを用いるシステムは、みずからのオートポイエーシスを終了させることはなく、また終わりが来ることもない。それは、そのオートポイエーシスを保持するために、みずからをコンフリクトとして再組織化する。理解に際しての深刻な問題やあきらかな誤解の場合、社会システムは、合意にいたる議論および理性的討議という負担をしばしば回避する傾向にある――まさにハーバーマスの悩みの種である。その代わり、社会システムは、拒否を導き、容易にコンフリクトに訴える結果となるのである。

　これが、この不一致の、議論上の争いのコミュニケーションであっても、コンフリクトは、社会システムの一種の免疫システムとして機能しているように見える。[*36] このことは、コミュニケーションの新しい様式を普段よりも広げることで、オートポイエーシスを保持する。法は、それら例外的な条件のもとで動くために、ある種の後成説によって、体験とルールを記録し、コンフリクトを予期し、その起こりそうな結果に前適応することを助ける日々の動作のための規範を発展させるのである。[*37] 高度に発展した社会では、みずからのオートポイエティックな統一を再生産する機能的に分化した法システムすら見ることができる。それは、より大きな全体社会システムの免疫システムを、規範的（非‐学習的）閉鎖性および認知的（学習的）開放性の高度に専門化された総合《ジンテーゼ》によって、コントロールする。[*38] 同時に、法はコンフリクトの可能性を増加させ、免疫システムを複合化し、その帰結を限定する。法は、コミュニケーションのオートポイエーシスを大いなる犠牲を払って保持するかもしれないが、法の外部のコンフリクトを排除することは、もちろんできない。[*39]

最後の重要なポイントは、オートポイエティックな閉鎖性の科学認識論的帰結である。この問題もまた、科学の進化の歴史的状況――この状況のもとで、オートポイエティック・システムの理論は利点を示しているように思える――を考慮して議論されなければならない。

何十年も前から、科学的研究は、もはや疑いのない正説という指針のもとに行われることはなくなった――認識の理論において、またとりわけ科学の理論においてそうであった。一般に受け入れられた方策は、「プラグマティズム」である。すなわち、真理に関する、および漸進的な知識に関する唯一の基準は、結果だというのである。これは、あきらかに理論上は循環性の拒否にもとづき、実践上はその容認にもとづく自己‐言及的で循環的な論証である。循環性を回避しようとすることが、ますます見込みのない立場をとらせることとなる。それは、不適当だと見なされた解決法、つまりパラドクスである。そのパラドクス自身が、いまにも容認された理論になりつつあるのである。

この曖昧な状況に対処するひとつの方法は、到来しつつある〔科学〕革命を生き抜く能力があるかどうかという視点から、もろもろの方法論を吟味することである。機能的分析は、そのひとつといえる。それは、パラドクス、循環、非決定性、論理的不完全性などの問題をもふくむあらゆる問題に関して応用される。こうした状況を、機能的分析の問題として述べることによって、脱パラドクス化の戦術、（タイプ理論の意味での）ヒエラルキー化の戦術、展開の戦術、非対称化の戦術等々の可能な解決を探すようになる。換言すれば、機能的分析は、構成的なパラドクスを「解決された問題」として（それは問題であり、また問題でない）再定式化し、問題解決の比較へと向かうのである。[*40]

予期される認識理論そのもののパラダイム転換へいたる科学の進化における前適応に加え、オートポイエティック・システムの理論は、〔それに対する〕決定的な論拠を構成する。それは、「オブザービング・システム」にも同様にあてはまる自己‐言及的システムの理論である。この「オブザービング・システム」とは、ハインツ・フォン・フェルスターが、二重の意味をもって〔システムを観察するという客体としてのシステムの意味と、観察するシステムという主体としてのシステムという意味〕、彼のエッセイ集のタイトルとして選んだものである。[41] この理論は、オートポイエーシスと観察とを区別する。しかし、観察するシステムそのものは、オートポイエティック・システム（すくなくとも生命システム）であるという事実を受け入れる。観察は、生命であれ、意識であれ、またコミュニケーションであれ、オートポイエティック・システムの作動としてのみ生ずる。それがオートポイエティック・システムを観察するならば、それ自身がオートポイエティックな自己-再生産（ここでもまた生命、意識、コミュニケーション、たとえば言語）の諸条件によって限定されていることを発見し、自身を自己の対象領域にふくむ。なぜなら、オートポイエティック・システムを観察するオートポイエティック・システムとして、自己自身に関する情報を獲得せざるをえないからである。

このようにして、オートポイエティック・システムの理論は、最近の科学認識論の議論に見られる二つの異なった展開を統合する。それは、「自然的」認識論あるいは「物質的」認識論をも用い、あらゆる超越論的野心から明確に区別される[42]――超越論は、実のところ、意識システムのオートポイエティックな作動の分析に付けられたタイトルである。加えていえば、普遍的ないし「世界規模の」理論が属するクラスに言及することによって、その理論の特別な認識論的問題を考察の対象としている。[43] もろもろの普遍理論――論理学はそのひとつであろう――は、同タイプに属する他の諸対象とそれら自身を考察し、そして比較するという重要な利点を有している。論理学の場合、〈真と偽以外の真理値を認める〉多値の構造と相応する抽象化が要求されよう。古典的論理学は、自己言及を除去しなかったが、それを反省する余地がなかった。「まさに伝統的論理学が桁値（place-value）構造の能力のなかで自己自身のみをサブシステムとして含むという事実は、アリストテレス的形式主義のなかで反省が演じる局部的かつ限定的な役割を指摘する。論理学は、反省に関する有用な理論となるために、自分自身に加えて他のサブシステムを包含しなくてはならない」[44]。こうした条件のもとでのみ、機能的分析は、普遍理論の自己吟味のテクニックとして、有用なものとなる。

常套の反論は、ナイジェル・ハワードに従うならば、「存在の公理（existential axiom）」と定式化されうる。すなわち、自分自身の行動に関する理論を知ることで、その限定から解放されるというものである[45]。経験的な認識の理論にとって、これは経験的問題である。この自己－反省によって獲得された自由は、その限定が間近にあってはじめて用いられうる。さもなければ、オートポイエティック・システムは、単純に次の作動がわかるようにはならないだろう。たとえば、システムが作動するということは、「エディプス・コンプレックス」に、ないしは「マルクス主義者」の強迫観念にとらわれていてもわかるかもしれないが、とらわれていなければわからないのである。

こうした議論から、生物学的[46]、心理学的[47]および社会学的[48]認識論が生み出される。実体的な理論における展開は、研究をコントロールすると考えられる理論に対して、副次的な効果を有するかもしれない。一八世紀まで、これらの問題は、宗教——それは、もっぱらパラドクスを取り扱う社会システムである——に割り当てられていた。[*49] われわれは、この可能性を保持し続けてきたが、近代の芸術と科学におけるパラドクスの標準化から、結局、宗教なしでやっていこうとするわれわれの要望が指し示されたようにみえる。[*50] みたところ、われわれの社会は、宗教を確信するという選択をするか、あるいは、それが宗教であるということに気づくことなく、われわれ自身のパラドクスを取り除くという選択を提示しているようである。

第2章　複雑性と意味

過去において、科学《サイエンス》と人文科学《ヒューマニティズ》、あるいは自然科学と精神科学の差異を力説することは当然のことであった。それは、ある程度は、「現実科学（real sciences）」の驚くべき成功に対する反応であった。もし、人文科学《ヒューマニティズ》が同様の成果を示しえないなら、それは両者が異なったアイデンティティをもつからだと考えられた。それは一九世紀の資本家と労働者が「二つの国民」と表現されたことに似ているが、「二つの文化」という有名な表現が、自分にはよくわからないことであっても平等に尊重するという態度に支えられて、ひとつの思考習慣となった。もちろん、科学を統一しようという動きはあった。しかし、それは知的領域における過去の分裂に対する反作用であり、まさに反作用にすぎないという事実ゆえに、統一は薄弱であり、分裂は強力なままである。われわれは差異を前提にして生きているのであって、けっして統一ではない。

このエッセイのタイトルに用いられている二つの概念が、この差異を表すように思われる。これらの概念は、上記の二つの知識グループ、二つの異なった研究のタイプの中心問題を示している。こんにち、それら二つの知識グループは、一見して解決できそうにない問題を認識しており、両者の自己規定は、もはや個々の主題ないし研究領域と自らを同一視することによってではなく、問題との一体化によってなされている。すなわち、自然科学にとっては複雑性が、人文科学《ヒューマニティズ》には意味が、その問題である。若干、強調していうならば、ハードな科学が複雑性によって自己規定し、ソフトな科学が意味によって自己規定するといえよう。ハードな科学の中心問題は、複雑性の複雑性であり、ソフトな科学の中心問題は、意味の意味である。

しかし、これらは本当に異なった問題なのだろうか。われわれがこの二つの問題を区別するのは、「二つの文化」を分けることがわれわれの習慣になっていることの帰結にすぎないのではないだろうか。さらにいえば、二つの知識グループが自己規定する仕方に変化が起こっているようである。それらは、もはや固有の主題ないし領域をもたないのである。この種の原子論的な「最終要素」指向は、自然科学のなかでは姿を消した。もし人文科学のなかに、依然として固有のタイプの対象に固執しているものがあるとしたら、それはみずからの後進性を示しているにすぎない。この二つの知識グループのもっとも進歩した分野では、解決不可能な問題を解決するそのやり方によって、自己規定を行っている。

意思決定や計画の理論、コンピュータ・プログラミング、リサーチ、方法論、またサイバネティクスやシステム分析は、複雑性の複雑性へと突き当たる。他方、解釈学、神学、法律学、教育学、その他同様の学問分野は、意味の意味を扱う。しかしながら、研究領域のアイデンティティが、解決しえない問題を解決しようとする特有な方法に、論理的な不明瞭さとごまかしの特別な形式に、根本的なパラドクスの処理の仕方に存しているという仮定が正しいならば、この二つの知識グループのパラドクスが本当に異なったパラドクスかどうか、なぜそうか、そしてどのような意味でそうなのか、ということを問うことが非常に重要となろう。

　複雑性について考えるならば、二つの異なった考え方が頭に浮かんでくる。第一のものは、要素と関係との区別にもとづく。システムの要素数が増加すればするほど、個々の要素を他のあらゆる要素に関係させることは、どんどんむずかしくなる。ありうる関係の数は、関係を確立する要素の能力という点から見て、多すぎるものとなる。それを計算する数学的公式を考えることはできるが、関係を確立するシステムのどの作動も、多くのなかからどれかひとつを選ばなければならない。つまり、複雑性は選択を強制するのである。複雑なシステムは、選択によってのみ生じる。まさにこの選択の必要性が、要素にその適性を付与する。すなわち、純然たる量に対し、質を与えるのである。この場合、質は制限された選択的能力にほかならない。エントロピーが、論理的に可能なすべての関係は同等に現実化するチャンスを有しているということを意味するとすれば、質とはエントロピーに対するネゲントロピーである。

このような複雑性の概念は、作動概念に基礎づけられている。つまり、作動の複雑性である。もうひとつの概念は、観察の問題と定義される。システムがその関係そのものを選択しなければならないとしたら、システムがどの関係を選択するかを予見することはむずかしい。なぜならば、ある特定の選択が知られている場合であっても、そこからどの選択がなされるようになるかを推定することは不可能だからである。ひとつの要素の知識は、システム全体の知識へとはいたらないが、しかしながら、他の要素の観察が、システムに関する追加的情報を提供することにはなる。こうしたパースペクティヴからすると、システムの複雑性とは、情報の欠如の尺度である。それは、ネガティヴな冗長性の尺度であり、実際の観察から引き出される結論の不確実さの尺度である。作動は、システム再生産の実際の処理過程と考えられる。動態的システム——それはその作動から成り立つ——においては、作動と要素は見分けがつかなくなる。さらに、オートポイエティック・システムにおいては、システムにより統一体として用いられるあらゆるもの——原初的な作動をふくむ——もまた、統一体としてシステムにより生産される。

一方、観察は、情報を創り出すための区別行為と考えられる。しばしば内部観察と外部観察とが区別されるが、観察という概念は自己観察をふくんでいるので、この区別は必要ではない。たとえば、コミュニケーション・システムであるこのような集まりの内部で、われわれは、この講演は容易には理解できないと発言することができる。社会システムの自己観察に関わるとき、われわれは通常「指示的表現《インデックス》」を用いるのである。

作動と自己観察との関係が、主要な問題を構成する。とくに、自己観察（もしくは区別を用い、情報を処理する能力）がオートポイエティック・システムの必須条件かどうか、決定されなければならない。そして、もし必須条件であるならば、このようなシステムにおける特有の作動のすべてが、その選択をコントロールするために、相応する観察を必要とするのかどうか。さらにまた、相応する観察が必要だとすれば、その観察は作動自体の自己観察をふくまなければならないかのどうか――その場合、作動は（アルフレッド・ノース・ホワイトヘッドの表現を用いるならば）自己の同一性と多様性を確認することに役立つ――、決定されなければならない。これらの問題についてここで詳論することはできない。もっと限定された目標を追求したいからである。私が主張したいのは、作動にもとづく複雑性概念と観察にもとづく複雑性概念のいずれもが、強制された選択に焦点を合わせるものだということだけである。つまり、複雑性が意味するのは、作動は、意図的であろうとなかろうと、コントロールされていようといまいと、観察されていようといまいと、すべて選択だということである。作動は、システムの要素として、他の可能性を無視することを避けられない。これが実態であるというそれだけの理由で、われわれは、作動が他の可能性の排除にいたる特定の進路を選択することを観察できるのである。そして、作動は観察されうるというそれだけの理由で、（作動自身の必須条件として必要であれ不必要であれ）自己観察が可能となる。強制された選択は、作動および観察の両者が可能になるための条件である。さらに、強制された選択は、複雑性を作動と観察の両者に対する問題として定義する際の中核問題である。後者の言明は、以下に述べるように、意味とは強制された選択を経験し対処する手段以外のなにものでもないという私の主張の基礎となる論点である。

意味の意味へアプローチする最善の方法は、現象学的手法によるものであろう。この手法は、けっして主観的なスタンスや、それどころか心理学的なスタンスと同等なものではない。反対に、現象学がめざすのは、存在論的ないし形而上学的な問いかけをすることなく、世界をそれが現れ出るままに扱うことである。アメリカの社会学者や「現象学的」社会学者たちは、たいてい、この違いを明確にしていない。それでもやはり、これは本質的な問題である。

現象学的なアプローチは、現実性《リアリティ》をそれが現れ出るままに記述する。現れ出るものがなんであれ、それはほかの可能性の排除として解釈されうる。現れ出るものが、当初思ったものとは違っているということはありえようが、選択されたものであることは否定しえない。この認識論上の見解は、構造主義のそれに、すなわち、もしなにかが構造として現れる（あるいは構造として観察ないし再構成されうる）ならば、それは、そのなにかかが現実性《リアリティ》を指し示しているとみなしてよいことの強力な論拠であるという見解に似ている。さて、このことが永遠に計り知ることのできない現実性《リアリティ》へいたる有望な方途のように思われるならば、いかにして意味という現象を記述しうるのであろうか。意味には、多くの可能性のなかからひとつの可能性に注意を集中するという働きがつねにふくまれている。たとえば、ウィリアム・ジェームズは「周辺（fringes）」について語っているし、エドムント・フッサールは無限へと連なる「指し示し（Verweisungen）」について語っている。所与の自明視される中心的な核がつねに存在し、そのまわりを他のさまざまな可能性への参照指示が取り囲んでいるが、それらを同時に追求することはできない。したがって、意味とは、可能性に囲まれた現時性《アクチユアリティ》である。意味の構造は、現時性《アクチユアリティ》と潜在的可能性とのあいだの差異の構造であり、意味は、現実的なるものと可能的なるものとをつなぐ。そのどちらか一方ということはない。

しかし、これは意味の記述にむけての最初の一歩にすぎない。われわれは、意味が動態的なオートポイエティックなシステムを、すなわち、意識をその作動のメディアとして用いる心的システムか、コミュニケーションをその作動のメディアとして用いる社会システムのいずれかを、前提にしているということを考慮しなければならない。どちらの場合も、基礎的な要素は、（細胞や原子や個人のような）安定的な単位ではなく、生起するやいなや消えてしまうような出来事である。両システムとも継続的に再生産されるためには、つねに新しい要素が必要である。両者とも、要素——たとえば行為——を蓄積することはできない。というのは、その要素の継続的な消滅がまさに両者の存続の必要条件だからである。したがって、解消や崩壊が、両者の再生産にとって不可欠な原因となるのである。もしもあらゆる要素の継続的な消失がなければ、これらのシステムは短期間のうちに、過剰な要素を抱えるようになるであろうが、そのとき秩序を維持することはできないであろう。

それゆえ、意味は要素の非安定性によって基礎づけられなければならない。これは、意味は動態的システムの特性であるということの別の表現である。こうした基礎的な前提条件は、現時性《アクチュアリティ》の非安定性と呼ぶことができるもののなかに再現する。現時の有意味な経験の焦点は、いまあるところにとどまることができず、移動しなければならない。現時性《アクチュアリティ》と潜在的可能性との差異にもとづく意味の構造は、この問題に関わっている。この二つの部分からなる構造の機能は、次々と移動する注意の組織化である。すなわち、確定的ではあるが非安定的な現時性《アクチュアリティ》と、非確定的ではあるが安定的な潜在的可能性の組織化である。事実、われわれが、まさにわれわれの世界を生きられるのは、非安定性か非確定性のいずれかを代償として払うことによってのみである。安定的な確定性を手に入れることはできないのだ。しかしながら、非安定的な確定性と安定的な非確定性という正反対の問題を関連づけることによって、状況を改善することはできる。この関連づけは、意味として表現されることもあれば、変異と有効な意味の文化的淘汰によって進化することもあるであろう。そうした意味の進化は、複雑性の増大に帰着するように思われる。

　複雑性は選択を強制するものだとこれまで論じてきた。「組織化された複雑性」ないし構造化された複雑性と呼ばれるものは、構造とは選択に関する選択以外のなにものでもないことを思えば、作動の選択に指示を与えるか、少なくとも制限を加える試みとして、進化するように思われる。意味とは、同一の問題の異なった表現である。意味は、進化によって獲得された普遍的特質で、複雑性という古い問題に新しい強力な形式を与えるものと考えることが可能である。複雑性は、現時の各経験から接近可能なさまざまな可能性からなる世界——（ふたたびフッサールの用語を使えば）最終地平——として現れる。しかし、現時性《アクチュアリティ》は瞬間から瞬間へと移動するので、次に注意を向ける対象を選択する作動が要求される。世界は、あらゆる具体的な項目に対して共現前（フッサール）している。とはいっても、世界は接近できないままである。世界は作動の地平であり続け、作動が変化するにつれて地平も変化する。このように、意味の世界は、強制された選択を代理表象しており、確定しない確定可能性によって特徴づけられる。そして、われわれは意味を超越することはできず、また有意味な世界から有意味な仕方で離れることもできず、さらに意味のいかなる否定も意味を前提としているのだから、われわれは強制された選択を受け入れ、処理するしかない。

それゆえ、私の結論は次のように表すことができる。すなわち、意味は複雑性の代理表象である、と。意味は、意識システムや社会システムによって用いられる複雑性のイメージあるいはモデルではなく、簡単にいって、強制された選択という不可避な条件のもとで、複雑性を処理する新たな強力な形式である。

いまや、このことが二つの文化の問題を解くのであれば、その代償はどれほどのものであろうか。どのような期待が裏切られることになるだろうか。もし、複雑性の問題と意味の意味という問題を、強制された選択という共通の根本問題へ還元できるのであれば、いわゆるソフト・サイエンス、つまり人文科学《ヒューマニティズ》にとって、このような見方からどのような帰結が生じるであろうか。

まず、第一に指摘される必要があるのは、そのようなアプローチから、構造ないし本質的な変数を推論することはできない、ということである。しかし、強制された選択という定理と整合さえすれば、さまざまな理論を展開することが許される。神さえも世界の創造を決心するにあたって踏まえざるをえなかった偶然性《コンティンジェンシー》の必要という古くからある問題を思い出せば、神学者たちですら、このアプローチに安堵をおぼえるであろう。

しかしながら、理論を非神聖化し、持続的創造(creatio continua)といわれてきたものを徹底的に現世的なこととして、すなわち秩序と無秩序からの秩序の構築と再生産として再定式化する気になれば、もっとも重要な帰結が得られるであろう。そのように再定式化するならば、生命と意味とは、システム形成のまったく異なったレベルとして、区別されなければならない。意味それ自体は、意識またはコミュニケーションをメディアとして用いるので、二つの異なったレベルで作動する。生命システムは生命に、また心的システムは意識に、社会システムはコミュニケーションにもとづいている。意識システムは生命システムではなく、社会システムは意識システムではない。両者は、それぞれ他方を必要としているが、あくまでもそれぞれの環境の一部としてである。それぞれのシステムは、動態的であり、さらにまた閉鎖性と開放性とを結びつけるオートポイエティックなシステムでさえあるかもしれない。しかし、それらは異なった要素にもとづいているので、ひとつの包括的なオートポイエティックなシステムの一部とはなりえない。いずれにせよ、社会を、コミュニケーションから成り立ち、コミュニケーションによってコミュニケーションを再生産するオートポイエティックな社会システムとして把握できる場合でさえ、それは、プラトンのいうコスモスのような生命システムや、ヘーゲルのいう精神のような意識システムとはならないであろう。

　これは古い意味での人文科学《ヒューマニティズ》とフランスで「人間の科学（sciences de l'homme）」と呼ばれるものにとっては、不快な徴候である。われわれは、人間の統一性を横断するシステム準拠を選ばなければならないだろう。われわれは、人間を環境のなかで振る舞う存在として観察することを大いに続けてよいであろうが、だからといって、それがこの複雑な世界にあって意味がいかに作動するかということを理解させてくれるパースペクティヴではないということを、認めなければならないだろう。

第3章　コミュニケーションの非蓋然性

コミュニケーションなしにはいかなる人間的諸関係も存在しえず、また人間的生活さえままならない。コミュニケーション理論はそれゆえ、社会における特定の生活部面を吟味するだけでは済まされえない。たとえそれがいかに目新しいものであり、現代社会にあってその諸結果が格別の注目を引くものであったとしても、コミュニケーションの特定技術に関するあますところなき議論に携わるだけでは十分ではない。諸概念の議論をもって始めるのも同様に不適当である。[*1]というのも、そのような議論は、諸概念がなにを達成しようとし、またそれがどのような理論領域に応用可能なのかがすでに知られている場合にのみ、有用な目的にかなうものだからである。しかし、その点に関してはいかなる合意も前提しえないのであるから、われわれは、科学的理論が構築されうる二つの異なった理論的アプローチを区別することから始めよう。

ひとつの理論タイプは、現状のありうべき改善の方途を見いだそうとするものである。

それは、言葉のもっとも広い意味における完全、あるいは健全、あるいは最適条件の諸概念によって導かれる。すなわちこれは、ベーコンおよびその後継者によって遂行された思想の系列に属している。自然の諸原則に関する科学的知識ならびに判断の誤りを回避するということは、世界の保全に絶対的に必要というものではない。それはちょうど、正確に見るということに光学的知識が必要でないのと同様である。しかしそれら知識は、不備を取り除き、そして漸進的にひとびとの生活諸条件の改善を促進する。

もうひとつの理論タイプは、非蓋然性（improbability）の仮定に基礎をおくものである。それは、第一のタイプのように現状の単なる永続化になることを嫌って、型どおりの予期や日常生活の確実性を一時脇におき、いかにして本質的に非蓋然的な諸関係がそれにもかかわらず可能であり、そして実際高度な蓋然性をもって生ずることが期待できるのかを説明するところから出発する。ベーコンとは対照的に、ホッブズの政治理論はかかる非蓋然性の仮定に基礎をおいている。同様に、ガリレオの場合とは異なり、カントはもはや自然に関する経験知の可能性を信頼せず、かえってそのような総合知を疑い、このような知の前提条件を探究したのである。したがってこの場合には、主要論点は、いかにして実践的改善を行うかということにはなく、あらゆる改善に先だって生起するひとつの理論的問題、すなわちいかにして不可能なものを可能なものへ、非蓋然的なものを蓋然的なものへと変換するひとつの秩序が創出されうるのかという問いに、どう答えるかというところにある。

以下では、ちょうどいま定式化した問題によって定義された範囲内に厳密にとどまり、すべての社会の基礎をなしている普遍的諸原則を同定する唯一適切な方途として、コミュニケーションの領域に適合的な理論構造を見いだすという目的をもって論じることとする。しかし、成長と福祉に向かって調節された社会においては、普遍的諸原則を同定することがますます緊急性をともなっており、そのことを感知させようという実践的モチーフもまた存在する。ひとはもはや、それが物理的自然であれ人間的自然であれ、「自然」の基礎のうえで改善がつねに可能であるというような素朴な仮定に立って事をなすことはできない。*2 自然がこれまでに乗り越えられてきた非蓋然性として理解されるならば、すでに達成されたものと改善されるべきものとを査定する際には、べつの基準が適用されねばならない。すくなくともそこでは、現行秩序の解体は新たな組み合わせの非蓋然性へ回帰するという意味をふくんでいることが明白となる。

問題としてのコミュニケーション

したがって、私が推奨するコミュニケーション理論の類型は、われわれが日々生活において経験し実践しており、それなしには生存も不可能なものであることが事実でありながらも、コミュニケーションとは非蓋然的なものであるという前提から開始するものである。われわれが無自覚になっているこの非蓋然性こそ第一に理解されねばならず、そうすることは、コミュニケーションを現象としてではなく問題として考察するという、抗－現象学的営為（contra-phenomenological effort）として記述されるべきものを要請することになる。それゆえ第一に、諸事実を包むもっとも適切な概念を探し求めるのではなく、いったいいかにしてコミュニケーションは可能であるのかが問われなければならない。ただちに、多くの諸問題および諸障害が、コミュニケーションが生じる以前に乗り越えられねばならないことが明らかになる。

第一の非蓋然性は、人間の意識の隔たりと個別性を所与として、一人格は他者が意味するものを理解することができることである。意味はコンテクストにおいてのみ理解されえ、各々の個人にとってコンテクストは、主として各々の記憶が供給するものからなっている。

第二の非蓋然性は、受け手の到達範囲に関連している。コミュニケーションが、所与の状況において現前している諸人格より多くの者に届くということは非蓋然的である。問題は、空間と時間の拡がりにある。個々の場に現前している者のあいだでの相互作用のシステムは、プラクティカルな言い方をすれば、コミュニケーションの意図に関してある程度適切な注意を確実に保証するが、もしもコミュニケートしたくないという欲求が相手に感知されるようにコミュニケートされるならば、そのシステムは崩壊してしまう。しかしながら、その相互作用システムの限界を越えて、そのコンテクストにおいて通用している諸規則が課せられることはない。それゆえ、たとえもしそのコミュニケーションが可動的で時間が経っても不変にとどまる伝達手段を見いだしたとしても、それが注意を保証することは依然として非蓋然的なままなのである。状況が異なれば、ひとびとの行うべきことも違う。

第三の非蓋然性は、成功の非蓋然性である。たとえコミュニケーションが理解されたとしても、それが受容されることの保証はありえない。私が「成功」と呼んでいるのは、コミュニケーションの受け手がコミュニケーションの選択的内容（情報）を彼自身の行動の前提として受容し、そして最初の選択の上にさらなる選択をつなぎあわせ、その手続き過程において選択性を強化するということを意味している。このコンテクストにおいては、ある者がその行動の前提として受容するということは、その行為に対応する指令にしたがって行為することだけでなく、ある特定の情報が正確であるという仮定に立って経験、思惟、その他の知覚作用を遂行することをも意味するものである。

以上の非蓋然性は、コミュニケーションがその標的に到達することを妨げる障害であるだけでなく、コミュニケーションがうまくいきそうにないと思念された場合には、コミュニケーションの意欲を失わせる閾値としても機能し、コミュニケーションを控えさせることになる。コミュニケートしないことは不可能であるという規則は、相互作用システム内に存する者同士にのみ適用されるものであり、[*3] その場合でさえ、コミュニケーションが生起するであろうことが規則によって単に提示されるだけであり、なにがコミュニケートされるかということに関わるわけではない。到達する見込み、理解されうる見込み、そして成功する見込みがひとびとに乏しい場合には、コミュニケーションを控えようとする傾向が生まれよう。しかしコミュニケーションなしには、いかなる社会システムも存在しえない。それゆえ、コミュニケーション過程の非蓋然性とその非蓋然性が克服され蓋然性へと転化される方途こそ、社会システムの構築を取り仕切るものであるといえる。したがって、社会文化的進化の過程は、社会がその諸社会システムを構築するにあたってその基礎をなす効果的コミュニケーションの諸条件の変換、拡大として見ることができる。あきらかに、それは単なる成長の過程ではなく、選択の過程であり、いかなる社会システムが存立可能であり、いかなるものが過剰に非蓋然的なものとして排除されるべきかという決定の過程である。

これら三類型の非蓋然性は相互に補強しあっており、順々に処理され蓋然性へと転化されることはありえない。ひとつの問題の解決は他の二つの解決をよりいっそう困難なものにする。コミュニケーションをよく理解するようになるほど、ひとはよりいっそうそれを拒否する根拠を手にすることになる。コミュニケーションが直接にそこにいるひとたちの圏域を越えて拡大すれば、理解はいっそう困難となり、拒絶することはふたたびいっそうたやすくなる。「哲学」の研究は、その起源をこの増大する相互的障害の法則に負っているものといえよう。*4 書き記すことが、時間、空間的に限定された場に現前する聴衆を越えて、コミュニケーションが拡大することを可能にすると、律動的な韻文の熱弁的要素は、聴衆を魅了しうるだけのものとして、信頼をおくに値しないものとなり、それ以降は、主題そのものが説得力を有する手段でならなければならなくなるのである。*5

非蓋然性が相互に補強しあっており、そのひとつの側面における問題解決が他の側面の可能性に制限を課すという法則は、相互理解において漸進的な改善を達成するいかなる直接的な方途もありえないということを意味している。この方向でのいかなる営為も、増大する両立しえない要求と結びついた成長問題と衝突することになる。現代のマスコミュニケーション・システムの実際の働きのなかでは、ひとびとは、もちろん、あたかもこれらの諸問題がすでに解決されているかのように振る舞っている。事実、これらの問題は、新聞や放送諸機関の特定職務の視点からはもはや感知されていない。にもかかわらず、問題の解決が相互に妨害しあい、際限のない新たな問題系列を創出するという事実によって、近代社会の諸構造が本質的に決定されてはいないかどうか、という疑問は生ずる。

メディアの概念

この理論は、非蓋然的なコミュニケーションを三つの基本的諸問題の諸側面に関して蓋然的なコミュニケーションへと変換する際に必要とされる一連の媒介物を包みこむ一般概念を要請する。そのような媒介物を「メディア」と称することとしよう。通常われわれは、マスメディア、つまり不在の公衆に向けてコミュニケーションを拡張するために用いられる——原則的には新聞および放送——技術に適用される用語についてだけ語っている。パーソンズは、象徴的に一般化された「相互交換のメディア」という概念を付け加え、それに対応させて貨幣のアナロジーにちなんだ理論を発展させた。[*6] それ以来メディア概念は、社会諸科学において二つの異なった意味において使用されてきており、いずれの意味で使われているかは、特定のコンテクストから、あるいは付加的な説明によって理解されうるものとなっている。この概念がコミュニケーション過程における非蓋然性の問題に関連づけられるべきであり、機能的見地から定義されるべきものであるという提案は、この混乱を追い払い、同時に三つの異なった種類のメディアの意義および作動範囲を鮮明にする手助けとなろう。

基本的知覚関係を越えてコミュニケーションの理解を拡張するメディアは、言語である。それは、シンボルによる一般化を用いて知覚関係にとって代わり、またそれを代理し、あるいは総合することによって、基本的知覚関係を越えたコミュニケーションから生じる相互理解の諸問題を解決しようとする。換言すれば、言語は、さらなるコミュニケーションの基礎として相互に理解したつもりになるという印象を作り出すことに特化している。とはいえ、そうした印象が生じる根拠は薄弱なものであろう。

普及メディアは、「マスメディア」といった術語では適切に定義されるとはいえない。とりわけ、書き記すことの発明は、すでに相手が目の前にいることや対面的なコミュニケーションの境界といったものを越え出るという機能を満たしていた。普及は、書き記すというメディアによって達成されるだけでなく、情報を一定の固定された形態で保存するべく意図されたその他の手段によってもなされるものである。そのような文化に対するメディアの選択的影響は、さらなるコミュニケーションのために役立てられる記憶データの貯蔵庫を途方もなく拡大し、同時にまた一方で選択性を通して限定するものである。したがって、いかに評価しても過大評価となることはありえないであろう。

一般に、コミュニケーション理論はこれら二つのタイプのメディアに関心を集中してきた。しかし、その結果もたらされた事態は深刻なまでにバランスを失っている。社会におけるコミュニケーションの諸問題に真に立ち向かう理論を展開しうるためには、どのようなコミュニケーション・メディアがもっとも有効なものでありそうかを見いだそうとしなければならない。第三の種類のメディアは、象徴的に一般化されたコミュニケーション・

メディアといえるであろう。というのは、それらだけが効果的にコミュニケーションの目的を達成するからである。[*7] 社会システムに準拠して、パーソンズは、この種のメディアの例示として、貨幣、権力、影響力、そして価値コミットメントに言及している。さらにこのリストに、科学の領域における真理を、親密な関係の領域における愛を付け加えたいと思う。[*8] 多様なメディアが、文明化作用をもった社会システムの主要部門や近代社会の主要なサブシステムに適用されている。このことは、発展の行程において、コミュニケーションの諸可能性が増大する程度が、社会システムの形成および経済、政治、学問等の諸領域における特殊諸システムの分化を嚮導してきたことを示している。

象徴的に一般化されたコミュニケーション・メディアは、普及技術によって対面的相互作用の諸境界が超越され、またそこに居合わせない不特定多数の公衆のために、またいまだはっきりとは決定されていない諸状況のために情報を貯えおくことを可能にする段になってのみ存立するものである。換言すれば、それらは、一般的に利用可能な書き記すという形式が先行して発明されていることに依拠しているのである。[*9] 大いに拡張されたコミュニケーションの可能性に直面して、ひとびとが物理的に目の前に居合わせることに依拠した相互作用システムによって与えられる成功の保証は、次第に衰えていく。それは、より抽象的で同時により種別的な手段によって置き換えられ、あるいはすくなくとも補足されねばならない。このようにして、古典ギリシア世界では、新たなコードとなる言葉（code words)（ノモス、アレテイア、フィリア）およびそれに相応して分化した基準システムが創りだされ、それによって、たとえコミュニケーションがなおいっそう非蓋然的になったとしても、受容の蓋然性がなおも仮定される諸条件が示されたのであった。それ以降、だれも、あらゆる状況に応用可能なひとつのゼマンティクの統一的システムのなかで、コミュニケーションを成功させるためのすべての条件を結合させることに成功していない。そして、印刷術の発明以降ともなると、これらのコミュニケーション・メディアの差異は非常に顕著なものとなり、生活に対する統一的な自然的、道徳的、そして法的な基礎の前提さえも究極的に破壊してしまう。国家理性、情熱的な愛、方法に準拠して見いだされた学問の真理、貨幣、そして法はすべて、コミュニケーションの成功に関するさまざまな非蓋然性をもっぱら扱うように特殊化して、それぞれに異なった道を進むようになる。それらは、さまざまなコミュニケーション・チャンネルを利用するものであり、たとえば、国家は武力と行政ヒエラルキーを、情熱的愛はサロン、手紙（公表価値のある）、そして小説を用いるのである。そしてこのことは、性質を異にした機能的諸システムの分化を帰結し、それが究極的には固定した諸階級にもとづく社会秩序を廃棄することを可能にし、近代社会がそれにとって代わることを可能にした。

以上の簡単な素描は、私の理論構想の二重の側面をあきらかにする。秩序は、コミュニケーションが非蓋然的なものであるにもかかわらず、社会諸システムにおいて可能なものとされ、問題のないふつうの状況となるという事実によって創出される。しかしコミュニケーションの普及の非蓋然性は、ひとたびそれが技術的諸手段によって克服されると、成功の非蓋然性を増大させることになる。コミュニケーション・テクノロジーの領域における変化の結果として、新たな要請が文化に課せられる。説得の文化メディアの既成秩序は、取り代えられたもっともらしさの基準に由来する圧力の下におかれることによって、ある要素（たとえば、過去なるものの崇拝）は不必要なものとなり、あるもの（たとえば、「新たなるもの」の崇拝）は奨励されることとなる。概して、よりいっそうの分化および特殊化に向かう顕著な傾向が認められ、そして、それゆえまた恣意性を、たえずさらに広範に制度化していく必要が生じる。同時に変化のペースは、人類の発展過程において一般的なことだが、次第に加速していく。[*10] それゆえ、次々と継起する変化によって増大する非蓋然性を克服する手段が、既存の利用可能なものから開発されねばならなくなるが、その課題は、時間要因を考えただけでも、ますます非現実的なものとなり、速度という評価基準による淘汰につながるのである。

現代のコミュニケーション装置

新しいマスメディアのインパクトに関する近時の議論は、問題への不当にも狭隘なアプローチによって限定されたものとなっている。すなわち、「大衆」概念を出発点とすることによって、諸議論は個人の行動へのメディアの影響力を探究するものとなっている。それに照らせば、社会的反響は、一般の新聞、映画、ラジオによる個人行動の大規模な変形に帰せられることになる。マスメディアの分野でちょうど現れはじめた諸変化でさえ、たとえば自宅内における放送が提供するものへの、ないしはまさにコミュニケーション一般への増加するアクセスなども、このような見地から先取りされているのである。このような研究方法の妥当性を否定しようとは考えないが、そのような狭隘なアプローチが適用される場合には、ある重要な諸変化が完全に見過ごされることになる。というのも、社会はつねに異種混淆《ヘテロジーニアス》システムとしてとらえられるべきものであるからである。すなわち、単に数多くの個人的行為からなっているのではなく、もろもろのサブシステムとそのサブシステム内のサブシステムから構成されているものであって、行為が当初の状況を越えて知覚される反響という意味での社会的重要性を帯びるのは、そのような、たとえば家族、政治、経済、法、医療制度、教育といったサブシステムとの結びつきを通してのみなのである。

それゆえ、コミュニケーション装置の構造ゆえに現代社会にもたらされている諸変化の一般的描像を獲得するために、はるかに包括的なアプローチが適用されるべきである。コミュニケーション一般における非蓋然性の問題および異種混淆システムとしての社会という観念はひとつに収斂する。なぜならいかなるシステムも、コミュニケーションの非蓋然性を蓋然的なるものに変換するという意味を担うものにほかならないからである。それゆえ、コミュニケーション・テクノロジーにおける諸変化とコミュニケーションのさまざまなそして移り変わる成功の可能性との双方が考慮されなければならないと同時に、この二つの問題領域の相互反響も考慮されなければならない。以上になお加えて、メディアとは無関係に、諸システムの分化による個人の態度および動機づけ——それは、システム理論に沿っていえば、全体社会という社会システムの環境に属するものであり、まさにそのことによって社会システムに反作用するものである——に対する直接的な作用がありうるかどうかという問題がある。この問題、つまり人口統計学でいわれるような、潜伏作用の問題は、近年では、たとえば「隠されたカリキュラム」といった宣伝文句に反映されているように、*11 教育システムの分析に道を開いている。同様に、組織されたマスメディアもまた、社会のその他の諸サブシステムが頼りにすることのできる諸態度や動機づけのレパートリーに対して、選択的制限を発揮するものと仮定することができる（そしてこのコンテクストにおいて、マスメディアと学校における大衆教育との比較の基盤が存することになる）のである。もちろん、この論文の守備範囲では、そのような広範囲にわたるプログラムの概略を近似的に叙述することさえ許されない。ここでは、いくつかの探究されるべき可能な問題を説明するのに役立つであろう多くの例示に限定することにしよう。

たとえどのように社会の維持ないし発展のための機能要件を定義したとしても、コミュニケーションの成功の見通しが改善されても、すべての機能領域にとって等しく好都合なものであると仮定することはできない。ヨーロッパに起源をもつ近代社会類型は、これまでのところは、高度に効果的であることが立証された限られた数の象徴的に一般化されたコミュニケーション・メディアによって、よりくわしくいえば理論的、方法論的に保証された科学的真理によって、貨幣によって、そして法の取り決めにあやかった政治権力によって、大いに支えられてきた。このことは、この類型の社会の一般的意識における学問、経済、政治の卓越性を反映している。一般行為システムに関するパーソンズの理論でさえ、あらゆる機能領域は、それらの分化の論理的コロラリーとして、等しくひとつのコミュニケーション・メディアに依拠しうるものであるという仮定にその基礎をおいている。それは希望的観測である。[*12] いずれにせよ、機能的必要とコミュニケーションの成功可能性の、そのような収斂に対する保証は、自然的にも理論的にも存在しないということが受け入れられてしかるべきであろう。

この点に関連して、とくに記しておく価値があると思われるが、象徴的に一般化されたコミュニケーション・メディアのいずれにあっても、教育から治療処置、そしてリハビリテーションにわたって、個々人における変化を引き起こすべく構想された多種多様な諸活動を——それがコミュニケーションに全面的に依存した機能領域であるにもかかわらず——支持するように発展させられてきたわけではない。この分野においては、パーソナルな相互作用が変化の望ましさをひとびとに確信させる唯一の方途のままである。厳密にいえば、この目的に合ったどんな科学的に信頼できるテクノロジーもこれまでのところは存在していない。[*13] 真理、貨幣、法、権力、愛、これらのいずれも、確かな成功の可能性をともなった適切な資源を提供することはできない。ますます増大する膨大なパーソナルかつ相互作用的なエネルギーがこの問題領域に投入されているが、それによってテクノロジーの非効率性を埋め合わせうるかどうか、またいかにすれば埋め合わせられるのかという実際的な考えをまったく欠いたままである。

上記の例は、不均衡発展の問題が疑いなく存在するということを示している。ある分野では、非蓋然的なものを型通りに予期しうるものへと変換することがとても上首尾に進み、それゆえ複合的システムが、もろもろの基礎的過程においては自由な意思決定に依存しているにせよ、テクノロジカルに制御可能なものとなっている。他の分野では、発展が行き詰まっている。というのも、性能要求が増大するにつれ、非蓋然性を感じとり意気消沈してしまう閾が、単純な相互作用システム内部においてさえ限界に達するからである。

次の例は、社会の機能的分業およびそのコミュニケーション・メディアへの普及技術の影響の研究から引き出されたものである。印刷術の発明はあきらかに、社会システムの重要な諸機能が実現される諸条件のまさに迅速な転換をもたらした。結局は多種多様な教派へと分裂するはめになった宗教的ラディカリズムの展開のほとんども印刷術のせいであると考えることができる。というのも、印刷術は諸見解を公然と明確に具体化し、著者がひとたびある見解に関係づけられてしまうと、その立場を撤回することが困難になったからである。[14]政治の領域においては、印刷術は政治的影響力を行使する機会を開き、また宮廷サークル外に政治的職業をもたらした。宮廷任務を放棄することは、もはやかならずしも政治的影響力の放棄を意味するものではなくなり、[15]そして政治はこの新たな事態に適合せねばならなくなった。社会生活領域および親密な関係においては、印刷術は一方では教育機会の増加に寄与し、他方では見当違いの向上心を導いた。それは、手本を模倣することを推奨すると同時に、模倣にふさわしい手本を過大に評価したのである。[16]それは諸規則を推奨したが、その遵守は個人の自由裁量に委ねた。[17]一般的に述べると、印刷術により、このように、機能諸システムがその作動を選択するレパートリーは変化した。それは可能性の範囲を拡大するだけではなく、選択過程を複雑にすることになった。

以上で論じた諸問題は、マスメディアが教育から独立するようになり、その諸可能性をかなり拡大させている場合にも、依然としてあてはまる。しかし、その確認しうるガイドラインはなにか存在するだろうか。われわれは推測に頼るほかない。メディアのプログラム自体によって前提されているという事実に、その唯一の正当性を置く、一種のメディアを基礎とする文化が発展するであろう。しかし、アルノルト・ゲーレンが合衆国に言及して示唆したように、このことは道徳が権力を堕落させることを意味するのであろうか。[18]また、逆の仮定、すなわちプログラムの基本的諸前提を変化させることによって、権力がいとも簡単に道徳を堕落させるような、同様にもっともな根拠は存在しないのだろうか。

しかし、マスメディアによる基本的な政治的前提の変形を注視するかかる理論を確証する証拠は、より形式的な諸効果の存在を支持するものよりも少ない。とりわけ、政治的行為がマスメディアに不断に反映されている場合には、政治的行為の時間構造は変化する。それは加速する傾向をもつ。というのも、政治家は瞬間瞬間に彼らの行為が報告されるという事実およびその報告のされ方に反応しなければならないからである。このことが必然的にともなう策略の行使によって、政治理論を一貫して固守することが実際上排除され、政治生活への参入の諸条件は、ある見方をすれば民主主義において膨大に拡張したのだが、にもかかわらず、最新の展開に遅れずついて行かざるをえないという事実によって限定されているのである。

そのような分析がどれほど現実に即したものであっても、その出発点は、非蓋然的なものの蓋然的なものへの変換において、すべての達成は選択的なものであるという一般的仮定である。途方も無く蓋然的なコミュニケーションのより高度なレベルが、改善されたテクノロジーによって新たに達成されるたびに、新しい制度的手段によってバランスが回復されねばならない。繰り返しいうが、機能領域それぞれにとって満足のいく解決がつねに可能であると、いかにして確信できるだろうか。

ここまでに論じられた、コミュニケーション・テクノロジーの機能システムへの直接的反響という観点から見た諸問題は、選択を基礎とした社会的に受容されうる行動を促進するために社会が頼りにしうるパーソナルな態度や動機づけを、組織されたマスメディア・システムが変化させるかどうかという問題とは区別されなければならない。[*19]この問題は、もちろん、政治、学問、家族、宗教などに開かれたさまざまな可能性にいっそうの間接的な影響を与えるものである。しかし、これらの機能システムはすでに、その構成員の動機づけによって圧力をかけられることなく、マスメディアに対する直接的影響力を及ぼしている。たとえばキュングの申立て（Küng case）によって引き起こされた教会政策の諸問題を取り上げれば、煽動と反動、勇気とためらい、改革的諸傾向と原則への保守的執着が、すべてマスメディアの利益のために公にされた。

以上を考慮せずとも、われわれはまた先に指摘した、あらゆる社会システムに影響を及ぼしかねない事態を続いて惹起する、集合的心性を編成したようなマスメディアの「人口統計学的」な影響を考慮しなければならない。しかし、このことはこのような仕方で、たとえばテレビによって、ひとびとのあいだに均質で大衆的な態度が生み出されるといった結論をかならずしも保証するものではない。あることが活字化あるいは放送されるべきかを決定する一定の諸原則が公衆に伝えられると仮定するのがより現実的である。事実、なにが情報として出現するかを決定するのは、こうした諸原則である。[*20]おそらく、その種のもののなかでもっとも重要な原則は、報告すべきものと価値づけられるためには、ことがらが新奇なものであるかないしは尋常のものではないと思われねばならないということである。このことは、一本調子の繰り返し（サッカー、事故、政府コミュニケ、犯罪）を排除するものではなく、むしろそれをふくみこんでいる。もうひとつの類似した選択の原則は、コンフリクトである。[*21] そうした諸原則は、非連続性を連続性に対立するものとしてつねに強調して、信用を損なう傾向がある。それらが変化への抵抗と変化への参画という相反する要請を同時に刺激し、不安と主張の両方を生み出すということはまさに考えられることである。私的資本主義秩序によって掌握されていようと国家資本主義秩序によって掌握されていようと、社会の政治システムと経済的システムがひとびとの期待に応えることは、かくしてますます困難となっている。

「われわれは正しい問題を問いかけているか」というのが、マスメディアに関するユネスコ会議で表明された懸念であった。[*22] そして諸問題に関する私の素描の結末においてもなお、問いかけられた問題が「正しい」ものであるかどうかは——哲学者ならばそもそも「正しい」問題など存在するのかと問いたくなるだろうが——、確証することはできない。にもかかわらず、これまで支配的であったものよりも、コミュニケーション研究の分野における諸問題の研究と解決に関して、よりラディカルかつ体系的なアプローチを展開することは可能なはずである。非蓋然性とシステム形成との結びつきは、システム理論がこの文脈において提起すべき概念のひとつである。非蓋然性の問題が出発点としてとらえられるならば、たとえ正しい問題でないとしても、より基礎的な問題が必然的に問われることになる。それは、コミュニケーションと社会との結びつきという論点は、コミュニケーション研究の分野内に限定されるのではなく、事実上あらゆる社会理論の中心を構成するものであることを承認するという問題である。

第4章　コミュニケーション様式と社会

いつの時代にあっても、社会は、その深層における構造的な諸変化を予見することはもとより、それと気づくことすらできなかった。書き記すことの発明、アルファベットの発明、印刷術の発明、これらはほとんど注意を引くことなく見過ごされてきた。たしかに、当時のひとびとはこれらの出来事の重要性を評価することも、全体社会システムの構造革命の見地から、これらの帰結を予見することもできなかった。アルファベットを例にとれば、詩人たちはこの発明によって彼らの記憶術の改善を期待し、みずからの口述テクストの全内容を書き写すべく、書き記すための伝統的なコードを変化させざるをえなかった。あえていうなれば、詩人たちは多かれ少なかれ詩神《ミューズ》からの自立がもたらされんことを熱望し、そしてそれによって、ケーオスのシモニデス（Simonides of Keos）が有名な例となるような、宗教的反感を惹起することとなった。けっして彼らは、みずからが人間が世界と関連づけられる仕方に徹底的な変化をもたらし始めたのだとは認識していなかった。実際には、アルファベットは読者に向けて書くということを可能にし、事物からの共通の隔たり、批判的態度をもたらし、そしてそれゆえに、人間生活の諸環境を変化させるべき新しい諸性向を想定することをも可能としたのであった。

こうした困難は——読者の予想を裏切るかもしれないが——、かつての時代に社会科学や調査研究能力が欠如していたということに帰せられるものではない。またそれは、改善された経験的・分析的技法によって今日明日にも乗り越えることが可能な障害といったものではない。すなわち、単なる知識量の問題なのではない。われわれの可能性に制限を課すと思われる構造的な理由が存し、われわれの知恵は、プラトンの自制であるところの、なにを知りなにを知らないかを知ることの水準にとどまることを潔しとしなければならないのであろう。

重なっているように思われるすくなくとも二種類の問題を区別しなければならない。第一は、出来事を観察するということの一般的なむずかしさである。それには、もろもろの状態を観察する以上に労力が要求される。ある出来事を疑う余地のないことがらとして特徴づけるためには、それ以前とそれ以後とを同定せねばならず、それが差異を生じさせる特異な出来事であると知らねばならない。

第二は、コミュニケーションにおけるメディアならびに技術上の諸変化は、周辺的な改善にとどまるものではないということである。社会というシステムはコミュニケーションからなっている。コミュニケーション以外のいかなる要素も実体も存在しない。社会は、人間的身体や精神から構築されているのではない。それはただ、コミュニケーションのネットワークなのである。したがって、コミュニケーションのメディアや技術が変化し、表現の容易さや感受性が変化し、口頭によるものから書かれたものによるコミュニケーションへとコードが変化し、そしてとりわけ、再生産および保存の容量が増大するならば、新たな複雑性に対処するために、新たな諸構造が可能となり、ついにはそれが必然的なものとなるのである。

しかしながら、コミュニケーションにおけるこれらの変化は、コミュニケーションによって導入されねばならない。システムの外部に立ってそれを計画し指示するなにものかが存在するのではない。システムは自己言及によって進化するのであり、そのシステムに内属する諸部分、すなわちそれ自身によってのみ管理され、コントロールされうる。システムを観察し記述すること、計画し指示すること、それらはシステムを前提としたことであり、単に対象としてではなくそれ自身の諸活動の主体としてのシステムを前提としたことである。それゆえ、進化においてもっとも重要な諸段階は、最終的に維持される状況に発展するより前に歩まれていなければならない。すなわちあとになって消失することになる暫定機能によって担われた諸段階である。おそらく言語は記号の使用によって進化したのであって、当初から精神やコミュニケーションの諸作用の構造をなしえたのではない。貨幣は、大世帯経営における家計計算的諸問題の解決手段として進化したのであって、交換のメディアとしてではなかった。また、性愛のコードは快楽のために発明されたのであって、結婚のためにつくりだされたのではない。

自己言及的システムの非計画的進化の典型的諸構造がこのようなものだとすれば、われわれはいかにして、こんにちのコミュニケーション・テクノロジーにおけるかなり根底的な諸変化の重要性ならびにその帰結の査定に着手すればよいのであろうか。ほとんどの調査報告書は、あきらかに、この変動過程にあって注意をひく、しかしあまり重要ではない問題に注目している。ともすれば、テレビは子どもの読書を妨げるかもしれない。ともすれば、コンピュータはより伝統的な職業を失業へと導くかもしれない。ともすれば、将来のヒーローは、映画『ウォー・ゲーム』の少年のようにコンピュータ中毒の若者となるかもしれない。あるいはまた、コンピュータ的メンタリティは、問題の一定の解析技法に焦点をおくあまり、生命のより深い神秘に関するすべての感受性を刈りとってしまうかもしれないということである。われわれには、失うものに気づくという傾向があるのかもしれない。だが、われわれには、構造変動の過程において社会のシステムを観察し記述することはできない。そしてもちろんのこと、そのレベルにあっては変動を計画することも防ぐこともできないのである。

全体社会システムの自己観察および自己記述に関するこのような基本的諸問題を認識するということは、断念に通ずるものではない。それどころか、いかなる現実主義的アプローチにとっても前提要件となるものである。われわれには、未来社会を観察し記述することはできないが、どのような種類の構造変動が進行しているのかを見ることはできよう。また、われわれには、それ以前・以後のあいだに出来事を位置づけることは許されないであろうが、すくなくとも、以前のコミュニケーションの基本的諸限界がどういった点で変化を遂げようとしているのかは見ることはできるのである。

しかしながら、最たる困難さは、ひとつの典型的な複雑性問題である。われわれは、ひとつの社会、社会的コミュニケーションの世界社会のうちに生きていながら、しかしわれわれは一度にいくつもの複数の構造変動に対処しなければならない。このことは、さらにいうと、さまざまな種類の構造変動の相互干渉の将来的効果を説明しなければならなくなるという理由で、予知するということを不可能にするものである。

1　第一の変動の類型は、コントロール能力の増大として記述することができる。しかし、次のことに留意せねばならない。われわれはこの言葉を、英語における意味ではなく、ドイツ語におけるそれとして用いねばならない。この差異は決定的なものである。英語圏のひとびとはコントロールを操縦《ステアリング》あるいは支配《ドミネーション》のようなものとして考えている。

コントロールは、インプットとアウトプットないしはインプットとゴールとの比較能力（すなわちチェックする能力）を基礎としている。この能力の増強は、増大する複雑性という諸条件のもとにあってさえ、われわれの目標達成能力を向上させることになるであろう。実際上、そうなるということは非常に疑わしいのだが。

　狭義の意味合いでは、コントロールはインプットとメモリーとの比較を意味し、メモリーだけとの比較であって、そのことはすなわち、現在と未来とではなく現在と過去との比較を意味する。この意味において、コントロールは過去を振り返ることを意味する。このような能力は事実、書き記すことの発明、そしてもちろん印刷術の発明以来、持続的に拡大してきた。コンピュータ・テクノロジーは再度われわれの貯蔵能力を増大させ、蓄積された情報を処理し、分析し、それを新しく入ってくるニュースと比較する能力を増強させている。しかし、それはけっしてわれわれの目標達成能力を改善するわけではない。目標は、もちろん、われわれのメモリーの側のものといえる。この意味では、諸目標は過去における空想として与えられる。このようにして、コントロール技術の前進は――失望の――認知能力の増大を意味するものであろう。その直接的な帰結は、多くの失望の経験となるであろう。そして実際、こんにちではだれもが「危機」について語り、またさらに、われわれすべてが知っているように、もろもろの危機は実際上、解決不可能な問題になると声高に論じられているのである。貯蔵能力の増大は、われわれがさらに深く過去――過去の事実ならびに過去における空想——の好ましからぬ影響にからめとられることを意味するにちがいない。われわれの宗教は書物によって規定されている。われわれの政治的希望は、二〇〇〇年前のブルジョア革命のスローガンによって規定されている。われわれの闘争関係は、われわれの社会のいかなる現実的問題も資本から労働への、あるいは逆の貨幣の移動によっては解決されえないことを知りえたにもかかわらず、資本と労働の区別によって構造化されており、書物、イデオロギー、諸組織、そしてさらには政治システムのなかに貯蔵されているのである。

私は、われわれが新しい事物、新しいテクノロジー、新しいコミュニケーションの可能性を発明し続けており、テクノロジーのレベルにおいて、近未来を望ましい改善、高度な能力、コストを削減した改善された生産方法をもたらしていると想い描くことが十分可能であるという事実について抗弁するつもりはない。しかし、新しさ自体の魅力はコントロール能力に依存したものである。過去との比較において新しいなにかを語ることができるのであり、また一六世紀以降の新奇さおよび独創性を賞賛するような慣行《ファッション》は、印刷物のもたらしたひとつの帰結といってよいであろう。重要なのは、コントロール能力に関するかぎり、改善を求めることが同時にわれわれのメモリーの力、すなわちわれわれの過去の力を増進させることになるであろうという点である。われわれには忘れ去ることが不可能となるのかもしれない。

2　しかしながら、コントロール能力の増大は、可視的な諸変化のひとつにすぎない。もうひとつの可能かつ等しく重要なことがらは、コミュニケートする活動の新たな可能性に関連する。つい最近にいたるまで、われわれは口頭によるコミュニケーションか書き記すこと（印刷をふくむ）のあいだで選択せねばならなかった。両者の違いは顕著であり、どちらを選ぶかによってその帰結は大きく異なる。いまや、われわれには、映画がありテレビがある。口頭によるコミュニケーションも、電話によって拡張されてきており、近い将来、新種の、いうなれば「電子口述法」によって、さらに拡張されるであろう。

　これらの発展は、コミュニケーションと時間との関係を変化させる。かつては、コミュニケーション的行為だけが時間と関連づけられるべきものであり、そしてコミュニケーション自体は、必然的に、（アルフレッド・コージプスキー（Alfred Korzybski）の用語法によれば）時間拘束的機能を有していた。こんにちでは、コミュニケーションの内容が時間依存的になってきている――このことは複雑になった制約によってのみならず、直接的にそうなのである。時間は可視的になる――そしてそれも事実としてのみならず、また知覚によってのみならず、コミュニケーションの帰結としてそうなるのである。われわれは用意され、注意深く選択されたコミュニケーションのひとつの帰結として、生じては消えゆく出来事、運動、そして変動を見ることができるようになる。いかにしてわれわれは、選択性を、エラーの可能性を、欺瞞の可能性をコントロールしうるだろうか。

とくにテレビによって、われわれは映像と音声が同時化された出来事をコミュニケートすることができる。このようなことは以前にはまったく不可能であった。しかし、そこで、コミュニケートするということはいったいなにを意味しているのか。もしいま、言語の状況依存性《サーカムスタンシャリティ》を不問に付して、すべてのものがコミュニケーションの可能対象となるとすれば、またなにものも差し引かれることがないとすれば、コミュニケーションは世界になにかを付け加えるというそれ自体に特有の機能を失うことになってしまうだろう。それは、以前にましていっそう、世界の復元《リコンストラクション》となり、そしてそれによって失望の源泉となる。さらにそのうえ、全工程がひとつにまとまる循環性を有することになるならば、われわれはいかにしてそれに相応する選択と信頼性《レスポンシビリティ》の規準を課すことができることになろうか。

　これはもちろん、非常に一般的な問題であり、古いルーツを有している。言語、とりわけ書き記すことおよび印刷は、シンボルの意図的、非意図的な誤用に対するゼマンティク的防御装置を要請する。文化のまさに中心に、われわれはこのような機能を遂行する諸コードを生み出してきたのである。つまり、真理のための、そして合法権力（家父長権(potestas)）のための諸コード、貨幣の支払いのコード、単なる誘惑に抗して真実の、誠実な愛を保護するコードである。実際、表音文字《アルファベット》によって書き記すことは、選択と動機づけを結合しなおすこれら一般化されたコミュニケーション・メディアの分節化を刺激した。これら諸コードは言語の危険性に抗する社会的防御装置として発明され、そして今日に至るまで作動し続けている。しかし、それらは動画の誘惑に抗して効果的に作用するであろうか。そして、この場合、コミュニケーションの背後の意図は、コントロールされるのは言うまでもなく、いかにして知覚され、把握され、帰責されうるのだろうか。若干表面的なレベルに関して、われわれは、もはや言語の力のみに依存しているのではない、この新たな説得と誘惑の力を十分自覚している。しかしながら、そのコントロールのために、われわれは多かれ少なかれ、組織的処理方式、監視機関、政治組織、職業倫理諸原則を論じかつ立案する諸委員会を信頼しているのである。われわれは、かつて十分にその能力を有していたはずの真理の無言の効率性に相当する等価物をなんら手にしていない。一瞬心に映現するやいなや消えてしまう出来事を見ただけで、確信がつくりだされるというまったく新しい力——一瞬の映像はあきらかにそれ自体でその確信を引き出している——が存在するのかもしれない。

3　第三の点は、一方ではこれまで論じた二つの点を結びつけるものであると同時に、新たななにものかを付加するものである。近年における発展にあってもっとも劇的なもののひとつは、コンピュータの利用によってさまざまなコミュニケーション・テクノロジーを結合させる新たな可能性からなっているように思われる。コンピュータをのぞき込んで既存の知識を探し、それに話しかけ（もちろん、BBCの最上の英語ではなく、入念に学習された電子会話によって）、そして必要な修正のためにその結果を再度見直すことによって、われわれは短時間のうちに新しい書物を「書く」──それをなお「書く」といいうるならば、──ことができる。われわれはもはや、おそらく経験豊かな書籍生産アシスタントさえいれば、出版社を必要とはしないだろう。プリント・アウトするか、それともさらに書き続けるためにコンピュータに入力したままにしておくかは、選択の問題となろう。刊行されもしない書籍──「書籍」と呼ぶならばだが──を利用しようとするひとはだれでも、自分で印刷の許可を願い出ることになろう。それとも、われわれはまだなお、道徳決疑法の教範書、たとえば『(クラヴィソのアンジェラスによる)綱要』(*Summa Angelica*)、『(シルヴェステル・プリエリアス・マッツォリーニによる)綱要』(*Sylvestrina*)、あるいはもっと最近の『良心問題についての提要』(*de casibus conscientiae*)にもとづいて忠告や赦免を与えてくれる聖職者に語るべく、懺悔室に出向かねばならないのであろうか。これらの諸規則はすべて、ソフトウェアとして利用可能だろうから、われわれは家庭用コンピュータで自分たちの罪を免除しうるようになるだろう。あまり実用的でないものほど、そのように利用するのが好まれる傾向を存続させるだろう。──とはいえ、それが生きながらえるのは、その選好の恩恵によってのみである。

異種のコミュニケーション諸形態を結合させ、話すことと書くこととのはなはだしい差異を超越するこれらの新たな諸様式のありうべき効果を示すには、以上のことは十分なサイエンス・フィクションであろう。私の所見の最後は、過剰に単純化された構造変動の諸理論に関してのさらなる警告である。われわれは、われわれの社会の来るべき状態を予想することはほとんどできない。その全面的な破壊が、唯一われわれが可能であると確信しうることがらである。しかし、くわえて、われわれはまた変化をコミュニケーション・テクノロジーの変化の結果だと考えるうえで問題を抱えている。あきらかに、他にも考慮されるべき変化の諸原因がある。いかなる社会学者も、現在、そのような諸原因の完全な概観を与えることはできない。ふたたび、その点をひとつの例をもって説明しよう。

文芸作品の歴史を観察すると、人物特性の複雑性に関して、興味深い変化が観察できる(私は、物語のプロットの複雑性について語っているのではない)。一八世紀における小説の勃興まで、登場人物は英雄か悪漢でなければならず、つまり「物々しい」キャラクターや型どおりの類型化によっての同定が十分に果たされた。あきらかに、口頭テクスト性における制約の残存が作用しているのである。高度に決まり文句化された口頭での話し方で、登場人物の特徴描写がなされなければならないのである。彼女は美しく若い寡婦であり、国中で比肩するもののない家系の出であるといった具合であるが、それで上首尾であっただろう。次には、おそらくはリチャードソンが端緒となる、以下のような時代がやってきた。登場人物は複雑な人物でなければならず、その結果として、多様な解釈に開かれそしてさまざまな読者の興味を引く人物でなければならなくなり、けっして完璧な人物ではなく自己反省的な性格で、そして自分自身についてはっきりした確信をもたない人物でなければならなくなった。今日、われわれはふたたび、E・M・フォースターが[*1]「立体的《ラウンド》」人物に対立させて「平面的《フラット》」人物と呼ぶものを好んでいるように思われる。ウォルト・ディズニーの善良な少年たち、昼間の連続放送劇の登場人物、テレビのシリーズものの登場人物、あるいはコマーシャルに使われている登場人物のことを想起されたい。われわれは彼らをパロディ化することができる。パロディ化された彼らは、スーパーマン、スパイダーマン、バットマン、ワンダーウーマンといったものとして登場するので、そのパロディだと気づかない場合でさえ楽しむことができるだろう。われわれは振り出しまで一巡してしまい、還元された単純性、すなわちストーリーを理解させるための最小限の情報へとふたたびたどりついたかのようである。しかしながら、このような物々しい人物から立体的な人物へ、そして立体的人物から平面的人物へという変化は、口頭、書くこと／印刷、そしてついにはテレビという支配的コミュニケーション様式の継起によって実際説明しうるであろうか。ところで、これら平面的人物のいくつかは、コミックス、つまりは印刷物が映画化されるなかで現れてきたものである。コミュニケーション・テクノロジーが実に決定的な変数であるということを、いかにして知り、かつ証明できるであろうか。一見すると、非常に示唆に富んだ仮説に見えるが、改めて考えたときにもちこたえられそうにない。

とりわけ、文芸作品は文芸作品にはねかえり影響するという事実、そして複雑な人物の流行は、しばらくあとには興味をもたれなくなるということを考慮しなければならない。「現実生活」のイミテーションは、アイロニーかもしくは現実的「現実生活」にとって代わられるにちがいない。「現実生活」は複雑なものではなく、むしろ浅薄かつ単純なものであるというように。ストーリーは問題に行き当たらなければならないが、しかし、登場人物は、結局のところ、二義的なものかもしれない。

テクストはコミュニケーション・テクノロジーにおける諸変化に順応するであろう。テクストは、前述のテクスト生産の歴史や新しいものとして現れ出るべきだとする文化的命令に順応するからである。テクストはまた変遷する流行にも順応し、もちろん、テクストを享受する公衆の範囲の増加、減少に順応する。相互に補強しあい相殺しあう多くの影響関係が存在する。一要因を軸とする理論は、ただ社会の高度に単純化された解釈をのみ提供しうるのである。それらはひとを誤らせる類のものであり、ないしは根本的に不適当なものであろう。コミュニケーション・システムへのコミュニケーションの記述の再導入がこの種の単純化を要請するならば、その場合には、それにもかかわらず成功を収めることができよう。

本論考において私がとった歴史的‐比較的アプローチは、もろもろの原因や結果にではなく、もろもろの問題に焦点をおいたものである。論じられたことがらは、第一に、コントロール能力と目標達成とのあいだの増大するギャップは、とりわけ、社会に対する失望感および否定的な感情の増大を引き起こすものであること。そして、

第二に、そのインパクトを十分認識することが困難であるような、進行中の現実に関するまったく新たな表象像が存すること。こんにちでは、すべてのことがらがコミュニケーションの可能な対象である。しかし、コミュニケーションは、かつてと同じものではないであろうこと。そして、

第三に、異種のコミュニケーション・テクノロジーの結合を、状況ごとにニーズとチャンスに応じて変化させることが容易になっている、というまったく新しい事態がある。この新たな順応性は多くの諸問題を解決あるいは軽減することができようが、しかし、書き記すことに応じて発展してきた旧い文化に代わって、どのような種類のゼマンティク、どのような種類の文化がそのために適切なものとなるかについては、実際われわれの知るところとはなっていないということ、である。

第5章　個人の個性——歴史的意味および今日的諸問題

個人主義を再構築することは、容易な仕事ではない。容易でないというのは、それが以前に試みられたことがあるからである。いかにして個性《インディヴィジュアリティ》を認知するかということは、われわれがこんにち時代遅れの詭弁と思いがちである、古いスコラ的伝統を有する問題である。人間の個性にだけ注目するとしても、ずらりと並んだ諸理論を通覧して、なにゆえにそれら諸理論が失敗に帰し、ないしは説得力を喪失するにいたったかの理由を見出そうとすれば、われわれはすくなくとも二〇〇年は遡らなくてはならない。

すでになされたことがらに対して、表面的な一瞥すら投げかけることなしに事を始めようとするのは賢明なことではないだろう。しかしながら社会学理論は、あまり有用なものとしては現れてこないであろう。そこでは、歴史は個人主義の拡大過程として想定されている。社会学の古典には、この点をめぐって構築された重要な理論がふくまれている。社会分化の拡大はいや増して一般化されたシンボル的枠組みを導き、そのことは状況、役割、そして活動の詳細な再仕分けをますます必然的なものとし、それによっていっそうの個別的《インディヴィジュアル》な人間をもたらす、というものである。伝統的社会では、家族が地位集団のヒエラルキー・システム内に明白なかたちで位置を定めているがゆえに、可能な役割結合の数は限定されていなければならなかった。近代社会ではもはや、家族はそのような仕方で位置決定されてはいない。階層化は以前有していた重要性を失い、そして、その結果として、役割結合の選択は個人の手に委ねられねばならないのである。

以上は社会学の主流をなす二つの潮流のうちのひとつ、デュルケームがその真骨頂を示しているものである。ジンメルやミードに発する他の伝統のうちにおいては、個人は創発的単位——歴史から現れ出るのではなく社会的出会いから出来するものとして——と考えられている。ジンメルは個人のアイデンティティを、他の諸個人の観点および予期によって貼り合わされたコラージュのようなものとみなしている。自己印象が断片化された自己は、社会的諸状況においてまたそれを通してのみ連続的なものとなり、また信頼しうるものとなる。これと同様に、ミードは個人の精神《マインド》を一つの創発的単位、つまり社会的相互作用の精神的複製《インナー・コピー》であると考えている。*1 われわれはここに、社会的諸条件に準拠させることで個人的なるものを分解しかつ組み直しする、個人的なるもののひとつの社会理論の端緒をもつのである。社会的なるものは、しかし社会としてではなく、ただ単に相互作用として、そして歴史としてではなく、ほとんど現在的局面としてとらえられている。

社会学は、個人主義と集団主義（あるいは個人と社会）とのあいだのイデオロギー的反定立を好ましからぬものとして反発し、そのギャップを架橋し、さらには双方に対し認めるべき点を認めさせようとしてきた。そこでは、理論的に重要な個性《インディヴィジュアリティ》の概念を定式化するという困難な課題が論じられてはこなかった。幸運にも、われわれは社会学のみに依拠しているのではない。ヨーロッパ知性史は、個性《インディヴィジュアリティ》を定義し推進助長しようとする、一連の長い試みを有している。われわれの目的にとって、この歴史は二通りの見通しを提供している。第一は、それが知的資源の、とりわけ忠告の貯蔵所であって、個人に関する理論の途上には多くの罠が存在するが、しかしその罠は、われわれが前もって知っていさえすれば回避できるということである。その第二は、われわれには、理念の歴史を社会構造の歴史に関連させる、知識社会学のスタイルをもって個人主義再構築の歴史を再構成することが許されているということである。第一の見通し、歴史は人生の教師である（historia magistra vitae）は、社会学的には無邪気に過ぎようが、われわれは早まって判断を下すことがあってはならない。[*2] 第二の見通しは、個人主義の再構築はいずれも、みずからを個人と考えたひとたち、いうなればみずからを再構築しようとしたひとたちによって、社会の内部で遂行されたものであることを想起させる。[*3]

デカルトの時代までには、中世のスコラ論争は、個人の個性《インディヴィジュアリティ》に関してひとつの見解に達していた。個性は、個人の特別な特質を他の特別ではない特質との対照において指摘することによっては定義されえない。それは外部から個人に与えられたなにものかなのではない。個人はそれ自身が、みずからの個性の源泉なのである。個性の概念は、それゆえ、自己言及によって定義されなければならない。[*4] 人間だけでなく、すべての種類の個的諸存在は、自己言及によって定義される。[*5] 個性のスコラ的理論は、もちろん、自己と自己の社会的諸条件を覚悟しなければならなかったひとびとによって、またそのひとたちのために書き表された。したがって、人間個人を定義するための自己言及の特段の重要性は驚くべきことではない。教会の分裂、政治抗争、主権国家の勃興、そして経済的進歩ならびに凋落の最中にあって、自己言及は、自分自身の諸問題および諸資源を基礎として個人を再構築するものであり、魅力的な避難所のように思われたにちがいない。[*6]

もっとも興味深い帰結のひとつは、一七世紀の信仰運動である。そこでは、救済の成就のための試みが私事化されたのであった。宗教的世界観の基礎に立って、この運動は、個性を放縦ないし宗教を拒絶する自由思想家（fort esprit）に結びつけようとする競合する傾向と戦うものであった。救済と地獄落ちとの差異は決定的なものであり続けた。[*7] しかし宗教的配慮はもはや他者に向けられた配慮ではなかった。それは他者のために祈るということも、禁欲的諸条件も、あるいは神の命じる以上の課業をも要請するものではなかった。[*8] それどころか、それは自分自身の単独の救済を配慮するものであった。「神に奉献するということ、それはみずから自身の救済を願うことであり、この目的のもとになにごとをも怠らないことである」——これは職務に関するイエズス会派的見解である。そしてそれは、その他の職務についても矛盾せず、共通するもののように思われる。[*9]

こんにち、このような自己中心性はもはややはやらないが、しかしすくなくとも、この信仰運動の二つの効果は銘記されておくべきである。その第一は、自分自身の救済に必要なものとしての義援および慈善をべつとして、他者の経験に向けられていた諸個人の指向性は著しくその価値を減じた。ジェームズやミードのいう「me」、すなわち社会的自己は、「高慢」や「虚栄心」といった悪い評価を甘受することとなった。もしあなたが他者の役割を取得し、あなたの献身を賛美するとすれば、あなたはすでに誤った轍に入り込んでしまったことになる。すなわち、献身は、すくなくとも非意図的には、コミュニケートされえないのである。[*10] このことは、真実の献身と虚偽の献身は区別されえない、という第二の認識にいたる。誠実さおよび真正さはコミュニケートされえない。しかし、もし他者が彼の誠実さを知りえないとすれば、彼は自分自身を信頼しえないものと感じることとなろう。[*11] 同じ問題が恋愛関係にも生じる。[*12] 他人に自分の愛を確信させようとするものはだれでも、そのように試みることによって不誠実となる。唯一の逃げ道は、不誠実さの告白とならざるをえないであろう。[*13]

要約しよう。この信仰運動の内部では、自己言及——まさに個性《インディヴィジュアリティ》の本質——は、すくなくとも、個人が救済への道にとどまろうとし、そうすることを告白する場合には、個性の破産であると考えられた。救済は救われるべきなにものかを仮定している。ところが、個人は、文字通りの意味では、不可分かつ不滅なる魂を有する存在であるのである。もしわれわれが個性のこのような宗教的ないしは存在論的根拠づけを断念すれば、われわれは愛すべき人間（homme aimable）、一八世紀の社交的人間に到達する。この人間像もまた、自身の人生を営み、そしてまた自身の経験の明確な履歴を残している。

一八世紀には、二つの資源だけが、個人を社交的人間として再構築するのに有用なものとして残された。すなわち、自然の再評価と社交性の再評価とである。かくして感受性と友愛との新たな崇拝が宗教にとって代わった。自己－愛は他者への配慮をふくむまで拡張された（われわれはジンメルそしてミードに接近しつつある）。シンボリック相互作用論は、一八世紀のあいだにその最初の試練を与えられたのである。社会的相互作用はリスクも結末もともなわない表面的な会話を要請する。その本質は、他者の役割を取得すること、および自分自身の問題や特有の性格で他者を悩ますことのないようにすることにある。自己自身について語らないことがその中心的規範の一つなのである。[14] その結果は、とりわけ自己意識的個人を失望させるものであった。すなわち、どういうわけか個人は相互作用から撤退するのである。一八世紀の末には、社交界の人（homme du monde）、好ましき社交仲間（homme de bonne campagnie）は、もはや個人ではなかった。社交的人間が死んだなら、セナク・ド・メヤン（Sénac de Meilhan）がいうように、われわれは彼についてなにを知るのであろうか。彼がオペラ座の席をもっていたことか、彼が賭事を好んだことか、彼が市街で夕食をとったことなのか。[15]

この時代が啓蒙と嫌悪（lumières et dégoûts）の時代だとすれば、[16]個人はいかにしてその個性を維持しえたのであろう。二つの道があった。いずれも、救済と地獄へ落ちることとの区別にとって代わる新たな区別、新たな主導的差異（ドイツ語ではLeitdifferenz）を要請する。まず第一に、個人的なるものは、自然と文明とのあいだの差異によって導かれた。自然に回帰する方途が存在しないがゆえに、人間は失われた無罪性《ロスト・イノセンス》および所有《プロパティ》を甘受せざるをえない。このように考えられたがゆえに、社会秩序は、高慢や虚栄心といった、虚偽の献身の悪い諸特性のいくつかを保持しそして強化しさえした。そこにおいて、自己の利害関心は文明化された変装を与えられたのである。それは、偽善の、なかんずく、明白な不公正――たとえば所有は不公平に分配されている――の秩序であった。フランス革命以前の数十年にあっては、社会理論は、所有と窮乏との差異、および必然的に不平等な分配法則との関連において、市民社会（自然状態との対比における）を特徴づけた。[17]個人的なるものは、当人の境遇にしたがって富あるいは貧窮に関わって同定されることになる。労働はこれら両極端を結びつける唯一の環となった。社会分析は、富者も貧者も市民社会の奴隷であること（一種の慰めの類として？）を提示した。彼らは真実のところ個人なのではなかった。彼らは真実のところ、彼ら自身に帰属してはいなかったのである。[18]
幸運にも、社会的相互依存連関の枠組み内にあって、所有は個人的なるものを再構築する方途のひとつに過ぎなかった。他の方途は芸術の概念、およびのちの美学理論を用いるものであった。自然は、ときおり模範的個人において、「天才」と称されるようになる存在を産出すると論じられた。[19] 社会的なるものが、「趣味」(taste, gusto, goût) および「公衆」——理性によってではなく情緒や情操によって判定する——の概念をもって導入された。個人における自己言及は彼の情緒の自己言及であり、芸術作品は、自然それ自体のように、感情をしてそれ自身の上に働きかけるよう刺激するひとつの外部的条件である。[20]
問題は、以上すべてが社会的階層化に依存していることにある。趣味は資格付与された趣味であり、公衆は限定された公衆であった。[21] スイスやドイツの著作家たち(クルーザッ(Crousaz)、ボードマー(J. J. Bodmer)、ゴットシェート(J. C. Gottsched)、バウムガルテン(A. G. Baumgarten)、カント(I. Kant))は、趣味を、特殊的なるものと一般的なるものとの差異といった新たな主導的区別によって取り代えて、究極的判定者としては不適当なものとして排除しようとした。彼らは、具体的特殊なるものの領域の内部において美の一般的規準を見いだそうとした。このような規準の合理的証明が与えられうるとすれば、諸個人の鑑定を脱社会化することが可能となろう。もはや公衆(鑑定家としての)が、規準(合理性なしの)を定義するのではなく、規準が公衆の資格能力を定義することになろう。鑑定をなす場合、個人はもはやその社会的階層に依拠するのではなく、彼自身のうちにおける一般的なるものの認識に依拠することになろう。

鑑定の一般的規準および趣味をめぐる長く複雑な論争の結果だけが、ここでの関心事である。[22] その論争の結果は、個人の個性《インディヴィジュアリティ》を新たな知的レベルにおいて再構築することに道を開いた。カントにちなめば、新たな種類の主観的個人主義が可能となった。「超越論的」なるものへの旋回によって、意識の事実は、経験的と超越論的という一種のダブル・スタンダードによって評価されねばならなかった。両者の差異は、特殊的と一般的との差異に類比的である。その結果として、個人は（デカルト的精神のみではなく）主体として、世界の主体としてたち現れる。世界を経験しつつ、個人は彼自身のなかに確実性の超越論的源泉を有するという権利主張をなしえた。個人は彼自身のなかに世界を認識することによって彼自身を認識し始めた。ブルジョア理論は教育を、自然の声を窒息させるものであると見ていたのだが、[23] 教育はいまやひとつの解放過程となった。フランス革命がその背景《シーン》を変革してしまったのであった。[24]

主体としての個人？　それは乗り越えられえないものである。われわれにはそれが意味していたことを忘れることだけができ、そしてその上で、それがふくんでいた二義的な意味——たとえば、解放、理性的自己決定、あるいは日常生活における主観的見地の理解——の救済を試みることができるのである。

個人の個性の歴史は、この時点を越えては存続しない。より正確にいえば、ひとつのイデオロギーの歴史、「個人主義」――この言葉は一八二〇年代に創案されたのだが――の歴史としてのみ持続するのである。[*25] 私は、「個人主義の再構築」に関するこの会議の題目が、その定式にもかかわらず、イデオロギーの混ぜ返しを唆すことを目論んでいないことを希望する。私は、ここで歴史的な報告を切り上げて、個人の個性に関する理論的分析へともどることにする。

社会――社会は包括的な社会システムとみなされる――に関する理論の一般的枠組みの内部において、私は近代の社会を機能的に分化した社会システムとして特徴づけることを提案している。[*26] このこのうえなく非蓋然的な社会秩序の進化は、社会という全体的システムの内部でのサブシステム形成における主要原理として、階層化を機能的分化に置き換えることを要件とした。階層化された諸社会においては、人間的個人は、通常ではひとつのサブシステムにのみ位置づけられていた。社会的身分（condition, qualité, état）は、個人の人格性のもっとも安定的な特性をなしていた。このことはもはや、機能の側面において政治、経済、親密な諸関係、宗教、科学、そして教育というように分化した社会に関しては妥当しえない。だれもこれら諸システムのうちのひとつだけにおいて生活しうる者はいない。しかし、個人が「彼の」社会システムにおいて生活しえないとすれば、彼は他のどこにおいて生きうるのだろうか。天国あるいは地獄への途上にある、旅する人間（homo viator）としてだろうか。

私は、社会の下位分割の基本的原理としての階層化から機能的分化への変化が、個人的なるものの基本諸問題を再定式化しようとする、継起的な歴史的試みを説明するものであると述べておきたい。「説明」といえば、もちろん強い意味をもつことになるが、われわれは構造的変化とゼマンティク的変化とのあいだの注目すべき照応を認めることができるのである。[*27]

第一に、個人的生活を生きることに対する増大する圧力は、プロテスタントでもカトリック教会においても同様であったが、救済への道を私事化することに導いたといえよう。このことは宗教をその他の社会諸領域からますます分化させることになった。宮廷および上流社交界において、宗教的であることやそうでないということが、支配的な世論《オピニオン》に応じてひとつの流行となり、流行として記述されるようにさえなった。このことは献身を目に見えるものとし、社会的現象として同定されるものとしたのである。かくして、この二つの主要な教義の異議申し立てが開始されることによって、一七世紀を通して盛んとなった信仰運動は破産した。宮廷と宗教との同盟はもはや構造的重要性をもたず、当時の気まぐれな、流行《アラモード》の出来事にすぎないものとなった。

一人の社交的人間として、現在の生活を天国でも地獄でもなく、快楽と倦怠のうちに見いだすことで、個人は生き残ることができたのである。この解決は、しかし、新たな分化によって順次無効化された。社会は、みずからを機能的に分化されたシステムへと転換するなかで、上流階層によってもまたその内部においても、もはや社会的相互作用の水準においては代理表象されえないものとなった。上流社会の相互作用は、いまだ全体社会システムの内部では「良き社会」を代理表象していたが、あらゆる厳粛な活動から分離されて社会的合理性の小島となった。結果において、快楽と倦怠との差異は崩壊し、意味深い生活を不可能なものとしてしまった。社会的相互作用の脱人格化は、個人的なるものを脱社会化した。

やはり、全体社会システムの機能的分化と、主体としての個人の自己宣言とのあいだの隠れた関係が存在する。基体（hypokeimenon（希）/subiectum（羅））の伝統的内包——「下に横たわり」、属性を支えるもの——によれば、「主体」（subject）とは世界の下に横たわって担うもの、そして、それゆえ、経験的現象としてではなく超越論的なものとして、それ固有の権利において存在するものを意味する。主導的な差異は、もはや快楽と倦怠でも、自己と他者でもない。それは経験的特殊性と超越論的一般性との差異である。個人的なるものは世界を観ずるためにそこを離れるのである。このような超越論的主体の世界超出的地位は、経験的個人の機能的諸サブシステムのひとつのシステムとの関係における新たな地位上のシンボルである、と私は解釈する。個人は、それらサブシステムの特定のいずれにも帰属するのではなく、それらの相互依存関係に依存しているのである。しかし、それは良きシンボルであるだろうか。それは機能的分化の適切なゼマンティク的相関物であるだろうか。その伝統的内包、その誇張、その内面的もっともらしさ、そのイデオロギー的、政治的、そして動機づけるうえでのフィードバックはどうであろうか。

こんにち、主体《サブジェクト》は、すくなくとも社会学においては、ふたたび流行のものとなっている。主体に加担する者たちは、行動主義、システム理論、情報テクノロジー、そして調査研究を攻撃し、主体の承認を要求する。しかしながら、彼らはもはやこの言葉が意味するところを理解していない。彼らは、使い古された哲学的用語法を誤った仕方でそらんじるのである。もしわれわれが、単に現実《リアリティ》の一部分をなすものに言及するのであれば、われわれは「主体」という術語を断念すべきである（「心的システム」「意識」「パーソナル・システム」、おそらくは「個人」でさえそのつとめを果たすだろう）。いかにすれば、現実《リアリティ》の一部分をなすものをもって、下に横たわり支え担う土台となる実体《リアリティ》であると考えることができるのであろうか。部分は同時に全体の基礎でありうるのだろうか。主体は、それ自身のおよびその他すべてのものの基体（subiectum）でありうるであろうか。われわれは主体を、みずからとその他すべてのものをふくみもつもの（sphaera se ipsam et omnia continens）として想像しうるであろうか。それはもちろん、旧式の世界定義に属するものである。*28 われわれは主体を、世界の複製物とみなしうるであろうか。超越論的意識理論は、すくなくともこの問題に気づいており、自己言及的意識経験に世界超出的地位を権利付与することによってそれを解決しようと試みたのであった。しかし、われわれがこの超越論的解決の受容を拒むならば――もちろんそうすることになるが――、われわれはふたたび、全体の土台となる特権的部分という旧式のパラドクスに直面することになる。

以上に挙げた理由によって、こんにち個人主義を再構築することは、主体の再肯定を意味するものではありえない。われわれは主体に、そのふさわしい継承者、この問題に関しても現代社会の社会構造との関連においても適切な継承者を見つけることによって敬意を払うべきである。具体的な提案をなすことは、もちろん、冒険的かつ困難なことである。にもかかわらず、われわれは、われわれが「自己言及的システム」と呼ぶようになってきたものの研究における近年のブームに関する、単純だが広範囲に及ぶ所見をもって開始することができよう。すでになされてきたことを要約し、かつこれからなされうることを予期しつつ、われわれはこの動向を数個の陳述で特徴づけることができよう。

1　自己言及的諸システムは経験的であり、超越論的地位をなんらもつものではない。それらは通常科学における通常の対象であるが、その存在の認識は重要な認識論的諸結果を有するものである。

2　自己言及的システムには、その基礎的作動に応じて異なるいくつかの類型がある。

それは生命（あるいはおそらくその他の、どのような物質的ないしはエネルギー作動すらも）、意識、コミュニケーションでありうる。そのような作動を混ぜあわせることは不可能である。なぜならば、諸作動は閉じたシステムを仮定しているからである。意識システムは生命体のシステムではなく、社会システムは意識システムではない。相異なった諸領域はもちろん、因果的に相互連結することができる。とはいえ、それは単に諸事実間の関係なのではなくて、つねにシステムとその環境との関係として組織されているものである。この意味では、生命システムと意識システムとは、社会システムの環境の諸部分をなしており、他方で社会システムは生命システム、意識システムの環境の部分をなしているのである。

3　「自己言及」という術語は、システムの同一性にのみ言及する（古典的な意味における「反省」、たとえばドイツ観念論の意識哲学で用いられるような）だけではなくて、システムの構造、すなわちその形態発生および自己組織化に言及するだけでもない。それはまた、なによりもまずその基本要素の構成に言及するものである。自己言及的システムの要素的単位は、自己言及的単位としてのみ産出され再産出されうるのである。それらは、自己同一性と自己多様性（ホワイトヘッドの定式を用いれば）とを結びつけており、[*29]それらの要素としての地位および機能は、この結合がシステムそれ自身によっては解消されえないことを意味している。以上はまた、システムはその基本的要素をそれ自身の作動から区別しえないことをも意味する。

4　このようなシステムは、マトゥラーナにしたがって、「オートポイエティック」と呼ばれる。[*30] オートポイエティック・システムは、その諸要素を環境から受け取ることができず、選択的配列によってそれらを産出するのだという意味では、閉じたシステムである。また、このことから——同時にそれは私が超越論哲学のバックグラウンドのすぐそばで理論展開していることを思い出させるのだが——、システムによって単位として用いられるすべてのものは、その要素であれその諸過程であれ、あるいはシステムそれ自身であれ、システムによって構成されねばならないということができよう。諸単位は、もちろん複合的諸事実であり、観察者によって分析されうるものである。システムそれ自身は、しかしながら、諸作動を結びつけ再生産するためには自己構成的縮減に依拠しなければならない。システムの統一はそれゆえ、自己によって自己の内部で諸単位を構成するオートポイエティックな過程にほかならない。

5　諸単位を産出することは複雑性、すなわち、システムと環境とを区別することが意味をなさない領域の複雑性の縮減を要請する。オートポイエティック・システムは、基本的作動として（スペンサー＝ブラウンの論理における意味での）[*31] 区別と指示を利用しなければならない。それは、自己指示によってみずからの作動の閉鎖性を実現する。しかし、自分自身を同定するためには、システムを環境から区別することが必要である。環境に関する知識はかならずしも必要でないが、環境から区別されてあることが必要なのである。

6　オートポイエティック・システムはその諸要素を、それ以前とそれ以後とに依拠した時間境界の内部で産出する。たしかに意識システムや社会システムなどそれらの多くは、出来事だけから、たとえば思考からあるいは行為から構成されている。出来事は特定の瞬間に生じる。そして出現するやいなや消失してしまう。この意味において解体は、存在の持続的、必然的原因である。システムはみずからの持続的創造（creatio continua）をなんとか成し遂げなければならない。神の加護をもって、とデカルトならばいうところであろうが、諸構造は出来事を相互連結し、くわえて次の出来事の選択を制限することが可能となるまでに進化したのである。

7　自己言及的システムはパラドキシカルである。その実存は異なった論理レベル、異なったロジカル・タイプの統一を意味している。[*32] その統一が統一を産出すると語ることはトートロジーではなくてパラドキシカルである。それがパラドキシカルであるのは、「産出するということ《プロダクション》」は原因と結果との差異を前提とするものでありながら、オートポイエーシスの理論では異なるものが同一であると明言されることである。そのような状況の分析は、いかにして自己言及的システムそれ自体はその実存のパラドクスを処理するのか、いかにして差異は同一性であり同一性は差異であるというような問題を把握するのか、いかにして単一でありながら多様である、多様複合的統一体としてみずからを観察するのか、いかにして論理的かつ存在論的認知に向けてみずからを単純化し体制を整えるのか、と問うことを要請する。このことは、実存することによる、十全な同一性——あるいは、ポール・ヴァレリーの技法を凝らさない定式でいうところの「多くのものとして生まれながら、私は一人のものとして死んだのだ」——の精緻化とみることもできよう。

いまのところでは、これが十分に理解されることはないかもしれない。しかし、このメッセージを手にしたものはだれであれ、すくなくとも個人の個性をオートポイエーシスとして定義する可能性を見いだすであろう。このことは、先に論じておいた後期スコラ的な位置にわれわれをもどす。個性は外部から定義されるものではなく、ただ自己言及的個性にすぎない。しかしこのことは、細胞や諸社会が、またおそらく物質原子が、そしてもちろん免疫システムや脳といったものがすべて個体であるということを意味している。意識システムはいかなる例外的な地位も有してはいない。それはひとつの特殊類型である。究極的な、全包括的統一などは存在しない。われわれは、いくつかのオートポイエティック・システム、とくに意識システムが自己と自己の環境との差異——差異はつねにひとつの差異（他の差異との区別における）である——の同一性を思い描きうるという意味において世界を有するのである。もちろん、このことはさらに諸システム間の相互連関を否定するものではない。しかし、相互連関として、諸システムは内在的、自然的、ないしは宇宙論的統一を有することはない。相互連関はただエコロジカルな諸関係なのである。エコロジカル・システムといったものは存在しない。

以上は、そのままで、上出来の科学理論ないしさらにはシステム理論における一種のパラダイム革命といえるであろう。しかしそれは、われわれがわれわれ自身を個人として観察し記述する際に、われわれが望む適切な説明をもたらすであろうか。それは、われわれの社会的環境をオートポイエティックで、自己言及的、循環的な全体社会システムとして満足に再記述するであろうか。また、この理論的再定式化は現在の人間的状況にとって感情的に妥当するであろうか。われわれはもちろん、感情をオートポイエティックな心的システムのオートポイエティックな免疫システムとして定義できよう。しかし、それがまた、感情的に適切なことであろうか。われわれは、オートポイエティックな諸システムのエコロジーにおいて、たとえ最高位でないとしてもとにかくもわれわれにとっての特別な地位——ちょうどゴットハルト・ギュンター（Gotthard Günther）が人間の自己意識性に関して述べていた、あらゆる自己内省の諸構造のなかで「もっとも高度にして豊かなもの」のような——を欲してはならないのだろうか。[*33]

私にはこれらの問題に明解なイエス、ノーをもって答えるべき方策が見えてこない。しかし、ともかくもわれわれは、個人主義の再構築に向けられる将来の試みに影響を与えるであろうなにほどかの可能性、あるいはむしろ不可能性の輪郭を描き出すことができる。もっとも重要な帰結は、オートポイエティック・システムの理論が、人間に関する人間学的概念に回帰するすべての道を閉ざしてしまうものであるということであろう。[*34] それは、換言すれば、ヒューマニズムを排除するということである。理由は単純である。人間存在を構成しているオートポイエティック・システムのすべてからなるオートポイエティックな統一体なるものは存在しないからである。確かなのは、精神および脳が、ひとつの閉じた、循環的で自己言及的なオートポイエティック・システムを作り上げることはけっしてないということであろう。なぜならば、もろもろの思惟は、精神の諸要素として、脳の要素としての単一の神経生理学的出来事とは同一視されえないものであるからである。このことは、われわれがすべて人間的であるということを否定するにいたるものではない。しかし、人間的であろうと欲することにはなんらの科学的基礎も存せず、そう欲することはまったくもって衒学的なことである。

以上は、人間存在のように見えかつ振る舞うなにものかに遭遇した際のわれわれの観察を記述するために、新しい概念的人工物が発明されねばならないことを意味している。いかにしてわれわれは彼が人間であることを知るのだろうか。われわれが自己観察者であり、当の他者も一人の自己観察者であることを、われわれ自身の自己言及内部において推定しうるからであろうか。[*35] あるいは——私はこの説明を好むのだが——、他我を前提とした社会システムにわれわれが相互浸透しているからであろうか。[*36]

またさらに、二つの帰結が出来する。第一に、諸個人に関するすべての観察（それに理論は観察のためのプログラムである）は、統一にではなく差異に焦点を合わせなければならない。さもなければ、われわれは同一性を知覚することはできないであろう。そして第二に、すべての観察は、自己観察がその特殊ケースであるシステム準拠を選択しなければならない。このことは、いかなる存在論的基礎ももたず、いかなるア・プリオリも前提としない、例外なき相対主義の受容を意味している。これに対しては、相対主義は普遍主義を排除するものではなく、普遍主義によって前提さえされているという相殺的な議論をすることができる。

これらの拘束のなかで、われわれはシステム準拠としての意識システムを、われわれが個人であると主張する際に表現しようとするものに、もっとも適合的なものとして選択する自由をもつ。このことは、「超越論的還元」（フッサール）の表題の下にこれまでなされてきたことがらに非常に近しいものとなる。われわれは、しかしながら、経験的と超越論的とのあいだの区別を消去する。それは思惟から思惟を（要素から要素を、として）再生産するオートポイエティックな過程の本質的統一に矛盾する。超越論的理論は、結局、循環性を回避しようとする絶望的な試みなのである。自己言及的システムの理論は、循環性を基礎的必然として受け入れる。

このような洞察は、主体としての個人といった公式を破壊するものである。私の推測では、伝統的な倦怠《アンニユイ》の経験（ここではわざと「経験」と言おう）は、主体概念に対してよりも、意識システムのオートポイエーシスの理論によりよい手がかりを与えるであろう。一七世紀は、主体と退屈という一対の発見をなした。換言すれば、主体は、経済的であれ審美的であれ、なにものかに没頭しなければならない。[37] もろもろの動機は、それゆえ、精神的空虚や純粋なオートポイエーシスの空虚な循環性を、意識の要素によって意識の要素を再生産することの空虚や考えることを考えることに該当する退屈を、充填するものとして考えられている。一七世紀のあいだに、主体とその倦怠の双方は、社会的に受容可能な自己記述となった。

オートポイエティックな自己言及的システムの理論だけが、主体とその倦怠のこの潜在的統一——自己に絶望する主体の理論、自己放棄《セルフ・デスペレーション》を通して成就されるダイナミズムの理論——を定式化でき、また受容可能な言い回しで定式化できるものと思われる。この瞬間には、しかしながら、われわれはこの方向ではほんのわずかな端緒も見いだしえない。われわれは踏みならされた道を歩むことはできない。しかし、われわれは、理性、意志、そして感情のあいだの由緒ある区別を用いることはもはや不可能であると予見することができる。[38] それらは、オートポイエーシスと構造の区別によっておき換えられねばならない。意識、意味、言語、そしてとりわけ「内語（internal speech）」に関する知識総体は再定式化されねばならないであろう。二重の自己はもちろん多元的な自己など存在せず、客我「me」から明確に区別された主我「I」など存在せず、社会的アイデンティティから歴然と区別されたパーソナル・アイデンティティなども存在しない。これらの諸概念は、一九世紀末の創案によるものであって、意識の諸事実に十分な基礎をおいたものではない。われわれはけっしてそのような仕方で生き、みずからを経験しているのではない。さらに、これらの二元的ないし多元的パラダイムはそれ自体、複合的社会の諸事実へのゼマンティク的反応なのである。*39 われわれは分解した自己を再統合しようとするすべての試みを無益なものとして隅に押しやることができる。いやしくも意識が作動するものであるならば、それは一個の不可分なシステムとして作動するのであり、みずからの統一とみずからの意識的出来事とを用いて、みずからの統一とその意識的出来事とを再生産するのである。

オートポイエティック・システムがそれ自身の終焉=死を産出しえないのは、この理由による。人間は、意識システムが有機体システムに干渉しうるがゆえに自殺することもできる。しかし、意識のオートポイエティック・システムは、最後のオートポイエティックな要素としての死を考えることはできない。オートポイエーシスは、諸要素の再生産に参与する諸要素の再生産であり、最期の瞬間を考えようとするいかなる試みもひとつの再生産的要素を生産するだけである。*40 このことはすべて、システムの諸要素がシステムの諸要素によって生産される、閉じた、循環的、自己言及的ネットワークという意味での個性を前提とし、またそれに準拠しているということにほかならない。しかし、用心すべきである。これは心地よい理論ではないし、人類の完全性に関する理論でも完全化能力に関する理論でさえない。それは、健全な状態の理論ではない。オートポイエティック・システムはみずからを再生産する。それはみずからを生産し続けるか否かである。このことがオートポイエティック・システムをして個体《インディヴィジュアル》＝不可分なるものたらしめるのである。もはや、もうこれ以上言葉を費やす必要はないだろう。

第6章　近代社会の自己記述におけるトートロジーとパラドクス

自己言及的システムは、自己自身を観察することができる。システムの自己同一性を描くための根本的な区別図式を用いることで、自己言及的システムはその自己同一性に寄与するように自己自身の作動を統制することができる。自己観察は、さまざまな理由から生じうるし、実に多種多様な区別を用いることもできる。しかし、自己観察をそのつどの個別の状況に全面的に委ねるのではなく、構造的傾向を通して自己観察を統制する必要が生ずるやいなや、われわれは「自己記述」に関して語ることができる。記述は、構造ないし「テクスト」を固定することで、それにもとづく観察を可能にする。そうした観察は、より体系的でありうるし、より容易に記憶され、伝えられうる。さらにはより適切に相互に連結されうる。それによって、自己記述に依存しない自己観察が個別の機会に生じることがなくなるわけではないが、それほど重要なものではなくなる。そうしたときおりの観察は、いまや自己記述の選択のための「多様性の蓄積」を形成する。選択された自己記述は、観念の進化の過程で吟味にさらされうるし、伝統として安定したものになるかもしれない。結果として、社会が、システムの構造的複雑性との関係では適切さを失ってしまっているにもかかわらず伝統的な自己記述を固守するということも起こりかねない。自己記述は、システムの重要な機能を担っているがゆえに、簡単には捨て去ることができないからである。

それゆえ、システムの社会的－構造的構成要素とゼマンティク的な構成要素は、システムの環境との関係において、かならずしも同時的ではない。とはいえ、一般的に次のように想定することに問題はないように思われる。すなわち、自己記述が時代遅れで自己観察の統制が不適切であることがいずれはあきらかになること、構造的要素とゼマンティク的な要素との乖離が大きいという状態が長期にわたって許容されることはありえないこと、たとえ文化的伝統としてのもっともらしさを根源的レベルで再獲得することがすぐにはできない場合でも、自己記述が現実性を失えば、それが修正の根拠を与えること、である。いずれにせよ、もし社会の自己記述と自己観察が社会の構造転換に応じてどのように変更されるのかを観察し記述しようとするならば、そのような移行期のことを考えると、広いパースペクティヴとそれに応じた抽象理論がふさわしいと思われる。

単純な環節化した社会では、自己記述はほとんど問題にならなかった。それらの社会は、家族や種族や集落のようなとても小さな単位を基礎にして組織されていたし、より複雑なつながりが必要になることがあるにしても、ときたまのことでしかなかったので、ゼマンティク上の複雑性のレベルは、かなり低く保たれることができた。周囲の地理的空間を知っていること、個々の人間を知っていること、そして——ときには——人間生活の既存の秩序を恐ろしい別の秩序から区別してみせる神話を知っていること、これらの基礎的な知識で十分であった。神話と儀式の形式は、周囲の条件、構造および利害関心と調和するように整えることができたが、その過程が偶発性な決定として見えるようになることはなかった。たとえば、ジョン・ミドルトンとデビッド・トレイトは、次のように述べている。「とくに祖先崇拝が血縁にもとづく統合の儀式化であるのに対し、大地崇拝は、主として、複数の血縁集団が政治的に高度に依存しあっている地域ないしコミュニティにもとづく統合の儀式化である」[*1]。

ゼマンティク上の複雑性は、社会がより多くの非対称性と不平等にもとづくようになるまで上昇しない。中心と周縁、とくに都市と地方が分かれるやいなや、社会秩序の非蓋然性が明白となり、正当化とはいわないまでも、その説明を要するようになる。このことは、とくにヒエラルキー的階層化の場合、顕著である。現在からみると、こうした不平等は特権的地位の正統化を求める圧力を生み出しただろうと思うかもしれないが、そうしたことはほとんど起きなかった。社会構造がこうした線に沿って分化する場合、いずれにせよ代替秩序を現実的なものとして想像することができないので、正統化は不必要なのである。

結局、あたかも社会秩序がいくつかの可能性からの意識的な選択にもとづいているかのように、「同意」や「同意の必要性」を想定することはほとんどできない。社会生活の意味と「善き形式」を明確に述べることは、純粋に上層階級に属する問題であり、つまりは、都市部の現象であった。社会の自己記述は、ポリス－キビタス－政治－市民社会（polis-civitas-civilitas-societas civilis）という用語で、また魂の救済の見込みは異なっているがキリスト聖体の祝日（corpus Christi）あるいは「罪人の共同体」という宗教的な用語で、あるいはまた成文化された道徳規範をともなう集団の規則（身分の教え）という用語で表されていた。しかし、このような自己記述のいずれもが、それが中心部から現れたものであれ、上層階級の自己理解として押しつけられたものであれ、社会の非対称構造そのものを利用していたのである。*2

社会構造を社会の自己記述に関連づけるこのパターンのもっともきわだった特性は、社会のなかで社会を代理表象するにあたって誰からも異議を唱えられることがないという幸運に恵まれていることである。そこからのみ自己記述を展開し、循環させることができる唯一の位置が存在するのである。それは、中心あるいはヒエラルキー上のリーダーの位置であり、すなわち、都市部あるいは貴族の位置である。社会分化の非対称的形式は、確実に効果的に他の可能性を排除する。こうした事情のもとでは、宗教を基本とする社会のとらえ方と政治を基本とするそれとの差異は、均衡しあうものではありえない。両者は、文化的ゼマンティクに取り入れられるが、それら自身しばしばヒエラルキー的に構造化される。宗教は、文化的ゼマンティクのなかで優位性を獲得する一方で、実際には、広く受け入れられるために政治的中心と結びつかなければならない。現在からみれば、このような分業はその時代の経験にとっては重要であったが、そのことが、このタイプの高度な文化をこんにちの社会から区別するわけではない。むしろ、過去の社会と現在の社会との決定的な歴史的差異は、誰からも異議を唱えられずに社会のなかで社会を代理表象することができたという事態が、社会の分化が機能的分化を第一義とする状態へ移行したとたん、成り立たなくなったことである。どの機能システムも、もはや特権的位置を主張することはできない。どのシステムも、自己の機能こそとりわけ重要という思い込みにもとづいて、それぞれ固有の社会の記述を展開するのである。しかし、それぞれのシステムの具体的な作動はあまりに異なっているので、どのシステムも他のシステムに対し自己の記述を押しつけることはできない。たとえ新しいタイプの差異――すなわち機能的に分化したシステムと機能的分化に対する抵抗とのあいだの差異、あるいはハーバーマスのいうシステム*3と生活世界との差異――が際立つようになったとしても、二つのパースペクティヴのどちらが、社会を包括的に、あるいは少なくとも典型的に記述しうるのかということを決定することはできないだろう。

歴史的に比較してみれば、近代社会の特徴は、自然の代理表象の喪失ないし、古い用語を使うならば、同一性の代理表象（representatio identitatis）の不可能性である。社会の全体が、いま目の前に完全に存在するなどということはけっしてなく、これこそ全体であるなどと全体が理解されることもありえない。結局、代理表象という概念は、明確に政治的な概念として再構成されることになる。したがって今後、代理表象は、政治システムの機能的に限定された見方に応じたものとしてのみ、整えられる。ここでもちあがってくる問題は、いったん自然の代理表象が放棄されなければならなくなってしまえば、そもそもいかにして社会の自己記述は可能なのか、というものである。

以下の論証の基礎をなす仮定は、異議を唱えられることのない自然の代理表象がもはやありえないという事態に対して、社会は同一性の問題をより抽象的な仕方で論じることで対応する、というものである。一八世紀に理性の神格化が、解決策として提言されたことはよく知られている。しかし、そのようにして近代の社会を包括的に記述しようとする試みは失敗した。絶対的な理性の観点から社会の同一性を確認しようとすることは、まったく効果が見られないままであったし、社会の現実のなかに理性を組み込もうとすることに対して、かえって反直観的な効果をもたらす。しかし、より抽象的な仕方で代理表象の問題を論じなおすことは、課題の本性に合致するし、さらに――古典的な社会学用語を用いれば――社会の統一性を表現する文化的象徴体系を一般化することによって、増大する分化に対応する必要にも合致する。[*4] しかし、理性の諸原則を形式化し、「手続き化」することは、急場しのぎにすぎず、いざ詳細な規定が必要になっても、なんら具体的な成果を約束するものではない。結局残るのは、事実に抵抗してまで理性に執着するか、単なる意地か、嘆きか、諦めか、という選択だけである。もちろん、理性を放棄することはむずかしい。しかし、おそらくわれわれは、この間、現実が変わってしまったにもかかわらず、理性という文化的ゼマンティク上の歴史的なブランド名に忠実であり続けているだけであろう。いずれにせよ、理性に定位して社会の統一を反省するのではなく、それと同様な機能をもつ、他の道を求めるのは価値あることにちがいない。

ドイツ観念論における「自我《エゴ》」の神格化、とくにフィヒテの知識学以降のそれも、社会の適切な自己記述を与えることはできなかった。しかし「自我」は、すでに非常に正確に、パラドクスを解決するものとみなされていた。すなわち、自我は、自我と非我との差異を定立し、自分自身を「限界を超えて、かつ限界のうちで」理想的自我へと上昇させるのである。[*5] しかし、理想的自我への上昇といっても理性への指向という面が顕著であり、その過程で社会的次元が失われてしまった。パラドクスの問題は知識に関係づけられ、社会には関係づけられなかった。結局、理論を練り上げていく際、もっぱら取り上げられたのは、宗教あるいは美学の問題であり、最終的には教育の問題であって、経済や政治の問題ではなかった。

まず初めに、理性の形式主義と自我の観念論を、ラディカルに考えることによって越えたいと思う。システムの同一性を考察する、二つの異なった形式がありえよう。トートロジカルな形式と、パラドキシカルな形式である。これに応じて、社会とはいまあるようなものである、あるいは、社会とはいまあるようなものではない、といえよう。しかしながら、どちらの考察形式も、システムの観察を改善するものではなく、阻むものである。かつての理性と同じように、どちらの考察形式にも、社会の自己記述を可能にするための具体的な概念的および規範的含意が欠けている。どちらの見解も不毛なので、観察者はどちらが選ばれるか推定することも、またどちらを選ぶべきか勧めることもできない。さらに、自己記述のそれぞれの見解が、システムに対してどんな帰結をもたらすことになるのかを予想することもできないのである。[*6] それゆえ、システムの観察の観察ないしシステムの記述の記述といえども、システムの自己閉塞に貢献するだけであり、社会の自己記述を具体的に練り上げることを排除するような仕方でその主題を概念化するので、それ自身トートロジカルにまたパラドキシカルになるのである。

システム自体がどのようにこの障害を克服するのかを調べてみることによって、われわれはこの障害を克服することができるであろう。非常に一般的な言い方をすれば、システムは、有意味な自己記述を妨げるトートロジーないしパラドクスを、自己言及の「展開」によって回避する。[*7] それは、すなわち自己言及の（肯定的あるいは否定的）循環性が中断され、それが——つまるところ——説明しえない仕方で解釈される、ということである。もっとも有名な例は、集合論におけるパラドクスに対するタイプ理論的な解決である。いずれにせよ、「脱トートロジー化」および「脱パラドクス化」の過程は、その基礎にあるシステムにとっての機能と問題の「不可視性」を要求する。[*8] すなわち、トートロジーとならない、またパラドクスとならない社会の自己記述は、個人的な計画や意図に負っているのではなく、決定的なシステム上の過程と作動が潜在的であるときのみ、可能なのである。観察者だけが、システム自身はなにを理解することができないかということを理解できる。あるいは別の言い方をすれば、自己言及的システムの同一性問題としてトートロジーとパラドクスを除去することはできないが、「不思議の環」「もつれたヒエラルキー」[*9]を避けること、またそれらがもたらす「ダブル・バインド」のごとき効果を避けること、それが問題である、ともいえよう。

それゆえ、近代の社会はその自己記述がトートロジーないしパラドクスの問題に直面することを許容しない。社会は、その同一性をコード化することによってのみ、社会理論を構築することができるのである。しかし、自己記述のためにトートロジカルなアプローチが選ばれるのか、それともパラドキシカルなアプローチが選ばれるのかによって、非常に異なったゼマンティクのシステムが現れてくる。トートロジカルなアプローチは、どちらかといえば保守的な自己記述をもたらす。一方、パラドクスにもとづくアプローチはどちらかといえば——革命的とまではいわないにしても——進歩的な自己記述をもたらす。自己言及という基本的な問題が二つのアプローチ間の対立を生み出すのである。もし、社会とはいまあるようなものであると考えられるのであれば、問題となりうるのは、ただ社会を維持することであり、諸問題を継続的に解決することであり、ことによると問題解決能力を高めることであり、予想されなかった困難に打ち勝つことである。他方、社会とはいまあるようなものではないと考えられるならば、別種の理論が示されなければならない。たとえば、通俗化したマルクス主義や積荷崇拝《カーゴカルト》に見られるように、社会の同一性を、今は特定の勢力によって実現が妨げられている将来の可能性として定義することができる。あるいはまた、問題が時間の非対称性を用いていい直される。すなわち、構造的‐論理的発展が——革命ないし進化を通して——現在の社会が「まだ」達成して「いない」ものを実現するであろうと想定するのである。

　包括的な理論として練り上げようとすれば、どちらの見解もそれぞれ特有の困難に直面することになるが、ここでそこまで言及する必要はない。この二つの見解の相違や、それぞれの構想の展開に向けて高度な知識がどれほど注がれたかといったことに興味はない。むしろ、この二つのあいだに見られる分岐にもかかわらず、というよりそれらの分岐ゆえに、それらが共有する特性が興味をひく。社会の自己記述へのトートロジカルなアプローチとパラドキシカルなアプローチが共有するのは、両者とも、社会の記述をイデオロギーに変換することである。

イデオロギーという概念は、一八〇〇年ごろに誕生して以降、さまざまな変質を経験してきた。[*10] まず初めに、イデオロギーは、理念による社会的再生産のゼマンティク的コントロールだと考えられた。もっぱら非難と論争のために用いられたのち、イデオロギー概念は、最終的に、社会科学的概念として受け入れられるようになった。このことは、主としてマルクスとエンゲルスの功績であるが、そうなったのは彼らがイデオロギーを完全に適切に概念化したからというよりも、イデオロギー概念が機能的に位置づけられた資本主義社会についての彼らの理論ゆえである。それ以来、イデオロギーという概念は、経験的な証拠や批判の影響を受けることがないようにみえる特別な再帰性を示してきた。ひとたび、その潜在的機能が暴露されることになると、イデオロギーは、ある種の「支援」を動員して解消を免れることになる。すなわち、イデオロギーが、「バイアスのかかった」(「党派的な」)ものとして、あるいは実践的知、つまり「実践」となった理論として、簡単に広められるのである。イデオロギーは社会的行為に指示を与え正当化するが、ひとたびべつの方針の方がより適切であるように思われるようになると、イデオロギーは交替可能となる。しかし、交替可能にはなっても、批判によってイデオロギーが破壊されることはけっしてない。

実践との結びつきは、まさにイデオロギーの本性の一部であり、また自己説明の一部である。しかしながら、イデオロギー的な自己記述を観察してみるならば、より込み入った準拠枠があきらかになる。イデオロギーは、基本的な問題の定義を明確にしないこと、意図を隠すこと、基本的な想定が暗黙のままであることにもとづいている。社会の自己記述を記述することとは、トートロジーおよびパラドクスという、より根本的な問題を考察する代わりに、イデオロギーの対立に直面することとなる。どのイデオロギーも、競合するイデオロギーが存在する理由を説明できるならば、われこそは包括的で全体論的なシステムを代理表象しているのだと主張するかもしれない。もっとも野心的なモデルを提供したマルクスとともに、成功したイデオロギーは、社会の自己記述が同一性の問題を概念化する際の基礎的(トートロジカルないしパラドキシカルな)形式を思い出す必要などないと思わせる。イデオロギーは、対抗イデオロギーをそのシステムに内包することによって、自己自身を安定させる。保守的なひとびとが、反啓蒙主義に同意しながら、自分たちの立場は、批判にさらされることを避けるためだけの寸評(aperçu)によってしか示さないとすれば、それもまた、今述べたイデオロギーの戦略のヴァリエーションにすぎない。

初期のイデオロギーにおける決定的なテーマは、フランス革命のような歴史的事件や当時の社会問題、とりわけ急速な産業化が引き起こした問題が提供していた。社会の同一性を考察するこの新しい形式は、使えると思えるトピックやテーマが存在すれば、どのような分野のトピックやテーマでも取り上げたが、それが結果的に歴史相対主義をもたらし、社会主義イデオロギーに影響されたものであろうと自由主義イデオロギーに影響されたものであろうと、多くの意見が次第に陳腐化するという事態を招いた。にもかかわらず、「イデオロギーの終焉」という診断は早計であった。むしろ、知的懐疑論や凡庸なモラル化の風潮、あるいはフランスを想起するならば、文学的秘義解明への後退が、これまで以上に目立ってきているのである。しかし、これらとは根本的に異なる社会の自己記述の形式は、いまだ確立されていない。かつて支配的であったイデオロギーの老衰は、それぞれの支持者にとって悩ましい問題であるが、だからといって、かならずしも新しい提案が生まれてくるわけでもない。長い目で見れば、システム理論のセカンド・オーダーの観察（すなわち、社会の自己観察と自己記述の観察と記述）は、実にさまざまな成果を生み出すことが可能かもしれない。しかしながら、目下のところ、この種のゼマンティクのシステムが成熟して、すでに現実の社会的知識として普及しているという状況にはまったく至っていない。ここでわれわれが試みることができるのは、この物の見方の含意をあきらかにすることと、このパースペクティヴからイデオロギーの概念を再定式化することだけである。

一九世紀には、イデオロギーに特有な内容に対する構造的枠組みとして、さまざまな基本的な区別図式が展開された。社会の自己規定は、社会とはなんでないかを決定することによって社会とはなんであるかを定義する、基本的な区別にもとづく記述を必要とする。

すでに一八世紀にはきわだっていた権力と富との区別に即して、国家と社会との区別を指摘する提案があった。ヘーゲルはこの区別を克服し、必然的に再登場するパラドクスの問題を巧妙に押さえこもうとしたが、そのような試みが拒絶されると、国家と社会との区別は、一九世紀中葉には疑問の余地のない事実として受け入れられた。*11 イデオロギー的な傾向に左右されながら、この区別は多かれ少なかれ、責任を国家に帰属させることを可能にした。また一方で、中世の思想とは対立するものとして、国家と社会との区別は、経済が宗教にとって代わり、当時の将来展望を経済によって記述することも可能にした（まさにこの理由から経済は「社会」として言及されることになった）。このようにして、社会の概念は確立された。だが、国家と社会との差異の同一性を指し示す（トートロジカルないしパラドキシカルな）位置は、空席のままであった。古いヨーロッパの市民社会（societas civils）――これは依然としてヘーゲルの国家概念において想起されていたものであるが――は、いかなる後継者も見いださなかった。*12 情報処理に指示を与えるという区別図式の魅力的な能力が、区別されているものの基本的な統一を洞察することを妨げる。すなわち、異なっているものを区別することが有意味になされるのは、なにが異なっているかを理解することを可能にする基礎的な同一性を仮定するときだけである。

国家と社会との区別は、社会の概念を定義し、おかげで当時登場しつつあった社会学にとってはほとんど使えない概念になってしまったにもかかわらず、社会の「真の」理論は、社会システムとしての社会を越えた区別のうえに構築された。この区別は、社会的なもの——さまざまな用語で表される——を個人に関係づけ、それゆえ個人を社会の外部にあるものとみなした。

こうした理論化の流れは、すでに最近の心の哲学およびその主体概念においても見られる。また、次のような個人概念も同様である。すなわち、自己の個人性を考察することによってのみ自己のアイデンティティが確認されると想定して、社会的な立場や社会との関わりを一切捨象する個人概念である。*[13] このような個人は、複数のコンテクストのなかで生きることが予想されている。*[14] こうした抽象的な位置づけを補うべく、このような個人は苦情をいうことができるとされる——疎外について、果たされなかった自由の約束について、不平等について、すべての個人が合理的なものとして受け入れるだろうと個人が信じる基準を社会が満たすことができないことについて、そのようにできるとされるのである。以上のすべてが示しているのは、個人はもはや自然のユニークな一部分としてではなく、社会に対抗するものとして理解されているということである。

逆に、社会は集合体として、個人から区別されうるとされる。*[15]「集合体」という言葉は、実にさまざまな観念を意味することができる。たとえば、人間の集団、諸国民、社会秩序、あるいは「資本主義」のように歴史的に変化する社会体制など。しかし、ここでは概念の明確さはそれほど重要ではない。それよりも重要なのは、「社会の本性」を確認することを可能にする基本的な区別——社会ないし集合体と個人性との区別——である。ひとたびこの基本的な区別が受け入れられると、情報の処理が可能となり、イデオロギー的なさまざまな社会の自己記述は、この区別の具体的な意味と含意を表現できるようになる。すなわち、社会と個人性が、相互の対抗関係のなかで確認されるので、社会に対する個人的な不満は、種々のイデオロギー上のコンテクスト（たとえば、保守的な、あるいは進歩的なコンテクスト）において表現されうるのである。社会と個人性との基本的な区別は、変化の可能性を排除することなく、不満および絶望をイデオロギー的に体系化するための十分な余地を残している。一九世紀後半には、この区別は最終的に自然の進歩への確信を破滅させ、新しく登場してきた社会学に近代社会の構造的コンテクストのなかで、個人を分析させることとなったのである。*16

国家／社会および個人／集合体という二つの区別を比較すると、どちらも同じ機能を果たしていることが簡単に理解できる。すなわち、情報の処理を可能にすると同時に、措定された差異の統一についての洞察は阻止する、したがってまた、トートロジーおよびパラドクスの問題の洞察も阻止する、という機能である。現行の社会の自己記述のなかでなされる情報処理においては、こうした「主導的差異（Distinctions directrices）」が利用され、確認され、変換される。こうした区別によって識別されうるものが、「情報」となることができるのである。しかし、国家と社会との区別は社会秩序を越えるものではなく、それゆえサブシステムを確認できるにすぎないのに対して、個人と社会との区別は、社会の状態を評価するための基準となる永久的な準拠点を措定する。「フランクフルト学派」の時代まで、そのようなやり方で、個人と社会との対立にもとづく社会理論が形成されてきた。こんにち、この基本的な枠組みは放棄され、労働と相互行為、あるいはシステムと生活世界、そして主体の「相互主観化」と「手続き化」（ハーバーマス）といった新しい区別にとって代わられている。しかし、こうした新しい区別も、あらゆる区別の基礎にある決定的な統一を隠蔽する異なったやり方であるにすぎない。[*17]

しかし、ここでもう一度イデオロギーの問題へもどってみよう。事典『歴史基礎概念』の基本的構想を記した序文のなかで、コゼレクは、一八世紀中葉以来、古いヨーロッパの社会的および政治的ゼマンティクが、意味の基本的な変化を経験したと推定している。[*18]コゼレクは、この意味の変化における独特の特徴は、多くの概念が一時的でイデオロギー的なものだと理解されるようになったという事実だと論じている。コゼレクの議論は、イデオロギーは実際、時間化によって特徴づけられるという、より強力な仮説を支持している。イデオロギーは、自然に対する言及を、歴史的時間と社会の現状に対する言及にとって代えるのである。[*19]ある意味で、時間化と「イデオロギー化」は、社会構造が、もはや唯一の特権的な社会の代理表象と両立しなくなったとたんに不可避となる現実性の欠如を補完するという点で協力するのである。

歴史的時間に対する言及における差異は、保守的イデオロギーと進歩的イデオロギーとの差異を反映する。たしかに、加速する社会変動の経験は、進歩的イデオロギーと保守的イデオロギーの単純な対立を無効にし、市場経済や検閲のない〔自由な〕学術研究のような社会内部の基本的なダイナミクスが維持されるべきか、それとも、人間の基本的な利益を守るためにはなんらかのコントロールが必要か、という問いへ変換する。また、急速な社会変動によって、左翼と右翼とのあいだでトピックの交換が生じうるようになるため、文化的悲観主義、テクノロジー批判、手段としての「国家」への訴えなど、かつては保守的なトピックであったものが、いまや主として左翼陣営で議論される、などということが起こる。[*20] しかし、歴史的時間への言及と、社会の現状の解釈は、いかなるイデオロギーを選択しているのかを識別するためには、依然として決定的である（前に述べたことを思い出して欲しいが、イデオロギーはトートロジカルな同一性の考察とパラドキシカルなそれとの違いに言及してはならないからである）。トピックの交換が示しているのは、イデオロギーが熱心に取り上げることが具体的になんであるかはそれほど重要ではないということである。そうした具体的事項は、もっと根本的な対立の遂行に奉仕するだけである。つまり、もっと根本的な対立は、その論理的根拠をあきらかにしてはならないので、つねに社会の現状の解釈という形式で現実化するのである。

社会の自己記述の時間化と、急速な社会変動の観察は、進歩指向と保守指向との区別を攻撃する。保守主義者は失望から出発し、進歩主義者は失望で終わる。どちらも、時間に悩まされ、その点で一致する。いまや危機はいたるところにある。極端な場合、社会の自己記述は「状況の定義」へと縮約されるが、「状況の定義」は、たとえデータに関しては議論の余地がなくても、つねに論争の余地があるものである。社会福祉の既存のレベルは、社会福祉に対する期待とそれぞれのイデオロギー上の対抗者に影響されて、相当高いとみなされたり、不十分とみなされたりする。したがって、追加的支出を行う場合のコストと意図せざる影響を指摘するためにあれこれ理由をもちだす人もいれば、反対に要求をあおるためにあれこれ理由をもちだす人もいて、結局、事実については認識が一致している場合であっても、論争となるのである。同様に、「ポストモダン」の議論が示すように、知的な考察は後退していくこととなる。進歩的な陣営は、自分たちの目標がもはや真剣に受け止められないことを嘆き、「まだ~ない」から「もはや~ない」へ移行する。一方、保守的な陣営は、進歩的陣営のこうした変化で得をすることになるが、おかげで、さらなる考察をしようとはしない。このような時間化が大規模に生じたが、それでも、イデオロギーに期待されていることは達成される。つまり、社会の同一性の脱パラドクス化ないし脱トートロジー化である。これは、「純粋な」トートロジーないしパラドクスとは対照的に、イデオロギーが、社会の具体的な記述を提供し、行為のための特定のプログラムを推奨する、ということである。しかし、ポストモダンについての論争は、間もなく退屈なものになるであろう。論争は思想の新しい方向性を探究するものではないからであり、現在の時間を単に過ぎ行くままにするだけだからである。

ひとたび社会の包括的自己記述が、機能的分化への移行ゆえに、よりいっそう問題となってくると、変動は時間の次元においてだけでなく、事象的な次元でも観察されるようになる。人の手が加わることのない、また異議を唱えられることのない社会の代理表象が喪失した結果、社会は膨大な偶発性を処理しなければならなくなる。これは、問題なくマクロな社会的行為者と認定できるような存在が一切ないにもかかわらず、「決定」がそれまで以上に重要となるということである。とくに、市場秩序とデモクラシーは、より選択的な決定を制度化する。それに応じて、パラドクスはモラル・パラドクスとして扱われるようになる。これが意味するのは、パラドクスは決定に起因するというふうに観察されるようになるということである。市場経済が示すのは、モラル的に非難すべき、エゴイスティックで利益追求的な行動が、にもかかわらず、モラルにかなった帰結をともないうるということである。世論に訴える政治にとっては、逆のことが真となる。フランス革命は、当時の「保守的な」観察者に、最善の意図は最悪の結果をもたらしうるということを示した。したがって、モラルのパラドクスに関しては、逆パターンのパラドクスが、経済と政治に、あるいは社会と国家に、割り振られ、それぞれに相応する制度（契約の自由、選挙）が用意される。〔一八一四年の〕王政復古のプログラム（それ自体パラドキシカルであるが）は、自由の制度化であった。

もし、自由の制度化が政治的決定およびイデオロギー（最初は理念による社会のコントロールという意味をもっていた）にとってのプログラムとして採用されるのであれば、新たなゼマンティク上の確固たるよりどころに対する前例のない要求が出現する。すなわち、偶発性の働きに耐え、またパラドクスとトートロジーによって妨害されず、かえって改めて肯定される、秩序の「不可侵のレベル」[21]が存在しなければならないのである。社会の外側に、そこからコミュニケートすることができるような位置は存在しないが、システムが内部的に、絶対的なものとして扱われうるゼマンティク上の照会をしてみることはできる。これが、一九世紀中葉に、「価値」概念のゼマンティク上の経歴が始まった事情である。価値は、システムが観察し行為することを可能にする「盲点」である。[22]価値の価値負荷性が、そこからもろもろの関心を観察し、要求し、定式化し、行動に備える位置を規定する。価値と代替的価値との区別、あるいは価値と望ましくない条件との区別は、観察を行うために必要とされる。同様に、行為は、動機を安定化させるゼマンティクのシステムに価値がふくまれることを要求する。価値は、観察と行為指針《オリエンテーション》の深さ、正確さ、範囲を改善するが、同時に、ある者の観察と行為指針を他者が観察することを活発にする。価値は、同意を表現するのではなく、ある者の観察を他者が批判的に観察するよう動機づけるのである。

「価値《バリュー》」の概念史は、まだ徹底的に分析されていない。とはいっても、この概念は、「勇敢《バルール》（valeur）」という貴族的なエートスに直接由来するものではないようだ。[*23] むしろ、経済学に由来する可能性が高い。というのも経済学は、つねに価格の偶発性と柔軟性を、その根底にある価値のより安定的な領域のなかに基礎づけようとしてきたからである。[*24] 基本的には、この機能的なコンテクストを一般化することだけが問題であった。そして一九世紀中葉以来、一般化は、モラル、文学また美学の領域に対して価値の概念を拡張することを通して生じてきた。[*25] 結局、価値の概念が示すものは、社会的コミュニケーションのなかで、不一致に直面することなく、その妥当性が確実に前提されうる優先事項である。証明されたシステムの「固有値」（eigenvalues）として、価値は、自己言及的作動のコンテクストのなかでも、安定的なものとなる。[*26]

見たところ、価値のもっとも顕著な特性は、その価値が目立たずにコミュニケートされうるということである。前提とされた絶対的な妥当性に対応して、価値は社会的コミュニケーションのなかで、ほのめかされるものとして、暗に意味されている。だれも他人に、自分が正義を好むなどということをいちいち告げることはない。収益の分配において、よりいっそうの正義を単純に要求するのである。コミュニケーションそのものが、交渉可能で合意に達しないこともある問題点に集中する一方で、価値は、コミュニケーションのなかで依然として潜在的なままであり続ける。価値は、間接的なコミュニケーションを通じて再生産され、安定化される。十分一般化した価値は簡単に発見されるので、価値の潜在性は見解の不一致を抑えるために戦術的に利用されることもある。

　だれも価値の妥当性を問うことはできないが、それらを解釈することはできる。近代の解釈学《ヘルメノイティクス》は、侵されざる神聖な価値の新しい領域に対する付属物としてつくりだされてきたように見える。宗教システムのある種の反省理論として登場し、その後主観化され、最終的に文献学になった近代の解釈学は、議論の余地のないものを循環（「解釈学的循環」）の形式に転換し、そのなかで活躍することができる。解釈学的アプローチはまた、トートロジーとパラドクスの精巧な形式、あるいは自己言及の展開を示している。もっと具体的にいえば、自己言及の解釈学的形式は、あれかこれかのイデオロギー的言説を選ばなければならないという事態を避けようと欲するとき、選択されるのである。

　とはいっても、価値概念に対する解釈学的アプローチは、独自の帰結と損失とをともなう。一般に信じられているのとは反対に、解釈学は、価値概念から実践上の意義を奪う。それは、他のなにものでもなく、コミュニケーションのオートポイエーシスを象徴している。解釈学的アプローチは、正しき振る舞いというものを推論することを許さない。というのは、そのような推論が可能であるためには、いつも偶発的であり続け、またそれ自身確実に価値の「不可侵のレベル」に基礎づけられることのない価値コンフリクトの解決が必要になるが、それは不可能だからである。*[27] 今述べた論拠は、前もって確立されたヒエラルキーとして――つまり、個別の事情にかかわらず妥当するヒエラルキーとして――承認されうる価値の暫定的な秩序などというものはないという、一般に受け入れられている洞察の言い換えにすぎない。

価値の領域では、時間地平の「状況の定義」への還元が、包括的な価値観の変化として――部分的には、「ポスト物質主義的」といった非常に誤解を招きやすい用語で――観察されてきた事態に対応する。見たところ、価値観のこの変化は、地球規模のリスクに対する自覚が、近現代社会のエコロジー上の問題と社会福祉の水準を保つことのむずかしさに助長されて急激に高まりつつあることにもとづいている。*28 とりわけ、他者あるいはすべてのひとに対する怖れや懸念という形式をとることで、不安がもはやタブーではなく、公共の問題となった。たとえば、この時代は「仮面を剝がれた不安の時代」とさえ性格づけられたのである。*29 この性格づけは、具体的個人の精神状態に関する想定をふくんでいるわけではないが、公共のレトリックのなかでの価値への言及について、なにごとかを伝えてくる。公共の問題として、不安はア・プリオリなるものの代用品となるまでに発展する。すなわち、不安は議論されず、論破されず、また癒されることもない。不安は、コミュニケーションのなかで、つねに真正なものとして現れるのである。心配を表明しているひとに、「君はまちがっている」と応答することは不可能である。このように、不安は尊重されるべきであり、少なくとも許容されるべきであり、そのようなものとして尊重や許容をつくりだす。不安は、意見の不一致をコミュニケーション不可能なものにし、それゆえ「新しい価値」の焦点として役立つ。

同時に、不安は、トートロジーとパラドクスの問題の洞察を、すなわち、前述したように、コミュニケーションを行き詰まらせるものに関する純粋な考察を妨げる。他方で、不安はコミュニケーションを解放するが、そのコミュニケーションには、この解放が生み出した安堵から利を得る新しい価値がともなう。不安が解放するコミュニケーションは、非理性的なおしゃべりという以前には知られていなかった形式にいたることさえある。しかしそれでも、もはや古典的な意味でのイデオロギーを必要としない、社会の同一性問題を脱パラドクス化する方法を、ここに見いだすことができる。イデオロギーには、単なる価値の推奨以上のことを提供することが、いつも求められてきた。それらは、認知上の構成要素、すなわち社会の状態と社会問題の記述を備えていた。ことによると、いまや認知上の構成要素は、不安という普遍的常套句へと還元され、それが記述、「シナリオ」、世界モデル、一般的要求などの選択を指示するというふうになりつつあるのかもしれない。だが、この常套句は、それ自身の恣意性に気づく前に、社会の自己記述をお払い箱にしてしまうということさえあるかもしれない。

ここまで、トートロジーとパラドクスを、観察と記述に関して、論理的に等価な、しかし逆転した図式として扱ってきた。とはいえ、もしトートロジーをパラドクスの特別なケースと考えるならば、この仮定は問題をはらんでいることが判明する。事実、トートロジーはパラドクスになるのである。しかし、逆はありえない。

トートロジーは区別であるが、それ自身は区別をしない。トートロジーは、トートロジーが区別するものが実際に差異を作るということを、明示的に否定する。このようにして、トートロジーは観察を立ち往生させる。トートロジーは、つねに二重の観察図式にもとづいている。すなわち、あるものはそれがあるようにある（something is what it is）という図式である。しかしながら、この言明は措定された二重性を否定し、同一性を主張する。トートロジーは、このようにして、そもそもトートロジーを可能にするものを否定するのであり、それゆえ否定そのものが無意味となるのである。

この考察を真剣に受け止めるならば、もはや、トートロジーとパラドクス、あるいは脱トートロジー化と脱パラドクス化とは機能的に等価であると想定することはできない。知識人は、政治の領域や知的領域において、左翼側をひいきしがちであるという頻繁に報告される観察も、これで説明がつく。見たところ、パラドクスの解消に取り組むほうが、トートロジーの展開に取り組むより、生産的であるようだ（だからといって、脱パラドクス化が真のイデオロギー上の知識をつくりだすなどという誤った結論を導いてはならない）。

それゆえ、パラドクスと脱パラドクス化にもとづくイデオロギーについて、時間化について、そしてありうるかもしれない自己記述問題の別の解決策について、さらなる研究を行うことはますます重要である。この研究の根本にある主たる問題は、いかなる条件のもとで脱パラドクス化が、不健全にではなく生産的に展開されうるのか、あるいは悪循環ではなく創造的な循環として展開されうるのか、という問いである。[*30] 社会の自己記述はすべて、パラドクスかトートロジーかにもとづいているので、問題はパラドクスないしトートロジーを回避することではなく、純粋なトートロジーとパラドクスを回避するために自己言及的な考察を中断し、意味のある社会の自己記述を提案することである。よく知られた問題である（「この文は文である」というパターンにしたがう）「無害」な自己言及は、あまり重要ではなくなる。というのは、前述したように、これらもまた、観察者にとってはパラドキシカルに見えるのであり、それゆえパラドクスと同様に扱わなければならないからである。すなわち、脱トートロジー化は脱パラドクス化であり、どちらの場合も、情報を際限なく取り込むことをやめ、限定的な取り込みに変えることが問題となる。このことに応じて、この問題を扱う論理－数学的方法は改定されなければならないだろう。すなわち、パラドクスは、（不可避の）悪循環を生み出さないが、脱パラドクス化の試みが失敗した場合には悪循環が生じるというふうに改定されなければならないだろう。[*31]

自己自身を観察するシステムのいずれの観察も、自己言及的作動にもともと備わっている限界の問題に直面する。とくに、真理に関する哲学の理論においては、無制限な自己言及を認めれば、トートロジーとパラドクスが生じてしまうということは、よく知られた事実である。近現代社会の自己記述を観察し記述しようとすると、この社会はこの問題に直面してはいるが、しかし問題として理解することはできないようだという印象を受ける。

いくつかの回避戦術が観察される。そのなかのひとつ、「主体」に関する論議は、社会に対して外的なケースを取り上げて問題をシミュレートする。この議論は、社会は、不十分ではあるがパラドキシカルではない仕方で構成されているという幻想を社会が育むことを可能にする。一九八五年のユルゲン・ハーバーマスの著作〔本章注3〕による、主体のパラドキシカルな自己啓発についての聡明かつ鋭い解明でさえ、自己言及の外部化に依拠している。ハーバーマスは、コミュニケーション的間主観性というパラダイムを、コミュニケーション自身に含まれる統制的理想として提示するが、あたかも、みずからの合理性を標榜する主体だけが自己言及の問題に直面するかのようである。しかし、われわれが知っているように、無制限な自己言及がありえないのは、純粋に論理的な理由からなのだから、間主観的コミュニケーションの理想化は、ただ自己言及的構成の過程を解釈するだけであろう。そして、なぜ自己言及は、そのような仕方で作動しなければならないのか、別の作動の仕方はありえないのか、という疑問が生ずることとなる。*32

ハーバーマスの理論に対するこのような評価は、私の以前の議論の帰結に対応する。実際に記述できないものを記述することができない社会の自己記述は、記述できないという この事実を隠しはするが、しかし自己記述を許容するゼマンティク上の方策を用いる。社会を、それ以外のなにか(「国家」、「ゲマインシャフト」、あるいは「個人」)との対比で同定するいくつかの区別が、そうした方策としてアリバイ機能を果たしてきた。イデオロギー化と時間制は、このアリバイ機能を不確かなものとするが、しかし、アリバイ機能を明白にするわけではない。価値は、こうしたアリバイ機能に対応する説明を供給する。もし、あらゆるものが偶発的であると思われるならば、そして、なにが自己言及の展開にとっての出発点として働くかをコミュニケーションそれ自身が吟味しなければならないならば、新たな「不可侵のレベル」が求められるのである。

ここで、社会の自己言及的構成を観察し記述する「社会学的啓蒙」が、こうした事情のもとでなお可能であるとすれば、それはいかにしてか、という問題が生じてくる。記述についての記述を記述するこうした過程のなかで、どのようなゼマンティク上のシステムが、安定したものとして用いられうるのだろうか。とくに、個人的精神が、社会の観察と記述の唯一の基礎であるという意味での「主体」ではありえないとすれば、社会の観察と記述が自己観察および自己記述としてのみ可能であるという事実は、いったいなにを意味するのであろうか。

この問題に答える基礎は、社会のなかに観察されない作動はない——コミュニケーションがコミュニケーションによって終結されることはないという観察と同類のものである——という想定のもとに存する。社会のオートポイエーシスを維持し継続するコミュニケーションは、コミュニケーションと観察の双方で用いられる区別により、つねに観察される(たとえば、これはいわれたが、私が予期したことはいわれていない)。こうした事実にもとづけば、作動と観察との差異は普遍的であり、永続的に再生産されると想定することができる。社会のオートポイエーシスは、観察に関する新しい可能性を同時につくりだすことなくして、継続されることはない[*33]。この仮定の普遍的妥当性は、観察それ自身がオートポイエティックな作動としてのみ可能であるということ、あるいは社会システムの場合は、コミュニケーションとしてのみ可能であるということを含意している。

自己言及の「自然的」制限と「人為的」制限との区別は、作動と観察とのこの区別にもとづいている[*34]。システムが、その作動が可能であるための必要条件とみなす、自己言及の中断は、「自然的」と呼ばれよう。一方、自己言及の「人為的」制限は、偶発性なものとして、すなわち他の選択肢からの選択として、理解されるものである。自己言及の自然的中断は、このようにして、自己言及的同一化におけるパラドクスやトートロジーの問題への洞察を封じ込める。事実、自然的中断はこれらの問題を見えなくする。他方、人為的中断は、そうした洞察を許容するが、代わりにパラドクスが解消されることを要請するのである。

自然的／人為的（必然的／偶発的）という区別は、つねに特定のシステムについていわれることである。くわえて、この区別は早期の変化あるいは学習過程にさらされる。もしシステムが、そのアイデンティティの脱パラドクス化に役立つ新たな「不可侵のレベル」を発見することができるならば、必然的とみなされていたゼマンティクのシステムは、偶発的なものになるであろう。ヨーロッパの啓蒙主義は、そうした類の進化的過程であったが、主体の理性というゼマンティクのシステムを通して、それ自身の自己言及を展開することには失敗した。さらに、必然的／偶発的という区別は、ひとたび進化によって社会の分化パターンが変化すると、それまで疑いもなく信じられていた社会のゼマンティクの基礎が、いかに突然、偶発的なものではないかと思われるようになるかということの説明にも役立つ。

しかしながら、もっとも重要なことは、この区別が、観察（自己観察）と作動との関係を明確にすることに役立つことであり、その結果、社会とそれ自身の自己反省および自己記述との関係を明確にすることにも役立つことである。観察者は、自己言及的システムがパラドキシカルな仕方で構成されているということを理解できる。しかしながら、このような洞察それ自体は、観察を不可能にする。なぜなら、そのような洞察は、オートポイエティックなシステムでありながらそのオートポイエーシスが妨げられているシステムを仮定することになるからである。それゆえ、純粋で制限されていない自己言及という想定が、パラドクスを観察そのものへと変換する。しかし、こうした観察は、それ自身の意図と矛盾するであろう。したがって、自己言及的構成の過程における自己言及の中断の必要性を理解することが、観察の対象を脱パラドクス化し、また——同時に——観察そのものを脱パラドクス化するのである。知識の可能性にとっての、あらゆるア・プリオリな条件とは無関係に、この洞察は観察とその対象を統一し、またそのようにして社会の自己観察と自己記述とを可能にするのである。

自己言及の自然的制限と人為的制限の区別は、観察も作動もシステムとして（すなわち、展開された作動あるいは脱パラドクス化された作動として）のみ可能であるにもかかわらず、両者の区別を維持することを可能にするという理由で、非常に重要である。自然的／人為的という区別は、システム自身が自然的および必然的とみなしているものを、観察は人為的で偶発的なものと解釈しうるというふうに、利用されうる。たとえば、観察者は、システムがいかにして、システムの自己決定が自然で必然的であり、機能的に等価な他の選択肢はないという印象をつくりだすかを調べることができる。さらに観察者は、たとえば、宗教システムの脱パラドクス化に役立っている神概念と同等の機能を有するものを探すであろう（本書第7章を見よ）。ハインツ・フォン・フェルスターの言い方を用いると、[*35] このようにして観察者は、観察されたシステムが見ることのできないものを同システムが見ることができないということを同システムは見ることができない、ということを見ることができるのである。この洞察は、セカンド・オーダー・サイバネティクスがもたらすことになる真の認識上の進歩を特徴づける。社会学的啓蒙の目標として、これとは異なるどのような目標を立てようと、結局は周知の自己矛盾にいたるだけであろう。フォン・フェルスターの常套句が、究極的な真理を表現していると主張したいのではない。私が主張したいことは、この常套句は、どのようなタイプの社会の自己記述が、たとえ人為的で偶発的なものであることがあきらかであっても、適切なるものとして立証されうるかということを決定する理論にとっての出発点を定めるということである。

現実的なものもまた観察されうる。それゆえ、歴史の過程で、一定の社会体制がみずからを考察することによって得られた知見が蓄積していく。一八世紀に、近代社会が自己の観察と描写を始めて以来、あきらかにそのような知見の蓄積が、かつてないほど可能となった。いずれにせよ、ブルジョア運動のまさに初頭から観察されてきた近代性《モダニティ》の否定的局面が、いまや一時的な現象として解釈することもできなければ、文明の進歩に必然的にともなうコストとして解釈することもできなくなった。こんにちにいたるまで、社会は、その構造的選択の帰結に十分に直面してはこなかったのである。このことは、とくに社会自身の合理性から帰結したエコロジーの問題にあてはまる。それゆえ、自己観察と自己記述とを推し進めて明白にパラドキシカルな帰結に至るのは、もう間もなくであるように見える。すなわち、ひとびとは望んでいないことを望んでいる、という帰結である。

近現代社会を記述するための位置を捜し求めて、社会運動に遭遇するひともいるであろう。非常に典型的なことだが、これらの運動は、社会の内側から社会に戦いを挑みながら、あたかも自分たちは社会の外側にいるかのように振る舞う。「資本主義」というキーワードで表される特有な現象をめぐって運動を組織化する試みは、多大な時間を要し、物々しくはあったが、うまくはいかなかった。その後、こんにちのいわゆる「新しい社会運動」は、さらにいっそうラディカルなパースペクティヴを展開し、それゆえ自己記述にとってよりよい機会を提供している歴史的状況に適合している。新しい社会運動が追求する問題は、かつての運動より広範囲におよび、それゆえより異質な動機を動員する（このことは、新しい社会運動をひとつに統一された運動として解釈しようとする多くの企てを挫折させてきた）。そうした運動は、ラディカルであると同時にラディカルでない。それらの運動は、たった一本の木の保存に取り組み、また社会の変革をめざす。非自然的な放射能を避けようとするとともに、生活の異なった形態に関心を寄せる。こうした運動は、しばしば矛盾する方向性を示す。たとえば、自分たちの反対派が純然たる経済合理性を追求することを批判しながら、自分たちはエコロジカルな目標を追求する。そうしなければ、この運動は内部から割れてしまう。また、たとえば、女性運動によって提起された平等というテーマが、純然たるブルジョア的要求を表明するのに対して、女らしさのゼマンティクの探究は、まったく異なった生活形式に対する関心を表している。これらの運動は、マルクスが想像したり挑戦したりすることができたであろうどんなことよりも、はるかにラディカルに社会を批判する可能性を具現している。それらは、さまざまな機能システムが分化することから生じた多くの帰結に広く関わっているのであり、もし本当にラディカルな意図をもっているならば、それは機能的分化に対する批判ということになるであろう。

しかし、機能的分化に対する批判は、選択可能性の限界に行きあたる。社会は、その安定性に関わる原則における変化や、分化のパターンないしシステムの境界設定のパターンにおける変化を、カタストロフとしてしかイメージできない。封建制秩序に対する過去の批判のように、機能的分化に対する批判も、進化の方向性について別の選択肢を示すことができない道徳的批判にとどまっている。いつでも改善が行われうること、またひとびとがいつも他のひとびとに対して罪を犯すということに、議論の余地はない。しかし、そうであることで、新しい社会運動は、不可避的に現代の諸問題に没頭することになり、問題へのそれほど複雑ではない取り組み方においてのみ、かつての運動と異なっているにすぎない。彼らの抵抗運動が注目を集めるのは、彼らがブルジョアの宣伝活動に対して一線を画そうとしつつも、そのブルジョアの宣伝活動と活発なやりとりを行うからである。新しい社会運動は、みずからの道徳性を過度に強調することによって、また型にはまらない自己提示のテクニックを選ぶことによって、世間に認められようとする。いずれにせよ新しい社会運動は認知されるのだが、あくまでも社会の内部で認知されるのであって、社会に逆らって認知されるのではない。

オルタナティヴ運動の秘密は、そうした運動がいかなるオルタナティヴも提示できないことである。これらの運動は、その事実を、他者に対してだけでなく自分自身に対しても隠さなければならない。そうすることで脱パラドクス化に貢献する。そして、この貢献は、見たところかなり生産的である。

第7章 社会、意味、宗教——自己言及にもとづいて

「また、才知をひけらかすために、信仰を装うこともある。どうかこのようなことから、主よ、我々を救ってください。」

——ジョン・ダン「嘆願の連禱21」（湯浅信之訳）

現在、アレクサンダー派が展開している社会学理論は、古典理論家の解釈に没頭しているように見える。[*1] 宗教社会学を実践することは、宗教的と思われるひとびとや制度の経験的な調査研究を行うことを意味し、さらにそのような調査研究を行うことは、理論的なインスピレーションを得るために、E・デュルケームやM・ヴェーバーにもどることを意味しているようである。その場合、宗教は、社会全体のレベルでは統合的要因として働き、個人のレベルでは動機づけの要因として働くと考えられている。どちらのレベルにおいても、宗教は、意味の意味を、意味深長な「究極的な真実性」を提供する。このような最終的な意味の供給源という最高度のレベルで働くかぎり、どのようなシンボルや価値も、宗教——ルソーやベラーのいう市民宗教——とみなされうる。

異論があることも、われわれは知っている。宗教は、論争や闘争を引き起こしうる。ま

た、統合を妨げる効果もある。宗教の動機づけの効果として、宗教自身に疑問を抱くようになるということも大いにありうる。動機づけの効果として、社会的活動に取り組む者もいるであろうし、遁世する者もいるであろう。宗教の機能についての言明は、ことわざに似ている。ことわざは、有効に働くために、つねに反対の意味をもつことわざを必要とするものである。

かつて、クリフォード・ギアーツは、文化人類学的調査研究に関して、古典理論家への依存に対する同様の不満を公表した。*2 彼が自分の方針を、宗教という文化システムに関する小論に書いたのは、単なる偶然かもしれない。しかし、このような一致がただ偶然に起こったにせよ、それは依然として大きな意義をもつ偶然であった。実際のところ、当時のシステム理論は、成果を示すことができなかった。パーソンズ自身、古典理論家を紹介することから出発していた。彼は、社会と個人の差異、社会的要因と動機的要因との差異、デュルケームとヴェーバーとの差異が、それほど問題ではないことを示そうとした。しかも、まさにこの差異こそが理論の中核問題をなす社会学という学問分野において、それが大きな問題にはなりえないということを示そうとしたのである。このように歴史的問題に、つまり個人と社会が分離しているパラダイムに関わったことにより、パーソンズは、パーソナル・システム、社会システム、その他のシステムにも適切な位置を割り当てることができる一般行為システムという枠組みを展開することで問題の解決をめざすこととなった。

ただしパーソンズは、予見できる代償を払わなければならなかった。彼は、彼の一般化を、行為概念の構成要素の分析にもとづいた純粋に分析的な枠組みとして提示しなければならなかったのである。さらに、一般化を補うために、再特殊化という技術を必要としたのである。パーソンズの決定は、十字形の表〔AGIL図式〕を用いることであり、その帰結は、われわれのよく知るところである。

こんにち一般に受け入れられているパーソンズに関する評決は、印象主義的な証拠の評価によるものであって、彼の理論の構造的制約――構造的制約は彼の理論にかぎらずどの理論にもあるものだが――の適切な理解にもとづいているわけではない。とはいえ、以下の考察を展開するにあたって、パーソンズを支持するか批判するかという判断を基礎にするつもりはない。むしろ私が主張したいのは、近年、一般システム理論が自己言及的システムの一般理論へと、魅力的な転回を遂げてきているということであり、そのことが、社会の理論および宗教の機能的分析にとってもたらす帰結のいくつかを検討してみたい。[*3]

自己言及的システムは、ただ自己組織的あるいは自己調整的なシステムというだけではない。最近の理論の発展によれば、自己言及というアイデアは、システムの要素あるいは構成要素のレベルでも用いられる。[*4] これが意味するのは、自己言及的――あるいは、もっとはっきりいえばオートポイエティックな――システムは、それ自身が相互に関係づける要素を、それ自身が相互に関係づける要素によって生産するということである。システムは、要素の生産を継続するために必要とされる要素の生産を継続することで、みずからをネットワークとして再生産する、そのような要素生産の閉鎖的ネットワークとして存在するのである。*5

社会は、自己言及的システムのひとつの特別なケースである。それは、コミュニケーションのネットワークを、先行するコミュニケーションと後続するコミュニケーションと、さらには他のどこかで行われるコミュニケーションをもふくむネットワークを前提する。コミュニケーションは、コミュニケーションのシステムのなかだけで可能であり、このシステムは回帰的循環性の形式を免れることはできない。このシステムの基礎をなす出来事、すなわちコミュニケーションの個々のユニットがまさにユニットであるのは、ただ同じシステム内の他のユニットに言及することによってのみである。*6 したがって、コミュニケーションの意味を特定できるのは、システムの構造だけであって、システムの環境ではない。

他のタイプの社会システムとは異なって、社会は包括的システムである。つまり、コミュニケーションの与えられたコンテクストのなかで可能とみなされるあらゆるコミュニケーションを内包し、他のいっさいのもの――精神、頭脳、人間、動物、自然資源、その他なんであれ――を排除する。もちろん、社会は環境を前提としている。社会は、環境に依存しているのである。その自律性を環境に依存しないことと考えることはできない。その自律性は、自己言及的循環性そのものである。つまり、自律性とは環境から相対的に独立しているという望ましい状態のことではなく、現実に存在するための必然性である。コミュニケーション的出来事として起こりえるものはなんであれ、コミュニケーションによるコミュニケーションの再生産のネットワークに入り込むことで、社会を生産する。このシステムは、コミュニケーションとして供給できるもの次第で、拡張しまた縮小する。環境とコミュニケートすることはできない。というのは、コミュニケーションというものは、つねに内部的作動だからである。

コミュニケーション・システムは、複雑性を取り扱う特別な方法を展開する。すなわち、世界の複雑性の代理表象をシステムに導入する。この複雑性の代理表象を、「意味」と——ただし、この語の主観的、心理的含意や先験論的含意をいっさい排除して——呼ぼう。*7

意味の機能は、コミュニケーションのあらゆる可能なトピックへのアクセスを提供することである。意味は、すべての具体的な項目を、それに関連する諸可能性の地平のなかに位置づけ、最終的にはあらゆる可能性の世界のなかに位置づける。実際の出来事としてなにが起ころうと、出来事は必ず他の可能性に言及する。つまり、さらなる可能性の地平内の関連する行為や経験の別のあり様に言及する。有意味などの項目も、現実的なものと可能的なものとの差異によって世界を再構成する。しかしながら、安全さは、現実的なもののなかにのみ存する。安全さを高めることが可能だが、それは回り道的なやり方によってのみである。すなわち、現在の位置にもどる可能性を保持しつつ、他の意味を経めぐることによってのみである。ここでもまた、自己言及的構造、回帰的構造が、複雑性と安全さとを結びつけるために、必要とされるのである。

意味を基礎とするコミュニケーションのこのような編成は実によくできているが、それは進化的発展の帰結である。コミュニケーションのこのような編成には、三つの重要な帰結がともなっていて、それらが合わさって社会の基礎構造を構築している。

1　コミュニケーションによるコミュニケーションのオートポイエーシスは、閉鎖性を要求する。他方、意味は完全に開放的な構造であり、なにも排除せず、意味の否定すら排除しない。意味にもとづくコミュニケーションのシステムとして、社会は、閉鎖的なシステムであり、かつ開放的なシステムである。社会は、閉鎖性によって開放性を得ている。「開放性は閉鎖性にもとづく（L'ouvert s'appuie sur le fermé）」[*8]。

2　コミュニケーションと意味は、冗長性（redundancy）をつくりだす異なった方法である。コミュニケーションは、情報を他のシステムへ与えることによって冗長性をつくりだす。その場合、第三者は、尋ねる相手を選択することができる[*9]。意味は、だれも一度に確かめることができないほど過剰なさらなる可能性を内含することで冗長性をつくりだす。

意味にもとづくコミュニケーションによって継続的に再生産されるこの冗長性を考慮すれば、次のどのステップも他の可能性からの選択とならざるをえない。このようなシステムの作動によってつくりだされる世界の内部では、どの具体的な項目も偶発的なものとして、つまり異なっていることがありうるなにかとして現れる。[*10] それゆえ、社会はパラドクスの世界のなかで作動する。つまり、偶発性が必然であるというパラドクスの世界である。[*11]

3　もちろん、なにも――世界も、自然も、また自己言及的システムでさえ――それ自体でパラドクスというわけではない。なにかを「パラドクス」と呼ぶのは、単なる記述にすぎず、そのような記述が適切であるのは、なんらかの結論を導き出そうとしたり、長い推論のための別の方法を用いようとするときのみである。パラドクスは、ある一定の意図にとってのみ障害となる。それゆえ、さまざまな事態がパラドクスとみなされることは、社会学的には、記述に対する要求が、とくに全体社会システムの自己記述に対する要求が増加していることと相関しており、またさらには、パラドクスという記述は、パラドクスを論理的にどう扱うかという問題をともなう、複雑で高度に相互依存的なゼマンティク上の枠組みのなかで用いられなければならない、ということを示唆しているように思われる。

パラドキシカルな世界の充満と空虚は、宗教の究極的な真実性である。意味の意味は、言及の豊かさと、トートロジカルな循環性との両方である。

社会は、自己言及的システムとしてのみ存在しうる。社会は、ゲーデル的世界においてのみ、コミュニケーションを作動させ、再生産できる。この一般的な条件が、「宗教」（これがなにを意味しているのであれ）を不可避なものとする。それゆえ、社会生活は宗教的性質——G・ジンメルであれば「宗教めいたもの（religioid）」の性質というであろう——を帯びている。[*12] 自己言及のパラドキシカルな構成は、すべての社会生活に広がっている。にもかかわらず、それは社会生活における特殊問題である。究極的意味の問題は、いかなるとき、いかなる状況でも提起されうる——しかし、つねにというわけではない。他にもいろいろある問題のなかのひとつへと格下げすることができるならば、全体の意味の問題は、全体のなかでの特殊問題となる。そこで社会は、この問題をうまく処理し、またこの問題に答える形式を展開する。つまり、世界を脱パラドクス化する形式を展開するのである。そうなれば、意識とコミュニケーションの焦点をこの形式に合わせることが可能となり、またまさにこの事実によって、否定のリスクを生じさせ、あるいは他の形式を探すことが可能となる。宗教的形式は、いわばパラドキシカルな意味を具体化する。それらは、宗教を他の生活領域から分化させる。それらは、拒否するリスクを内包する。それらは、逸脱的再生産、すなわち進化を開始させる。

形式は、暗黙の自己言及によって確信を与える。形式は自己自身を提案する。それらが

「日常生活のなかで当然のもの」とみなされうるのは、さらなる解体に抵抗するからである。形式は、「それを受け入れるか、無視するか」という決定を強要する。形式は、発展を拒絶する。その意味において、形式は儀式的性質を有している。[*13] 儀式は、それが自己言及を封じ込めるという理由から、宗教を代理表象する。亡霊には、瓶のなかにとどまっていてもらわなければならない。しかし、時間とともに、また社会進化のコンテクスト内で、儀式的形式は不適応なものとなることがあろう。それでも形式は、宗教的性質を保持し、不適応なものであり続けることでその宗教的機能を果たすかもしれない。[*14] また一方で、形式の曖昧さを増大させることでも、同様に宗教的機能を果たせることを発見するかもしれない。

形式の問題が形式とコンテクストとの関係の問題として再構成されるならば、形式の曖昧さが生ずることとなる。この場合、形式の宗教的（あるいは美的、あるいはその他なんであれ）意味は、形式がそのコンテクストを組織する仕方――たとえば寺院が周囲の自然をそれ自身に言及することによって組織する――に依存することになる。[*15] 両義性が忍び寄るのは、いくつかの見方が可能だったり、何度も見直すことが必要だったり、秘密が暴かれたり、「アレテイア（alētheia）」（あきらかにされた真理）が問題となったりするときである。もし、形式とコンテクストとのこのような関係が問われ、変更されうるならば、形式は変化するコンテクストのなかで維持されうる。なぜなら、コンテクストは形式を更新するために用いられうるからである。祭式は、存続することでその宗教的意味を保持しつつ、それが機能するコンテクストを異なったコンテクストに変えるかもしれず、またあるいは、ある祭式に他の祭式がとって代わるために――たとえば異教徒の聖域に教会を建てるために――、宗教的コンテクストが用いられるかもしれない。どれほど曖昧であれ、形式のパラドクスは、コンテクストを自己言及によって組織することのパラドクスである。これが事実である限り、形式は宗教的意味をつかみとり、保持しうるが、同時に逸脱的再生産に、すなわち進化にさらされうる。

　このことを機能的分析の言葉にすると、パラドキシカルな世界の根本的問題が宗教によって「解決」される（すなわち、重大ではない問題へ変形される）ということができる。充満と空虚は同じものであり、有意味な生活と無意味な生活とは同じものであり、秩序と無秩序は同じものである。なぜなら、世界は統一としてのみ構成されているからである。しかし、われわれは、この究極的統一をあるがままに受け入れることができないので、それをより簡単なパラドクスによって、すなわち形式によっておき換えなければならない。究極的パラドクスとの機能的関係を保持する形式は、その関係ゆえに宗教的形式であり続ける。究極的パラドクスに言及しているとみなされうる形式は、それゆえに宗教的形式として観察される。また究極的パラドクスに言及していると記述されうる形式は、それゆえに宗教的形式として記述される。他に宗教を確認する方法はないし、宗教の観察および記述にあたって、自由裁量の余地はないのである。その一方で、同じように宗教の機能を果たす機能的等価物はたくさんあるし、宗教の観察および記述における敏感さの程度は、ひとつの社会のなかでさえ、実にさまざまでありうる。したがって、とくに近現代の社会においては、芸術や愛のパラドクス、主権のパラドクス、金儲けによる金儲けのパラドクス、あるいは認知条件を認定することのパラドクス等々において、宗教に言及するものとして観察され記述されうるものを発見することが、天命を受けた探偵たちの仕事となるであろう。

特定の形式は、それ特有の扱い方を必要とする。特定の形式との出合い方、回避の仕方、特定の形式が存在する場合の振る舞い方は、その形式がつくりだすコンテクストの一部であり、それゆえその意味の一部である。構造的視点からすると、特有の宗教的機能をもつ形式の分化は、宗教上の目標に役立つ特別な社会システムの発展を新たに開始させる。宗教の歴史は、宗教の分化の歴史である。

宗教の進化の理論は、宗教の発展段階モデルによって記される必要はない。[*16] ガットマン尺度であれその他なんであれ、直線的連続を想定する形式によって、進化の理論が歴史を整序するなどということができるのかは、はなはだ疑わしい。[*17] 進化の理論が説明しようと試みるのは、計画されたものではない構造変動の可能性である。進化の理論は、過程の構造を記述する理論ではなく、ましてやある段階から次の段階への歴史的発展の唯一無比の過程に関する理論などではなおさらない。このような過度に野心的な目標を放棄することが、社会学理論と歴史研究とをふたたび結びつけるための条件となるであろう。

　自己言及的システムの理論と進化のネオ・ダーウィニズムの理論とをいかに結びつけるかという問題は、ますます関心を呼び起こしている。[*18] ひとつの可能性は、進化を自己言及のパラドクスの変換ととらえることかもしれない。自己言及的システムの非蓋然的状態は、分化――とりわけ、システムと環境の分化――により可能となり、蓋然的とさえなる。その成果は、非蓋然的なものの蓋然性であり、それは同時に蓋然的なものの非蓋然性である。

　これを宗教の進化の理論に翻訳するならば、宗教は、それ自身の成功によって危険にさらされるということを意味する。これは、パラドクスを扱ううまいやり方である。しかし、どのような新しい形式も、非蓋然的なものを受け継いでいる。新しい形式は、普通の生活に、普通の社会に、普通の宗教になるかもしれない。しかし、このことによって、いかにして普通でないものが普通になりうるのか、非蓋然的なものが蓋然的になりうるのか、自己言及的な循環性がヒエラルキーになりうるのか、という根本的な疑問が消し去られるわけではない。

　進化は、目標をめざして進む過程ではない。進化の原因は、偶然的なものであり、結果を生み出す適切な手段というわけではない。いい換えれば、宗教的形式および宗教システムの進化は、宗教的原因、宗教的出来事あるいは宗教的経験には依存していない（宗教システムがそれ自身の歴史を記述するときは、これらの言葉を使うだろうが）。われわれは、社会をコミュニケーションの自己言及的システムとしてとらえるのであるから、コミュニケーションの構造における変動は、宗教が新しい手段に順応する必要を生じさせるひとつの——重要な、ではないとしても——変動と考えなければならない。飛躍的な変化をもたらしたのは、書き記すことの簡単な体系の発明、すなわちアルファベットの発明であったといえよう。[19]

　これは、宗教がどうしても書かれたコミュニケーションへとまとめられなければならなかったということをいっているのではけっしてない。事実は、逆である。口述は、コミュニケーションのひとつの特別な方法として、むしろ重要性を増した。[20] 要点は、読み書きという新しい能力によって、コミュニケーションにおいて含意される自己言及の様相が変わったということである。以前あるいは以後のコミュニケーションへの言及は、実際に起きた出来事としての話された言葉から独立するようになった。[21] ひとの存在から独立し、状況から独立し、身振りや語調から独立し、とりわけ、個人や集団の記憶から独立するようになった。以前、以後のコミュニケーションへの言及は、テクスト構成上の問題となった。加えて、書かれたテクストは、重要であるないにかかわらず、書かれたもののすべてを保存する。厳粛な表現や荘厳なリズムなどによって、保存を要するコミュニケーションに特別な印をつける必要はもはやない。しかし、これらは、宗教的デザインの伝統的な方法であった。その形式は他にとって代わられうるようになったが、余計なものとなったわけではなかった。もっとも、こうした宗教的表現の方法が、口頭によるコミュニケーションにおける自己言及の一般的問題の結果であったかぎりにおいて、もはやそれほど不可欠ではなくなった。荘厳さは、言葉の選択の問題となり、したがって、信仰の問題となったのである。*22

それゆえ、アルファベットの発明後練り上げられた神学的なゼマンティクと論証の諸形式を、アルファベットの普及を超えて、宗教と宗教従事者たちが生き残るための必死の試みと理解することは不適切ではない。この必要性は美徳となった。三位一体という神学的構成は、もっとも適切な反応として考案された。すなわち、三つの構成要素すべてが同時に聞く話し言葉によってその内的統一は達成され、その外的提示は、口頭および書き言葉によるコミュニケーションのシステムである人間社会の閉鎖性にふさわしいものとなっている。文書という技術的考案物そのものが神聖化され、福音は書物という形式で保存された。このような書物に依拠した信仰という姿勢は、印刷術の考案によってさらに強化された。今や福音は、字を読むことのできるひとであればだれもが接することができるようになった。もはや教会は、口頭での伝達が延々となされる場として自己を提示することはできず、文書を読む信者を指導し、支援するシステムへとみずからを変えなければならなかったのである。ここでもまた、説教が余計なものになることはなかった。ただし、宗教的信仰システムが、書かれたテクスト、印刷されたテクストとして存在することで、あらゆる相互参照が可能であるという事実を視野に入れた、説得力のある説教でなければならなかったのである。

そうしたとき、そしてそうしたときのみ、宗教を定式化する古代のやり方が、「荘厳なスタイル」として再発見された。そして、一八世紀には、荘厳なものと美しいものの違いを創出することによって、こうした方向性が追求された。[*23] 両者を区別することで、宗教(とりわけ宗教的畏敬の念)が新たに――それまでもそうだったが――適切な形式を見いだすことができ、たとえ美的なものという選択肢があっても宗教が維持されるであろうことが、確実になったのである。

読み書き能力がもたらしたもうひとつの帰結は、もっと重要である。アルファベットを用いて書き記すことのもっとも直接的な結果は、ゼマンティクと社会構造の間に大きな乖離が生じ、それが進化の要因となるようになったことである。ある意味では、読み書き能力がもたらした問題に取り組んでそれを言葉にしたのがプラトンだった。もっとも、プラトンの哲学そのものは「イデア」の側に立つものだったが。[*24] 概して、ギリシアの都市国家における文学は、異なる意味領域、とくに政治と法、知と友愛[*25](politeía, nómos, epistéme/

dóxa, philía）の違いに気づくようになった。しかし、これらの意味領域の差異は、もはや社会構造を代理表象するものではなかった。それらは、たとえば経済と宗教を過小評価していた。

この時代以降、簡単に読み書きできる技術のおかげで、非蓋然的なものの蓋然性が増大し、それがさらなる複雑な事態を生み出し続けてきた。社会一般にとっても、宗教という個別領域にとっても、こうしたジレンマに対処するためにわれわれがとらなければならない方法は二つである。ひとつはゼマンティクであり、もうひとつは教会のような社会構造に頼ることである。この二つの乖離――教会は、けっして聖徒の交わり（communio sanctorum）にはならない――は、問題のひとつの局面である。二つの乖離はまた、宗教史における、またおそらく社会史においても、主要な動態的要因である。

キリスト教のなかで展開されてきた神学的信仰のゼマンティク上の形式に眼を向けるならば、われわれの問題は理解しやすいであろう。「神」は、中心化されたパラドクスであり、それは同時に世界を脱パラドクス化すると理解される。そのように理解することで、われわれは、創造という非対称的な概念と、それに付随するアイデアとして、世界の偶発性というアイデアを見いだす。これらは、どこにでもコピーすることのできるヒエラルキ

ー構造のルーツである。原罪がシンボル化するものは、差異の始まりであり、パラドクスの変換——原罪は労働になるが、差異であり続ける——である。神の地上における顕現は、非蓋然的なものを蓋然的なものとした。非蓋然的なものとは要するに「救済」であり、すなわち差異の克服である。しかし、神の顕現が蓋然的にした救済はまたもや非蓋然的なものとなる。救済は、神の恩寵次第であり、結局、それ自身、見通すことも理解することもできない決定となる。神を信じるということ自体は単純なままであろうが、信じる内容は複雑になる。神学が練り上げた教義は、問題とその解決との循環関係を露呈した。あるいはパラドクスを顕在化させた。神学は、神学自身の方法を用いて、パラドクスに取り組もうとしたが、結局、シャフツベリが嘆いたように「すべては論説と提案に還元されてしまった」のである。[*26] この特殊な宗教の信仰システムについてどのように考えるにせよ、それは、それ以前の宗教と較べて、重要な構造変動——進化の前進という人もいるだろうし、進化的一般特性とさえいう人もいるかもしれない[*27]——をもたらした。それまで宗教は、けっしてそれほどはっきりしたものではなかった。自民族/他民族、住民/よそ者、自由人/奴隷といった他のあらゆる区別は問題にしないにもかかわらず、自分たち信者と非信者という区別をこれほど強調した宗教はかつてなかった。包摂と排除をこれほど徹底してそれ自身の基準だけで統制していた宗教はなかった。この意味で、決定の諸前提のネットワークとして存在するような宗教はかつてなかった。そして、再生産における宗教としての統一性が、これほど解釈――すなわち区別の取り扱いにおける専門的技能――に依存するようになった宗教もかつてなかった。

この種の自己統制は、もうひとつのゼマンティク上の刷新を必要とするように見える。場所とか機会とか人物などに適用されてきた聖と俗という古くからある差異は、完全に宗教システム自身のなかにある内部的差異として扱われうるもので、しかも、あたかも宗教システムに内包されるひとびとと、そこから排除されるひとびととのあいだのさまざま差異を代表(represent)しているかのような差異に、とって代わられなければならなかった。この課題は、魂の救済と地獄への落下との区別によって解決された。この区別は、聖職者によるものであれ、私人によるものであれ、あらゆる種類の人心操作に利用できるものであった。信者にとっては、この差異は人生のもっとも重要な問題として示された。そのような問題として受容されれば、この差異は、あらゆる種類の二次的な規則による条件づけが可能となる。そして、非信者やパスカルたち(パスカルとイエズス会修道士!)[*28]の面前においてさえ、たとえ地獄を信じていなくても、地獄に落ちるかもしれないリスクをあえて冒すことに価値はないと論ずることができたのである。この図式は、全体をとらえる装置として、つまり世界全体も、排除されたひとびとさえも包摂する装置として、用いることが可能であった。このようなレベルでは、パラドクスは、いわば決定の算法を提示するようなものとして機能した。[*29] 長い論争の結果、救済をとりまくさまざまなパラドクスは、中世後期において、いっそう顕著になった。そして、伝統が、救済の確かさと日々の恐れとのあいだの単純な反比例の関係――確かさが増大するのに応じて恐れは減少する――を維持していた一方で、救済に関する問題が過度に強調されるようになったため、ついには救済そのものが、すなわち、救済は確実ではないということが、問題になるようになってしまったのである。

他の領域の問題はコミュニケーションに関わっている。長期にわたる教義の発展の結果、聖なるものとのコミュニケーションの可能性は、二つの形式――すなわち啓示と祈り――に集約された。*30 その同じ過程が、啓示と祈りのコミュニケーション的性格を強化し、それによって私的な関与を生じさせた。日本人がお寺で鐘をつき、拝礼し、願いごとをするとき、それがコミュニケーションとして意図されているのかどうかははっきりとはわからない。キリスト教の祈りは、コミュニケーションとして意図されており、それゆえに祈りには信仰の十分な明確さが要求される。啓示もまた、単に国を創ったり、土地を聖別したり、悪を滅ぼしたり、あるいはなにか他の方法で世俗的な出来事に干渉したりするだけのものではない。これもまた意図されたコミュニケーションであり、コミュニケーションだということは、メッセージを受け取るか否かは自由だということである。神はみずからを目に見えるものに変化させることができ、かつできないので(ふたたびパラドクスである!)、神は福音を説くために神の子をつかわしたのである。

このような教義の進化がもたらした帰結は、分化である。神と人間とのあいだのコミュニケーションの形式が明確に規定される一方で、他の諸関連――経済であれ、科学であれ、美的な関連であれ――における人間と自然との関係については、それぞれの関連の自由に委ねられた。こうした諸関連もすべて、宗教的特質を保持している。なぜならば、神は世界を創造し、また自然を人間に与えたからである。しかし、人間と自然とのあいだにコミュニケーション的関係はない。[*31] このことは、非常にむずかしい決定であったにちがいない。宗教的裏付けがあってはじめて可能となっただろう。アッシジのフランチェスコは、動物に語りかけていた。ペトラルカの自然の理解の仕方は、ほとんど新しい宗教となった。科学的実験は、自然に対する問いかけというかたちをとっている。しかし実際には、自然は、楽しみの対象あるいは開発の対象として沈黙を守っている。そして、なにも不平をいわない。

このような神学上の教義の驚くべき独特の構成は、構造的分化の基礎のうえにはじめて可能となった。とりわけ、政治的役割と宗教的役割の分離と、宗教との関わりの「私事化」を前提としていたが、それらはすでに古代ギリシアの都市国家時代を通して実現されていた。[*32] この構造的分化は、宗教的組織の一員になることは私的選択の問題であると考えることを可能にし、さらに選択の決定のための諸前提と、他の役割（たとえば市民）を用いることなく成員と非成員とを分離することを可能にする成員統制規則とを、選択のガイドラインとして展開し始めることを可能にした。ある宗教的集合体に属するか属さないかの決定は、個人の他の役割とは関係なく行われるようになった。信仰を明確にすることは、この選択を適切に行うために必要であり、また信仰のパラドキシカルな構造（たとえば最下層に生まれた神の子）は、この選択の独立性をシンボル化できた。信仰システムの初発のメカニズムが廃止されても同システムが崩壊せず、次第に強固なものとなるまで、私的選択を可能にする条件が長期にわたって存続したということは、進化における偶然の出来事のひとつである。われわれが誕生とともにその一員となることになっている現存の教会は、加入と入会許可（洗礼）の儀式を（新たな意味をともないながら）保持しており、またとりわけ他の役割からの独立性を保持していた。子どもも、妻も、奴隷も、どんな肌の色の異教徒も、犯罪者でさえも、だれもがキリスト教徒になれるのである。

ゼマンティク上の構造と社会構造とのあいだには相互に支えあう循環的関係があったおかげで、非蓋然的な進化の帰結を長いあいだ安定的に維持することができた。しかし、われわれは蓋然的となった事象の非蓋然性を取りもどしつつある。宗教システムは進化したが、代償も支払わなければならなかった。すなわち、本来備わっている非蓋然性は、ゼマンティク上の構造と社会構造とのあいだの乖離として、また宗教改革に対する恒常的な誘因として、ふたたび現れたのである。教会は、それ自身が望むようには活動することはできなかった。精神的および組織的改革への要求は多かれ少なかれ継続的に存在したが、一二世紀に入ってからは、教会がそうした要求の対象となった。そして、改革を受け入れたり拒否したりすることで、教会はより堅固になった。このこともまた分化に貢献した。類似の歴史をもつ他の制度は存在しない。宗教と政治との分化は、実際上不可逆的となった。そしてそれは、新しいタイプの解決――母教会自体が複数の教会、教派、宗派に分化すること――を可能とした主要な条件のひとつとなった[*33]。

同時に、宗教的問題と経済的問題の分化という新しい事態が発生した。宗教システムは、経済活動を監督したり正当化したりするいかなる企ても放棄しなければならず――高利貸しと公正な価格についての教会の政策は、経済に関する神の名によるコンサルタント活動の主たる基盤だった[*34]――、経済システムは救済を購入するいかなる企ても放棄しなければならなかった。どちらのシステムも、互いの自律性を顧慮して、相互の影響がより直接的でない形式を探さなければならなかった。まったく同様の構造的分化の問題が、個人の親密さの領域との関係でも生じた。宗教システムは、性行為に関わる肉体の位置づけの規制から身を引かなければならなかったが[*35]、女性を救済へといたる通路とみなすあらゆる企て――シュレーゲルの『ルツィンデ』からクローデルの『繻子の靴』まで――をやめさせることができたのである[*36]。

このように宗教の進化は、単なる宗教的形式の変化ではない。要点は、単にパラドクスがより明確に概念化されるようになったということではない。もっと複雑な意味における分化こそが要点である。進化は、同時に他のシステムにとっての環境でもあるシステムが変化し、それによって他のシステムに適応あるいは抵抗を強いることで展開していく。適応あるいは抵抗とは、要するに、変化する環境のなかで構造を変化させること、あるいは変化させずに維持することということになろうが、いずれの場合も、分化を強化することになるのである。社会進化のこうした圧力のもとでは、構造的分化は、機能的特定化を強化し、拡張するようにみえる。そして、その結果が、社会全体の機能的分化であり、われわれがよく知っている近代的タイプの社会である。[*37]

宗教のゼマンティク上および構造上の分化は、生活の他の領域を宗教の支えのない状態に放置することになった。それらの領域の構造は、宗教の用語で説明することができなければ、本質的にパラドキシカルなままである。たとえば古典的な経済学は、労働概念を人間と自然との関係として定義した。このような定義は、聖書の伝統に対するあきらかな言及をふくんでいる。しかし、労働はもはや原罪の帰結でもなければ、救済の宗教的ドラマトゥルギー内の要素でもない。それは自然的必要性であり、まさに「自然法」である。こうして、パラドクスは、経済学の理論的枠組みにふたたび入り込む。すなわち、自然と人間との関係が、またもや自然的関係なのである。したがって、経済上の生産と分配のシステム内部での労働の位置づけに関して終わりのない論争が生じ、いかなる解決も、宗教による脱パラドクス化ではないにせよ、イデオロギーによる脱パラドクス化に頼らなければならなかったのである。*38

こんにち宗教は、機能的に分化した社会における機能的サブシステムとして生き残っている。宗教は、他のサブシステムの自律性を認めることを代償として、すなわち世俗化を代償として、みずからの自律性が認知された。*39 それは、世界のなかに世界を、社会のなかに社会を代理表象する。そのパラドクスは、よく知られた集合論のパラドクスとして定式化される。すなわち、これはそれ自身をふくみ、かつ排除する集合であるということである。*40

このパラドクスを脱パラドクス化する伝統的な方法は、「代理表象」であった。近代的なやり方は、機能的な方向性を要求するようにみえる。世界の「脱パラドクス化」(私は蓋然的なものの非蓋然性と相関関係にある言葉を見つけ出そうとしているのだが)が仕事となり、「神を呼ぶこと」が問題の解決となる。同時に、このように機能的な見方で宗教を扱うことがいかに適切でないかということを、われわれは知っている。そもそも宗教の問題に対して解決策を探究すべきなのか、それともいま問題にしているパラドクスはむしろ意味の問題と考えてその解決策を探究すべきなのかということは問うてもよいだろう。それとともに、われわれのさまざまな解決策が、とくに近代社会と呼ばれる解決策が、それぞれの問題を発見できるかどうかということも問うてよいだろう。われわれは、さまざまな対抗運動のことも知っている。最近のイスラム教の世俗化に反対する動きは、もっとも注目されるものである。[41] 近代的な生活様式であれ、西洋的なスタイルであれ、資本主義社会であれ、世俗的合理性であれ、それらを否定的な言葉で特徴づけ、そのような否定的特徴を否定することでそれらに対抗しようとすることは、それ自体がきわめて近代的な対処の仕方であって、われわれがよく知っているように、それほどうまくいくわけではない。

それほど根本的ではない、より妥当なやり方は、まさにこうした状況の適切な理論的記述を探すこと、否定するのではなく、われわれが近代的生活を経験するときに用いている枠組みをいったん度外視する、そうした理論的記述を探すことであろう。たとえば、近代に近づきつつあった時期に宗教システムが行ったゼマンティク的および構造的選択を再検討することから、出発できるであろう。以下のことを問うてもよいであろう。

1　トリエント公会議およびプロテスタントの「国教会」とともに始まったことだが、宗教システムの組織的基盤を強化したこと、聖職者の地位を職員へと格下げしたこと、綱領作成と意思決定の権限を中央集権化しても宗教を近代の諸条件に適合させることはできないということが判明したにもかかわらず、聖職者位階制による統合を進めたこと、これらはよい考えであったのだろうか。[42]

2　不可視性ゼマンティクは、[43] 宗教上の必要に関して満足がいかないものであるということが、つねに知られていたか感じられていたにもかかわらず、それによってパラドクスをシンボル化したのはよい考えだったのだろうか。[44]

3　おそらくこれがもっとも重要なゼマンティク上の変化であったろうが、地獄という概念を捨て、[45]宗教における恐怖や畏怖を否定し、宗教を純粋な愛として示し、それによって宗教システムに固有かつ唯一の二分図式である救済と地獄落ちの区別を喪失することになったのは、よい考えだったのだろうか。[46]

これらの変化および類似の構造的変化が、近代社会の機能的分化と複雑性の増大に対応したものであることを理解するのは容易である。他の選択肢を見つけるのは困難であるし、これらすべてがまちがっていたなどというのは思い上がりであろう。重要なのは、社会学理論、とくにシステム理論が、このような展開をより抽象的な用語で記述するための概念的枠組みを提供することである。たとえば、社会システムの異なったタイプとしての全体社会と組織の区別、パラドクスを再定式化するゼマンティクという考え、あるいは情報処理装置としての二分図式（善／悪、真／偽、正／不正、健康／病気、救済／地獄落ち、富の所有／非所有、等々）という考えなどである。このような仕方で記述すれば、宗教は、近代社会における他の機能的サブシステムと一部は共有し、一部は共有しない方向に発展してきたということが理解できよう。組織に頼ることは、「国家」中心に作動する政治システムの特徴であるが、科学の特徴ではない。本来の問題を回避して慣例化したやり方に頼ることは、教育において典型的であるが、[47] 芸術では典型的でない。また、おそらく経済においては典型的であろうが、医療システムでは典型的ではない。あらゆる根本的区別、あらゆる二分図式を用いずにやっていこうとすることは、宗教システムの特異な実験であり、宗教システムのみの特徴であるように思われる。あたかも、愛する神の単調さが、日常生活のなかで減少しつつある宗教の重要性を補わなくてはならないかのようであるし、[48] このことは、教会あるいは宗派のメンバーであるかないかという組織上の差異を補強するようにみえる。とりわけ、天国と地獄へと具象化される救済と地獄に落ちることという根本的な差異を捨てることは、自己言及的統一という根本的なパラドクスへふたたびもどることとなる。[49] 宗教は、その本来の問題へともどったのである。

この本来の問題とは、社会学の用語で表現すれば、パラドキシカルな自己言及の問題である。宗教用語では、超越の問題として定式化されるであろう——定式化するということ自体すでにある種の解決ではあるが。事実、生き残っている宗教的伝統の本質は、この超越というタイトルに集約される。[50] メタ・パースペクティヴから見るならば、両方の定式化は、同じ意味を有しているといえよう。

宗教の伝統的定式化のコンテクストの内部では、超越は与えられたものとして——創造に関する全知全能の力および／あるいは外部からの干渉として——理解される。人類学者あるいは社会学者から見れば、超越は問題の解決であるにすぎない。すなわち、世界の内部における意味の問題を解決するために、人間が想像的に創造したものである。どちらの見解も、相手の見解をそれなりに理解することができる。宗教的な考えからすれば、信仰をもたず、罪と有限な知識のうちに暮らしている社会学者に、超越の現実を理解する見込みはまったくない。社会学者たちは、禁断の木の実を口にしたということなのだろう。これに対して、社会学者が見るところ、宗教的なひとびとは、「潜在的機能」の問題に直面している。しかし、彼らは、彼らの信仰の機能に気づくことはできない。なぜなら、機能の自覚は、信仰そのものを破壊することになるからである。彼らは、彼らの信仰の機能を信仰することはできず[51]、「脱パラドクス化」を信じることはできず、日常生活という暗い洞窟のなかで生き続けなくてはならない。しかし、このような見解の相違は、異なる学問間の、あるいは知識人同士の、論争にすぎないかもしれない[52]。そして、これもまた、自己言及の実践にすぎないかもしれない。対立をもちだすことで自己自身の主張を作りだしているからである。なぜ、われわれは、この問題に取り組もうと決心するはずだと想定されているのだろうか。R・グランヴィルの言葉をもじっていえば、根本的なことについての問いが、根本的問いであるとは限らないのである[53]。

　こんにちの宗教的実践における中心的問題は、超越とのコミュニケーションの問題といってよいだろう。構造的な理由から、われわれの社会は、環境のなかのパートナーとのあらゆるコミュニケーションの試みを断念させる。宇宙は、口を閉ざしなにも語らなくなってしまった。しかし、神と人間との関係は、コミュニケーションでなければならず――それ以外になにがあろうか――、にもかかわらずコミュニケーションではありえない[*54]。

聖書は読まれ書かれるものという性格を強め、それに聖書自身が反応してきたように思える。神の声を「聞く」ことは、書かれたテクストとなり、過去の出来事の記録となった。したがって、かつてと同様な意味で神の声を「聞く」ことはもはや不可能であった。神は、みずからの声を聞こえるようにするために、御子をつかわさなければならなかった。神は御子を神の言葉としてつかわしたのである――御子を通した言葉（Eo verbum quo filius）。しかし、これもまた同じ書物の一部となり、今後、同じことがまた起こりうると受け取られることはないだろう。こんにち、このコミュニケーションの不可能性は、文書化によって強化されるだけではなく、全体社会システムの構造的発展によっても強められている。あらゆるコミュニケーションが社会を再生産し、完全に社会内部の作動であり続ける。さらに、人間だけがコミュニケーションの社会的ネットワークを支えることができる。神とのコミュニケーションは、ペットとのコミュニケーションのように、感情のうえで満足を与えられるかもしれない。しかし、すくなくとも観察者にとっては、それは、「声を聞く」ことと同様、現実性をいくぶん欠いている。公の場所で「神に呼びかけること」は、奇妙な振る舞いとみなされるか、さもなければ、たとえば車に貼られたステッカーなどと同じように、社会的意図をもったコミュニケーションとみなされることになる。われわれの普通のコミュニケーション理解では、人間が受け手であり、コミュニケーションに向けて意識が洗練されていることが想定されているし、共感がこのような想定をますます避けられないものとしている。

もちろん、われわれは、神とのコミュニケーションというとき、普通のコミュニケーション理解とはちがうことを意味していると言うことはできる。しかし、その場合、なにを意味しているのであろうか。また、われわれが言っていることをわれわれは意味していないと言えば、他者にはわれわれが意味することがわからないだろうということになるが、それを知りながら、われわれが言っていることをわれわれは意味していないなどと、そのパラドクスにとまどうことなく、言うことができるのだろうか。

能動的ないし受動的な超越とのコミュニケーションに対するいかなる試みも、われわれには放棄できる。しかし、その場合、われわれは、ひとびとを宗教に向かわせる心理的および社会的資源か、信仰の強化に頼らざるをえないということを認めるであろう。そして、またしても見えない神および神は存在しないかのように（etsi non daretur Deus）という状況に直面するであろう。われわれには教会がある。そこでは、神に呼びかけること、啓示を（あたかもコミュニケーションのように）解釈すること、そして祈ることが、適切で期待される振る舞いである。社会学の用語でいえば、教会は世俗的モーレスに対抗するモーレスを育成しているように見えるのだが、それがうまくいくためには、まさに世俗的モーレスとは異なっていることが決定的に重要なのである。宗教は、反適応的になったのかもしれない。[55] そして、それこそが、宗教が生き残り続ける真の理由なのかもしれないし、近年、宗教が再活性化している理由でもあるかもしれない。教会自身が、いまや、お祭りの場に、すなわち普通の秩序をひっくり返す場になったのかもしれない。[56]

このような考察を提示することは、社会学的な推論として理に適ったことかもしれない。また、もし宗教の機能は自己言及的システムとしての社会全体の本質に関わるパラドクスを指し示しているという事実がなければ、これは社会学の申し分のない理論となったかもしれない。しかし、一方でわれわれは、パラドクスの隔離、反適応的振る舞い、記憶の維持、そして、非日常的なものが日常的に、信じられないものが信じられるように、非蓋然的なことが蓋然的になる場所の保持が、問題の解決でありうるということを認めることができる。また他方で、機能的なパースペクティヴの一部として、機能的等価物を探し求め、われわれはこの種のパラドキシカルな解決で満足しなければならないのか、満足しなければならないとすればなぜそうなのか、と問い続けることができるのである。

第8章 政治システムのなかの〈国家〉

こんにち、国家論と政治システム理論とは、異なった科学的言説領域に属している。政治学者および社会学者は政治システムについて語ってきた。しかし、法的言説においては、すくなくともヨーロッパにあっては、国家概念のほうが好まれている。一方では、法それ自体においてその語が用いられていること、また他方では、あらゆる政治的活動の中心的焦点について語るという伝統が保持されていることが、その理由である。そのうえ、政治システムについて語るとなれば、われわれの主題は、経済システム、科学システム、教育システム、等々と同列レベルの社会のサブシステムに置かれることになる。国家のゼマンティクは、他方で、国家と社会との——国家は社会の外部に存在するということを示唆する——区別にもとづいている。そこで、国家は、社会を作り上げる素材をなす私的欲求や私的利害のネットワークとは異なる、法人あるいは一個の集合的行為者とみなされている。[*1]法律家にとってこの区別は、法的帰責に関わる一条件であると考えられよう。もし国家が、社会における偶然的な相互連結の外部に、意志の自由を有したそれ自体一個の実体として存在するものでなければ、どうしてある行為を国家の手によるものだとみなしうるだろうか、というわけである。

以上のことは、社会科学の見地からいえば、どうみてもひとつの法的フィクションである。社会的現実においては、国家は、公的官僚制以上のものでも以下のものでもないのであって、議会、そして裁判所、学校、さらには公共サービスがその領分とされる一方、政党、インタレスト・グループ、政治的目標を追求する社会運動、ないし有権者さえもそこからは排除されている。これらその他の社会的集合体ないし諸集団は、国家に「インプット」を与える。これらは、政治権力の中心としての国家を名宛人とする要求や圧力を組織するならば、そして、その場合にのみ、政治システムに帰属することになる。

政治的・法的諸問題へのこれら相異なるアプローチの存在ゆえに、本論の表題である「政治システムのなかの〈国家〉」という定式化は曖昧でその理解を困難なものとしている。それは、〈国家〉(state)という言葉の旧式の用語法である、一五世紀から一八世紀のヨーロッパでの慣例的用法を蘇らせる。[*2] ステートは、ラテン語のスタトゥス(status)のように、財政的、軍事的資産、対外的かつ対内的諸関係、善き思慮(good counsel)、そして幸運(good luck)をふくめて、単に現状ないし政治権力の現況を意味した。[*3] しかしながら、私の意図は、〈国家〉という用語の旧式の意味を調べようとか、日常語的、非政治的意味において用いようというのではない。私の欲するのは、政治に関する二つの話法、二つの言語、二つの言説形態の横断・切り替えをなすところにある。というのも、両者を互いに分離したままでいる理由は、私には見いだせないからである。

政治システムという用語は、システム理論という、きわめて一般的かつ強力な枠組みと結びつくという利点を有している。[*4] それは、特殊な政治領域を特別に重要視することなしに急速に発展している分析的能力を利用する。最近年におけるパラダイム転換においては、社会システム（social systems）およびその特殊ケースとしての諸社会（societies）をふくむ、自己言及的システムの一般理論の方向へと向かっている。[*5] この一般的枠組みにおいては、政治システム概念は、その他の社会事象からの政治の分化（の程度）を記述するのに用いられうるものとなっている。自己言及は、システム構築上のきわめて一般的な原理のひとつである。分化は具体的な歴史的過程として観察されうる。とはいえ、両者は同時に進行する。分化は、社会進化の広いコンテクストにおける自己言及的システムの分化である。

政治システム概念から始めることで、われわれは政治システムの自己描写として〈国家〉という定式を理解することができる。複雑な諸システムは進化の産物である。諸システムは、みずからの複雑性をシステム目標を達成するための手段として用いることはできない。なぜなら、諸システムは、みずからの複雑性をシステム内に取り入れることができないからである。そうすることは、それらの本来の複雑性を反射し、倍加させるだけであり、過度に複雑《ハイパーコンプレックス》なものになってしまうことになろう。システム内におけるシステムに関するあらゆる自己意識、およびあらゆるコミュニケーションは、自己単純化装置、すなわちアイデンティティを必要とする。政治システムにあっては、このような機能は、国家によって果たされているのである。

国家は、それゆえ、政治システムのサブシステムではない。それは、公的官僚制ではない。それは、諸決定が帰責される集合的人格という法的フィクションに尽きるものではない。*6 それは、政治的行為の準拠点として、政治システムに再導入された政治システムである。

このような理論的立場は、重大な利点を有する。それは、〈国家〉の定式の歴史およびそのゼマンティク的経歴に対する新たな接近通路を提供する。それは、立憲国家が政治システムのひとつの特殊類型であるという意味を明確にする。それは、福祉国家に関連した諸問題を切り開き、政治の中核的機能であるところの、「集合的拘束力を有する意思決定」のパラドクスの再検討を可能にする。

自己言及的システムの分化の増大として社会進化をとらえる理論的枠組みは、社会のもろもろのサブシステムが、分化によってますます複雑になるという仮定を生み出す。それら諸システムは、みずからの複雑性を用いる能力を喪失するであろうし、いかなる戦略的適応も開発されないとすれば解体してしまうであろう。そこにおいて、諸システムは適切な自己描写を必要とするのである。われわれは、それゆえ、(1)分化の増大、(2)分化した諸システムの複雑性の増大、そして(3)みずからの作動の前提としてシステムを用いることを可能ならしめる自己単純化装置の開発、ということがらのあいだにひとつの関係を想定しなければならない。事実、国家定式の歴史はこの仮定の正しさを立証すると思われる。

中世後期のヨーロッパ社会においては、政治単位は、家政経済からかなり独立したものとなり、諸人格の集合体から領土的単位へと発展していた。すでに宗教改革に先立つ宗教会議運動の世紀において、政治単位は、教会の公式方針への敵対者ないし協力者となっており、それによって宗教システムから分化していた。その結果、政治組織は――固定した境界の内部で諸国を統治し、また絶対的（すなわち、独立した）かつ主権的権力を維持しようと試みたのであるが――、ますます複雑なものとなった。[*7] そのためますます、それ自身の統一を表す代理表象を必要とした。[*8] 君主は――ヘーゲルにおいてさえも――、不可欠なシンボルと考えられた。君主は、かならずしも強力な人格であるとみなされたのではないが、人格の不可分性によって、複雑なるものの統一を代表的に具現するものとみなされたのである。

近代国家の端緒が、中世後期におかれるか、それとも一六世紀に至ってなのかということとに関しては多くの論争がある。どの場合であっても、ゼマンティクレベルでの突破、概念的再定式化は相対的に遅れて到来する。特別な国家理性（ragion di stato）に関する議論は、火よりも煙のほうを生じさせるものであった。マキャヴェリ自身はこの語を用いていない。本質的にいえば、特定の情勢、特定の責務あるいは公益は、法の適用を制限し、また一般に受容されている道徳規準を逸れた格別な権利を授けるものであるか否か、またさらに、自然法の内部ないし外部でいかにして法の適用を免れる特例を構築するか、ということが問題であった。[*9] 特例（derogation）の問題は、中世に起源を有している。[*10] 困難は、のちに国家緊急権（ius eminens）と呼ばれることになるものに対する限定条件を定式化することにあった。すなわち、君主の私的利害と公共の福祉上の配慮とを強いて切り離すことであった。それは、すくなくとも即座には、政治システムのアイデンティティに対し新たな概念を提起するものではなかった。

　これらの法道徳的諸問題ではなく、むしろ新たな複雑性問題が定式化を要請した。早くも一八世紀には、複雑性は政治理論の潜在的問題となり、[*11] と同時に、国家概念はその意味を日常語的なものから概念的なものへと転換する。それまでそれは、他の或るものの形容語で、その持続の変化する諸状況を描写するものであった。それは、それ自身の目的を表す言葉、政治的目標と諸活動の多様性の統一を表す言葉となった。このゼマンティク的変化をまって、君主は国家の第一の下僕であるということがいわれうるのである。一八世紀はなおも、古い「市民（すなわち政治）社会」の観念を保持し続けており、それゆえ、新しい国家のゼマンティクにもかかわらず、それと相並んで、非常に広い意味での「政治」問題が語られた。[*12]一九世紀は、その諸帰結を引き受けることになり、政治は国家に関連することがらのすべてというように定義されるようになる。

このようにして、国家の観念は歴史的概念となった。私は、この言葉によって、単に歴史のなかで用いられてきた概念であるということだけを意味しているのではない。歴史的概念とは、歴史において差異をつくりだす諸概念をいうのである。それらは、そのことによって歴史を動かす。歴史的差異はそのとき、それらの意味の要素に変わる。この国家は、実際のところ、近代国家である。[*13]国家の意味を描出するいかなる定義も――支配王朝と区別してのものであれ、あるいは社会と区別してのものであれ、所与の領域における実力行使が法人としてなされるか、それとも統一的決定権力としてなされるかに応じて定義されるものであれ――、その意味の一側面を把捉するにすぎない。国家の意味の完全な理解には、「国家」といったものが必要となるにいたった歴史的状況――すなわち、システムの自己描写のための定式が創案されねばならず、それなくしては要請された水準において政治システムの作動が立ちゆかなくなる、といった状況――の理解が要請される。[*14]

自己描写はシステムのアイデンティティを定式化する。しかしながら、アイデンティティは、差異を確立することによってのみ同定されうるものである。古代における市民社会の定式（その定義の焦点として、ポリテイア（politeia）／ポリツァイ（Polizey）を用いた）は、非文明的な野蛮状態との区別を仮定していた。一八世紀は、自然状態と文明との区別（この差異は分業の導入によって設定されている）を用いてその差異を再生したのであった。このようにして、ヨーロッパ社会は——自然的自由、自然的平等、自然道徳、あるいは自然的非抑圧的セクシュアリティの喪失といったあらゆる犠牲を払いながらも——、みずからを自然状態から文明状態へと進歩していくものとして描き出すことができた。

これらの描写はつねに、全体社会の自己描写であった。国家の観念は、はじめてきわめて新しいゼマンティク的布置を導入した。国家はもはや政治社会それ自体として考えられるのではなく、国家と社会との区別——おおまかには軍隊と資産との区別に相当する——によって定義された。*15 市民社会に関する伝統的ゼマンティクと比較すれば、それはもはや対外的な差異ではなく対内的差異、すなわち政治システムの描写に用いられる社会的差異といえるものである。

これらのゼマンティク的転換は、立憲国家（Verfassungsstaat）と呼ばれるようになるものの土台を準備した。憲法は、主権の自己限定という奇跡を演じるものと仮定された。その意味では、憲法は、ひとつの法律文書のなかで非制限的なものと制限的なものとを結びつけているパラドキシカルな制度である。君主が憲法を「授与」しなければならない以上、それは論理的不可能性の問題としてではなく、政治闘争の産物として理解された。憲法それ自体が、政治の可能性および制限を定義するひとつの政治的行為となった。憲法は、国家の属性として認知され、国家はその憲法によって弁別しうるひとつの実体となるのである。国家と憲法の両概念は互いに補強しあった。あきらかに、論理的障害はかならずしも実際的障害になることなく、政治的抵抗を遮断した。その帰結が、いわゆる「民主主義的な」政治権力機構というわけである。

以上は、よく知られた歴史である。しかしながら、われわれの分析レベルでは、いまだ疑問が残っている。それは、より簡略なかたちでいうならば、いかにして国家を政治システムの再組織化に用いることが可能であったのか。いったいこの自己描写のどのような内部構造が、基本的人権、権力分立、合法的抵抗、公職選挙をふくむ、複雑な憲法の諸規定の枠組みを生み出したのか、ということである。

これに対する答えは、再参入（reentry）という論理学概念を用いることで与えられよう。[*16] 他の或るものと異なるように、ひとつの形式を指し示すように設けられた区別が、その形式をふたたび書き入れる。外部、すなわちそこから区別が見られると想定されている側は、内部的な作動のひとつの前提条件となる。システムは、再参入を用いて、みずからを観察し描写することができる。システムは、それ自身と環境との区別をガイドラインとして取り入れることによって情報を処理することができる。それは、それ自身と環境との差異を知るだけではなく（それはあらゆる生命システムがなすものと想定される）、この差異を、システム内部における区別としてその差異の同一性を用いることによって制御することもできる。この意味で国家と社会との差異は、憲法とその解釈のための前提の肝要な要素になった。政治システムは、それゆえ、同時に二つの論理レベルで作動する。すなわちそれは、パラドキシカルなシステムとして作動するのであり、立憲国家はこの作動上のパラドクスに対する定式なのである。[*17] 自己限定のパラドクスは、差異化されたものへの差異の再参入のパラドクスによっておき換えられる。

欧州大陸的、とくにドイツ的な国家学説は、このパラドクスの神秘化、すなわち神学の模倣によってこの種の分析を妨げてきた。[*18] 国家は、現実的行為者、集合的個人、そして道徳の分有や服従を要求する精神的統一として描出された。実際のところ、自己の意に沿って振る舞う自由を是認することなしに、このパラドクスは容認できるものではなかった。システムの作動のガイドラインとなるには、パラドクスは、こういってよければ、脱パラドクス化されねばならない。国家の憲法は、そのような要請が充足されうる手段である。

政治における進化が進行するにつれ、国家定式も立憲国家から福祉国家へと移った。

このことは、国家がその憲法を維持できなくなったということを意味するのではない。もちろん、憲法なしにやっていけるということを意味するのでもない。そうではなく、それが意味するのは、憲法の法規範によっては解決されえない新たな諸問題が生起したということなのである。

これらの諸問題もまた、システムのパラドキシカルな同一性およびその自己描写の帰結と考えられるものであり、この場合においても、われわれは表層描写と深層構造描写との区別を必要とする。立憲国家は法的な外観と再参入の問題とを有しており、そうすることで立憲国家の外観を維持している。福祉国家はこの関係を転換し、それに新しい形態を与える。

通例の福祉国家の描写は、社会的任務および諸活動の増加という歴史過程に言及している。国家は次第に社会諸問題の解決に対する責務を受け入れてきている。このことは、財政負担の増大、官僚制化および法制化、そして国家にコントロールされた諸決定への日常生活のさらなる依存をもたらす。このように、国家の福祉国家としての描出は、成長の肯定、否定両側面の現象に、また成長は無限に持続するものではないがゆえに、成長に組み込まれた危機に関心の焦点をおいている。福祉国家は危機状態の国家であり、あるいはこうもいうことができよう。すなわち、それはみずからの危機を願い、それを国政当局の持続的変化の契機とすることのできる国家である、と。

しかしながら、以上は、第一水準の描写にすぎない。それは、政治システムの標準的自己観察を（立憲国家の憲法の適用に対応している）導くであろうが、しかしシステムの隠されたパラドクスに接近する手立てはなにも与えない。持続する成長はパラドクスではない。ただ不可能なだけである。潜在的問題はむしろ、新たな活動および新たな責務とあいまって、社会的、人間的、そして物理的環境にさえも及ぶ政治システムの影響力の増大のほうにあるように思われる。それは、古い解決から何度も繰り返し新たな問題が出現してくるという効果をもつ。諸問題および諸解決における国家の関与が増大するにつれて、環境は新たな諸問題——それらは、実際のところ、先行する諸政策の帰結なのであるが——をともなってシステムを圧倒する。プログラムは最上の意図をもって、とはいえ予期しえない、「直観に反した」諸帰結をともなって、作動にインプットされる。このような副作用は、国家の責任が無視しえない新たな係争問題としてシステムにフィードバックされる。このような仕方で、ものごとはたいていより困難なものとなる。というのも、国家は以前の目標を保持しがちであるうえに、追加される諸問題に対処しなければならないからである。立憲国家は、法からの逸脱を除去し、あるいは最後には法律変更の緩慢な手続きによって法を現状に適応させるといった、ネガティヴ・フィードバックのメカニズムにかなりの程度まで依拠することができたのに対し、福祉国家は、その諸政策のまさに構造としてのいや増す逸脱という、ポジティヴ・フィードバックに対処しなければならない。それはイナゴの一群ときわめてよく似ていて、疲弊するまで飛ぶことをやめられないのである。[*19]

この新しいパラドクスは、問題が解決をもたらすがゆえに解決が問題をもたらすということである。それゆえ、時間は重要な変数となる。このことはまた、時間を「節約すること」（すなわち、時間稼ぎ）や当面のあいだ決定を避けることは政治の中核的徳目となる。それゆえに、主権を有するのは最終決定の権限および権力を有する者ではなく、ある決定をなし自身の権力を行使する以外にその他の代替案がないという状況を回避する可能性を有する者なのである。

パラドクスは自己言及と論理的に等価なものであるから、社会進化はシステムのパラドキシカルな組成を回避することはけっしてできず、ただそのパラドキシカルな同一性と取り組む仕方を転換し更新することができるだけである、と予期しなければならない。同様に、それは政治の機能をみるにあたっても真実である。それは、集合的拘束力を有する意思決定の持続的可能性を備えていることとして定義されうるであろう。[*20] この定式は、他者に対する主権的意志を強化する可能性だけに言及しているのではない。この意志は、社会の外部に存在している（神のようななにものかの意志として）ものと考えることのできるものではなく、集合的拘束力を有する意思決定は意思決定者自身を拘束することを意味している。彼はそこで、係争問題に判定を下す能力を失い、費やし、保存し、そして、もしそのほうが都合よければ、自分の意見を変更しなければならない。

この問題は、人為的な複雑性を創出することによって、さらなる区別を導入することによって、そして、諸決定の変更の条件あるいは個々に変更されない条件を明文化することによって、「解決され」うるであろう。これらの諸条件は決定によって導入されねばならないがゆえに――たとえ憲法に関する決定であっても――、問題はそれ自身をより高度な水準で反復させるのである。いかなる不動点も、いかなる道徳律（Sittengesetz）も、いかなる公正の原理も前提とはならず、主権の恣意的、専制的な意志に枠をはめるものと仮定することはできない。そして、たとえそれが可能であるとしても、一八世紀の思想家たちが熟知していたように[*21]、それは主権に十分な抑制を課すものとはならない。上記の複雑性だけが助けとなるのである。

その社会的環境から機能の点でひとたび分化してしまえば、政治システムは複雑性を築き上げる。根本的なパラドクスは、一種の自己触媒装置――パラドクスはすくなくともすべての変化のあいだ存続する――のように作動し、進化は攪乱的な複雑性を除去することにつながる。このような見地から眺めた場合、国家とは、重要かつ、今日でも代替不可能な進化的普遍特性である。それは相対的に高度な複雑性を制御することや、拘束性を無効化したり再建したり、解消したり再導入したりするプロセスを制限する諸条件を折り合わせることを可能にするものである。

システムの一部分をもって当のシステムを制御するということは、もちろんのこと、まさに一般的な問題である[*22]。それは、再帰的な解決を要請するが、そのことはまた、とりわけ、すくなくとも二つのレベルでの自己観察能力を含意するということである。すなわち、全体（制御される）システムに対する自己観察能力と、制御する部分システムに対する観察能力とである。これらの諸問題を自己言及的システムの理論との関連で定式化すること——それらは政治理論の古典的問題なのだが——は、システム分化およびシステムの自律性に矛盾しない、いかなる解決もほかには存在しないという洞察を加えることである。概していえば、それはあたかも、進化が、論理的、数学的秩序にしたがって世界を産出するに際して時間を要しなかったかのようである。すくなくとも、進化はパラドクスの刺激的な力を利用したといえる。政治システムは、このような、みずからのパラドクスに取り組むことを通して秩序を産出するという仕方を共有するものであり、そのような宿命を矯正する方途はどこにもないように思われる。楽園の喪失はけっして偶然なのではないのである。

第9章　社会システムとしての世界社会

社会の概念

ヨーロッパの伝統においては、アリストテレスの時代からおよそ一八〇〇年にいたるまで、ひとつの非常に一般的な社会観念が残存してきた。この社会（コイノニア、ソキエタス（koinonia, societas)）という概念は、われわれが社会システムと呼ぶところのものとほとんど同一視されるものであった。包括的システムが、特殊な事例、すなわち政治共同体（コイノニア・ポリティケ、ソキエタス・キウィリス（koinonia politiké, societas civilis)）として考えられていた。[*1] このような概念化は、近代国家および産業経済の生成発展とともにその意義を喪失した。この古い伝統は復興されえない。[*2] しかしながら、それはけっして適切な理論的枠組みによっておき換えられてきたのではない。政治の支配的な地位を変更し、経済ないし文化をその地位につけようとする試みがある。そのような理論は、社会生活の現実の一側面をもって全体を代理表象させようとするものである。十全な理由が提起されることなく、経済ないし文化、あるいはふたたび政治の諸過程が、基底的事象として仮定されている。しかし、これらの基底的諸過程に関する理論は、これら諸過程がそれ自体、社会文化的進化の一部分をなすものである以上、ただ歴史的、相対的な妥当性を主張しうるだけである。

一般システム理論は、ひとつの新しいアプローチを提案している。一見すると、それはアリストテレス的な理論のように見える。社会システムについての一般的観念が、社会諸システムの特殊事例として包括的システムを定義するために用いられてきた。とはいえ、その趣旨は変化している。システム理論は、包括的システムの特殊な形姿を特徴づけるために都市ないしは国家といったものに言及することはない。この種の設計図で収めるには、われわれの社会はあまりにも高度に分化している。その代わりに、システム理論は、システム分析を用いて、全体社会システム(societal system)——「その他すべてのものをふくむ、あらゆる社会システムのなかでもっとも重要なもの」——を特徴づける諸構造および諸過程をあきらかにする。*3

さらには、各々の社会(societies)を社会システム(social systems)として把握することは、身体と精神とを有した人間存在が社会の「構成部分」であるといった伝統的な認識を排除する。社会システムは、有意味的コミュニケーションにもとづく自己言及的システムである。社会システムは、コミュニケーションによって、当該システムを作り上げている出来事（行為）を構成し、相互連結させる。この意味において、社会システムは「オートポイエティック」システムである。[*4] 社会システムは、システムの構成要素としての用をなす出来事を再生産することによってのみ存在する。それゆえ、システムは、システム自身が再生産する出来事すなわち諸行為からなり、この再生産が可能なかぎり存在することができる。このことは、もちろん高度に複雑な環境を前提としている。各社会システムの環境には、他の社会諸システムが含まれる（たとえば、ある家族にとっての環境には、その他の諸家族、政治システム、経済システム、医療システム等々が含まれる）。それによって、社会システム間のコミュニケーションが可能であるのだが、このことは、社会システムは観察システムでなければならず、対内的、対外的コミュニケーションのために、みずからとその環境との区別を用いることができ、その環境のなかの他のシステムを知覚するものでなければならないことを意味する。

全体社会（Society）は、ひとつの例外的事例である。それは、すべてのコミュニケーションを内包し、すべてのコミュニケーションを再生産し、そして、さらなるコミュニケーションのための有意味的地平を構成する包括的システムである。全体社会は他の社会諸システム間のコミュニケーションを可能にする。全体社会それ自体は、しかしながら、コミュニケートできない。すべてのコミュニケーションを包含しているがゆえに、対外的なコミュニケーションの余地がないのである。[*5] コミュニケーション的行為のための外的な言及対象をなにももたず、パートナーを探し出そうとしても、ただ全体社会システムを拡大するだけとなる。このことは、もちろん、全体社会が環境との連関なしに、あるいは、環境の諸状態ないし出来事を知覚もしないで存在するということを意味するのではない。そうではなく、コミュニケーションの過程によっては、インプットおよびアウトプットは遂行されないということである。システムは、コミュニケーション行為の有意味的要素《コンテント》に関しては閉じている。[*6] この要素は、システム内部での循環によってのみ現実化されうる。同時に、別の現実性レベルにおいてではあるが、システムはその環境との相互作用に、人間の身体、精神を利用する。

自己言及的コミュニケーション・システムの理論の論理は、ひとつの限界事例として、このような包括的システムの観念を要請する。社会システムの理論は、それ自身の論理にしたがって社会の理論に到達する。われわれは、社会の概念定義のために、政治的あるいは経済的な、または「市民的」ないし「資本主義的」といった言及対象を必要としない。このことはもちろん、近代国民国家あるいは資本主義経済の重要性を看過させようというのではない。反対に、これら諸事象に関して、その歴史的諸条件およびそれらの広範にわたる諸帰結を評価する独自の概念枠組みを、われわれに提供してくれる。このようにして、われわれは、特定の事実に対しての先入観を回避し、循環論法（petitio principii）の発生を回避するのである。

全体社会システムの諸類型

このような一般的アプローチの帰結のひとつは、さまざまな歴史的社会類型を識別する方法である。社会は、そのもっとも重要な部分をもって――それが宗教的コミットメント、政治国家、あるいは特定の経済的生産様式であろうと――、特徴づけられうるものではない。これらすべてに代えて、われわれは全体社会システムの固有類型を、その内部分化の主要様式によって定義する。

内部分化とは、システムがサブシステムを作り上げる場合の、すなわち、システムと（内的）環境とのあいだの差異をシステム内部で反復する際のその仕方を意味するものである。[*7] 分化の諸形態は、ある社会が達成しうる複雑性の度合いを決定する。社会文化的進化は、環節的システムをもって開始された。これらの社会のあるものは、家族あるいは村落という分化秩序の上に、より高度に分化した秩序、すなわち位階《ランク》身分に応じた階層（的秩序）を展開した。高度な文化を展開するに十分な複雑性を産出したあらゆる伝統社会は階層化社会であり、その意味ではヒエラルキー・システムであった。これらの社会は種々の地域的源泉から進化し、その貴族政治は土地および／あるいは都市をその基礎としていたがゆえに、互いの存在の相互認知およびそれに続くコミュニケーションが一定程度あったにもかかわらず、相異なる社会が共存していると想像することは、きわめて自然なことであった。社会についての理解は、それゆえ、どんなにその拡がりや境界が不分明であろうと一定の領土的な参照点を当然のこととしていた。*8

近代社会は、きわめて異質なシステム分化のパターン、すなわち、諸機能を焦点としたサブシステムの特殊な分化パターンを実現した。*9 中世ヨーロッパ社会における特殊な諸条件から出発して――というのもそこには宗教、政治、そして経済の相対的に高度な分化が存在していたからだが――、ヨーロッパ社会は機能的に分化したシステムへと進化した。このことは、システム構築の支配原理が、位階身分ではなく機能であることを意味する。近代社会は、政治サブシステムとその環境、経済サブシステムとその環境、科学サブシステムとその環境、教育サブシステムとその環境、等々というように分化している。これらサブシステムは、それぞれ独自のコミュニケーション過程を有するがゆえに、それぞれ自己の機能の卓越性を強調する。各サブシステムにとっては、自己以外の諸サブシステムはすべてそれらの環境に属し、また逆も同様である。

このような機能的分化形態を基礎とすることによって、近代社会はまったく新しいタイプのシステムとなり、前代未聞の高度の複雑性を構築するにいたった。サブシステムの諸境界は、もはや共通の領土的境界線によって統合されてはいない。ただ政治サブシステムだけが、領土的境界を用い続けている。というのも、「諸国家」への分裂という事態がその機能を最高度に用いる方途として現れるからである。しかし、科学あるいは経済といった、それ以外のサブシステムは地球全体に拡がるものとなる。それゆえ、全体としての社会を領土的境界によって限定することは不可能となった。したがって、複数形で「近代諸社会」(modern societies)を語ることはもはや理にかなったことではないのである。唯一の有意味な境界は、コミュニケーション的行動の境界、すなわち有意味的コミュニケーションとその他の諸過程とのあいだの差異である。さまざまな再生産の仕方も、またさまざまな国々の発展度も、もろもろの社会を区別する納得のいく基盤を提供するものではない[*10]。

ひとつの全体社会システムにすべてのコミュニケーション的行動が包含されるということは、機能的分化の不可避的結果なのである。このような分化形態の活用によって、全体社会はひとつのグローバル・システムとなる。構造的理由から、べつの選択肢はありえない。世界概念をその現象学的意味において解釈すれば、あらゆる社会はそれぞれ世界《ワールド》社会《ソサエティ》であった。すべての社会は必然的に、それらがコミュニケート可能なすべてのことがらを包摂する地平の内部でコミュニケートするのである。すべての暗黙の意味の全体が、それらの世界を構成している。しかしながら、近代的諸条件のもとでは、つまりは機能的分化の一帰結として、ただひとつの全体社会システムだけが存在しうる。そのコミュニケーション・ネットワークは地球全体に拡がっている。それは、あらゆる人間的(すなわち有意味的)コミュニケーションを包含している。それゆえ、近代社会は、二重の意味で世界社会なのである。それは、ただひとつのシステムにただひとつの世界をあてがい、あらゆる世界地平を統合してただひとつのコミュニケーション・システムの諸地平とする。現象学的な意味と構造的な意味とが収斂するのである。可能世界の複数性は想像できないものとなっている。全世界的なコミュニケーション・システムは、あらゆる可能性をふくみ込んだ唯一の世界を構成する。*11

これまで社会概念の定義をするとき、私は注意して、社会統合に関するいかなる言及をも避けてきた。社会の概念は、（国民国家のような）いかなる種類の分有されたアイデンティティ（pooled identity）も分有された自尊心も前提していない。とくに近代社会は、どのような程度の生活諸条件の不均等があっても、それがコミュニケーションを阻害しないかぎり、その不均等と両立する。自己言及的システムは、その諸要素を構成し、それによってその境界を維持する仕方によって定義される。システム理論においては、主導的な原理ないし主導的価値の同一性におかれてきた伝統的な強調にとり代わって、システムと環境との区別が措定される。同一性ではなく差異が、情報の認知と処理の可能性を提供する。システムと環境との差異の鮮明さが、システム統合（これがなにを意味するものであっても）の程度よりも、より重要なものとなるであろう。というのも、形態発生過程は差異を活用して創発的構造を構築するのであって、目標や価値、あるいは同一性を用いてそれをなすわけではないからである。

非コミュニケーション的事実および出来事から輪郭の明確な境界を有しつつ、差異化しているコミュニケーション的行動があることにより、近代社会はいかなる伝統社会よりも高度に社会システムなのである。それは、先行するいかなる社会よりも自己調整的な過程に依拠している。そして、このことは、近代社会があまり高度な社会統合を生み出せないことの理由のひとつであろう。

計画と進化

いかなる社会も、今までのところでは、みずからを組織化すること、すなわちみずからの構造を選択し、それを構成員の受け入れ、および退去の諸規則として活用することには成功してこなかった。[*12] それゆえ、いかなる社会も計画されえない。このことは、単に計画というものはその目標を達成しないものであるとか、予期せざる結果をもつものであるとか、あるいはそのコストは有用性を超過するであろうとかを意味するだけではない。計画の第一の障害は、観察と描写の問題に関わるものである。分化した諸システムの観察は、深刻な困難を提示する。システム理論家は一般に、詳細な観察および描写の一条件としてヒエラルキー的構造を前提している。[*13] ここでのコンテクストでは、ヒエラルキーは命令権の連鎖を指すのではなく、サブシステム構築における推移性（transitivity）を意味している。サブシステムは、この推移性規則にしたがって、サブシステムの境界の内部においてのみ発展が認められるというものである。このような見込みは、ある程度は、諸組織のレベルにおいて現実的であろうが、全体社会やその主要な諸サブシステムのレベルでは非常に非現実的である。*14 どんな分化パターンも、階層身分によるものであれ機能に照応したものであれ、さらなるサブシステム構築のすべてを本来の《プライマリー》分化図式にしたがうように誘導することができない。全体社会は、それゆえ、その観察のために、さらにはまた計画的変化のために必要とされるそれ固有の合理性を欠いているのである。

社会を計画することは、また諸計画の精緻化と実行が、つねに全体社会システム内部での諸過程として作動せざるをえないがゆえに、不可能である。社会を計画する試みは、計画立ておよびその他の行動諸形態がお互いに並行して存在し、相互的な影響を及ぼす状態を創出するであろう。計画家はシステムの描写を用いねばならず、そうすることによってそのシステムに、システムの複雑性の単純化された解釈を導入することになる。しかし、それは、みずからの内部にみずからの複雑性の描写を内蔵した超複雑的《ハイパーコンプレックス》なシステムを産出するだけのこととなろう。システムは、そこで、みずからの描写をふくみ込んでいるという事実への反作用を促進し、そして、そのことによって、その描写を変造することになる。計画家は、そこにおいて、計画を更新し、超複雑性を包摂すべくシステムの描写を拡張せねばならなくなる。計画家は、再帰的計画化を試み、彼らの活動への反作用をも考慮しようとするだろう。しかし、実際のところ、それ自身の活動によって必然的に無効になってしまう単純化装置を用いて、システムのメモリーの書き込み、書き直しができるだけである。

以上のことすべては、もちろん、計画家が積極的であることを妨げるものでも、活動が計画されることをも妨げるものでもない。計画することによって、われわれはあらかじめどのような資源と活動を投入するかを明確にすることができ、また多かれ少なかれ効果的に、さらなる決定の前提を決定することができる。われわれは、どのように生産計画や選挙キャンペーンが統制されているかを知っている。われわれは、戦争（もちろん、防衛的なものだけだが）を計画し、保険要綱を計画し、学校カリキュラムを、交通の流れを、マスメディアのプログラムを、そしてそのほか多くのものを計画する。小さなシステムの内部では、また大きな組織された社会システムの内部でさえ、もろもろの活動が構想されたとおりに遂行される機会は相対的に高くなっている。このことは、かならずしも効果が意図されたとおりになったということを意味していない。そしてまた、たしかなことだが、全体としての社会が計画された方向に展開するということを意味するものではない。

全体社会システムは、進化によってのみ、その構造を変化させることができる。進化は自己言及的再生産を前提とし、変異《バリエーション》のメカニズム、選択《セレクション》のメカニズム、安定化《スタビリゼーション》のメカニズムの三つが分化することで、再生産の構造的諸条件を変化させる。[*15] 進化は、正常な再生産からの逸脱によって生じる。そのような逸脱は、一般的には偶然のものであるが、社会システムの場合には意図的に産出されうる。進化は、しかしながら、目標も見通しもなく作動するものである。それは、システムにいっそう高度な複雑性をもたらし、長期的には、非蓋然的な出来事を蓋然的な出来事へと転換することがありうる。[*16] そこで、観察者は（もし彼自身の自己言及的手続きが彼にそうするよう確信させれば）、それを「進歩」とみなすことになろう。進化の理論のみが、環節から階層化へ、そして階層化から機能的分化——機能分化は現在の世界社会をもたらした——への構造転換を説明できる。繰り返しいうが、観察者だけがこれを進歩と見るであろう。[*17]

ダーウィン以降の数十年は、（創造者をともなった）創造対（創造者をともなわない）進化の二者択一に熱狂していたのに対し、計画的な人間進化の思想が、生物進化とは区別されて、のちには社会ダーウィン主義の第一の波にとって代わった。[*18] しかし、近年の研究では、計画と進化との関係に関する第三の解釈が強力に提唱されている。進化それ自身は、けっして計画されえない。計画的な進化とは、形容矛盾（contradictio in adiecto）だというのである。しかし、計画化を取り入れようとする自己言及的システムは、超複雑的なものとなり、そのみずからの複雑性に対処する仕方に反応せざるをえなくなることによって、その進化の速度を上げるであろう。これが真実であるならば、世界社会は、意図的な計画化がなされるほど、いっそう予期せざる（そしてより急速な）進化をもたらす諸条件に直面せざるをえないであろう。

機能的分化のパラドクス

もろもろの問題は、システムと環境との区別が作られるその仕方の帰結である。それゆえ、全体社会システムの最重要な問題はことごとく、社会内でのシステムと環境の分化を促進する仕方による、直接的あるいは間接的な結果である。その意味で、もろもろの問題は、われわれの社会にあっては、機能的分化の帰結といえる。それらの問題は、計画の結果ではなく、進化論的発展の結果であり、また近代における生活の利点のすべてと相互に結びついている。われわれは、近代生活のこの諸条件を変更しようと真剣に望むことはできない。というのも、われわれは、その基礎的なシステム分化の様式に代わるべきものを想像することができないのであり、いずれにせよ、われわれは計画によってこの社会の分化類型を変更することはできないのである。

しかしながら、われわれは、この社会類型にともなって生じる特殊なリスクを分析することはできる。進化とは、すでに述べたように、「コスト」の増大をともなった、非蓋然的な状態の蓋然的な状態への転換である。「社会を変化させよう」と意図することなく、われわれは、構造とその結果として生ずる一連の問題との関係に気づくことができる。一見したところでは、自己破壊メカニズムが作動していることさえある。たとえば機能的分化は、均等性を前提にすると同時に不均等を創出するものである。均等性を前提にするというのは、それが特殊な諸機能にしたがって（たとえば、学校においては、学業成績やさらなる教育の見通しに応じて）のみ差別的扱いをするからであり、またすべてのひとが、均等な機会を基盤としてそれぞれの機能的サブシステムに包摂される場合に（周辺人、無縁者（marginalidad）の回避）、社会システムはもっともよく作動するからである。しかし、それは不均等を創出する。というのは、ほとんどの機能的サブシステム（とくに、経済、教育のサブシステム）は、差異を増大させる傾向をもつからである。初めの小さな差異が――信用におけるものであれ、教育機会のそれであれ、あるいは学問上、芸術上、政治上の「名声」であれ――、結末においては大きな差異となる。それというのも、機能的サブシステムは、差異を活用して、その特殊機能の遂行に差異を用いるからである。そして、そこには、階層化のようにこの過程を制御しその限界を定めるような、上位にたったメカニズムはもはや存在しないからである。全体社会は、それゆえ、不均等を増大させる方向へ向かう傾向をもつ。すなわち、それは、差異を利用することも、それらの差異に機能を提供することもできず、いい換えれば、有意味な階層化的分化の状態に復帰することができず、諸階級間の差異、諸地域間の差異を累積するのである。

　自己破壊的ともなりうるような、この種の内蔵されたメカニズムの別の例は、解体と再結合との関係として描出しうる。以前には自然な単位（「個体」（individua））とみなされていた諸要素は分解可能なものとなり、それらを構成していた諸要素が再結合に利用可能なものとなった。物理学、化学、そして遺伝子生物学の発達を、のみならず、経済の分化および組織化の発達の帰結としての人格《パーソン》（諸個人）の役割、行為、あるいは動機への解体を想起することができよう。これらの発達もまた、機能的分化の帰結なのである。解体（dissolution）あるいは分解（decomposition）は、しかしながら、再結合の機会を提供するだけではなく、相互依存をコントロールする新しい形式を要請する。単一化された諸構成分子あるいは諸動機（あるいは単一化された諸人格でさえ）が、予測しがたい仕方で結びつくこともありうる。この問題は過小評価されてきたものであり、長いことシステムと環境との区別の背後に隠されてきた。解体することおよび再結合することは、システムの戦略であったし、相互依存性の変化はシステムの環境において生じた。経済生産の「社会的費用」という有名な問題は、このような状況の例証となる。システムは、一般には、みずからのインプットおよびアウトプットに関連づけて、環境における選択された事象あるいは出来事を制御する。システムは、環境における相互依存性を制御しえない。非蓋然的な成果をもたらそうとして諸システムを信頼すればするほど、われわれは新しく、また意外な諸問題をますます産出することになってしまう。この新しい意外な諸問題は、新しいシステムの成長を促進し、新しいシステムはふたたび相互依存性を妨害して新たな諸問題を産出し、また新しいシステムを要請するということになるのである。

以上をすべて「資本主義」に帰してしまうのは気楽な自己欺瞞である。資本主義それ自身は、全体社会的結合体《ボンド》からの経済システムの分出・分化以外のなにものでもなく、それはけっして機能的分化の唯一の実例なのではない。「資本主義社会」概念は、より良い社会と想定される非資本主義社会へとわれわれを導く諸構造がシステム内にあると想定することを容易にする。しかしながら、システムの見地からは、それはきわめて疑問のある手続きである。というのも、ひとつのシステムの統一性を、変化させられうるところの当のシステムの内部にある特殊な諸構造を示すことによって定義することは不可能だからである。システムの統一性《ユニティ》は、システムの自己言及性であり、その変化はつねに、当の「システム」に抗してではなく、その内部での作動を要するであろう。

機能的サブシステム・レベルにおける進化

私の議論は、二つの陳述に要約することができよう。(1)機能的に分化した世界システムは、みずからの必要条件を掘り崩すものと思われること。そして、(2)計画化は、進化におき換わることができず、それどころか、それはよりいっそうわれわれを非計画的進化論的発展に依存させるものであること、の二つである。実際に、これが真実であるならば、さらなる進化の見通しは再検討するに値するということになろう。

社会や文化をその環境とする、人間有機体のレベルでの生物学的進化の持続的過程といったものが存在するかもしれない。それは、私の論題ではない。社会システムは、新しい分岐ではなく、秩序一般の進化の別種の水準に属すのである。もしあらゆる社会システムが、こんにち単一の世界社会に属すのだとすれば、進化の理論は新たな種類の問題に直面する。すなわち、社会文化的進化のレベルは、ただひとつのシステムだけによって描き出されることになる。そこにはもはや、進化がそこから上首尾のものを選択しうるところの数多くの社会というものは存在しない。ただひとつのシステムの進化。それは可能だろうか。ないし、それは、ほとんど確実な破滅の見通しなしに可能なのだろうか。このような状況において、ひとつの代替案をさらに考察することが必要とされる。機能的分化は、機能的サブシステムのレベルにおいて一種の自己言及的自律性を構成する。このような秩序類型は、それがひとたび獲得されたならば、それら機能的サブシステムのレベルで進化論的諸過程を開始するだろう。全体社会システムの一般的枠組みの内部で、われわれは複数の進化論的発展をもつことになろう。経済サブシステムは進化するであろうし、また学問サブシステムも、そしておそらくは他のものも、それぞれ自己以外のサブシステムをみずからの進化のための環境としながら進化するであろう。世界社会のシステムは、その内的な進化のために十分に飼い馴らされた「内的環境」をもたらしている。にもかかわらず、それ自身の進化は多かれ少なかれ、その内的環境のなかでの進化論的諸過程の成果に依存するようになる。

実際、関連文献を調べてみるならば、われわれは、ダーウィン進化論に由来する諸概念の見地からの、機能領域の歴史および発展を再構成しようとするいくつかの試みを見いだすることができる。[19] 個々のサブシステムは、それ自体の自己言及的再生産様式——たとえば、経済における十分な量の流動資本の再生産、あるいは法システムにおける法的「訴訟」の再生産——を実現するであろう。それゆえ、変異、選択、そして再安定化諸過程を解き放ち、その再生産様式から逸脱するそれ固有の方途を見いだすであろう。異なったサブシステム間にはそれぞれにおける「加速装置」——たとえば、経済システムにおける信用取引、法システムにおける法律制定——が存在し、構造転換の機会およびスピードを増大させるであろう。このことは、全体システムの「適応能力」を「アップグレード」するであろうが、[20] しかしそれは、けっして社会のシステムとその自然的環境、そして人間的環境との発展的な関係を保証するものではない。進化はいずれにせよ予見不可能なものである。こんにちの分化した社会のさまざまな機能諸領域は、別々に、とはいえ相互に関連して進化するので、この予見不可能性を強めることになろう。それらの相互依存性は将来に関してより高度な不確実性をもたらすであろう。それは、進行していることがらを観察するわれわれの能力を強化することを、これまでになくいっそう重要にするであろう。

自己描写とシステムの部分としての理論

自己言及的システムは、その語が意味しているように、そのシステム自身に関する描写をそのシステム自身に挿入する。これら自己描写は、さまざまな複雑性のレベルで定式化されうるものである。たとえば、これらシステムは、みずからを単純化された自己イメージで同定するかもしれない。あるいは、みずからを指し示すのに、こちらの側面には関連づけるが他方には関連づけないといった、一種の戦略的差異を用いるかもしれない。[*21] 諸システムはまた、みずからを「複雑な」ものととらえることさえあるだろうし、システム自身の複雑性をめがけて——「複雑性」が、完全な理解および制御のために要請される情報の欠如に関する情報ととらえられれば——システム自身を定位することもあろう。[*22] しかしながら、諸システムが、システム自身を対象化することはできず、対象（物）としてみずからの役に立てることはけっしてないであろう。以上の認識は、自己観察概念を修正するものである。

社会システムは、もちろん、人間個人のような自己意識的単位ではない。諸社会は、内省によって接近できる集合的精神を有してはいない。社会システムのレベルにおける自己観察には、社会的コミュニケーションを用いねばならない。自己観察的コミュニケーションは、コミュニケーションそれ自体によって産出され再生産されるシステムに言及する。この意味において、自己観察は、コミュニケーション・システムとシステムの部分である観察自身との双方に言及する自己言及的コミュニケーションを要請する。

近代社会はさまざまな機能的部門内での自己観察の手段としての諸理論を、ある程度、発展させてきた。一八世紀にあっては、ヨーロッパ社会は、さまざまな機能的サブシステムにおいて出現した同一性と秩序に関する新たな中心問題を認識した。これら諸問題は、階層化だけではもはや解決不可能なものであった。そのような観察が、これら同一性問題を焦点とした新たな種類の諸理論を、そして機能的分化のラインに沿って理論それ自体を分化させた、新たな種類の理論的反省をもたらした。政治的反省は、主権の問題、すなわちあらゆる紛争に裁定を下すことができながら、その行使が専制的であってはならないという問題について論じねばならなかった。立憲国家がその解決法であった。認識論では、主観的認識と客観的現実とのあいだの差異の問題に直面することとなり、相異なった解決法が、常識哲学者（クロード・ビュフィエ、トーマス・リード、デーヴィッド・ヒューム）および超越論の陣営から提起された。国民的、国際的経済は、経済活動の統合の基礎範型として、生産、交換あるいは分配を焦点にした諸活動に固有の理論を要請した。法理論は、法の全体は、法的決定に、またそれゆえに法的規則の生産を調整する法的規則に依拠したものであるという事実を認識しなければならなかった。自然法に準拠することは、「実定法の哲学」（フォイエルバッハ）あるいは純粋に歴史的な根拠（ザヴィニー）によって駆逐され、おき換えられねばならなかった。愛の理論は、（両親や夫、その他の外的な状況にではなく）愛それ自体をそれ固有の厄介事に責任を負うべきものとしてとらえ、その解決法としての結婚に焦点をおいた。教育にとっての中心問題は、人間的完全性と人間的有用性との差異の増大にあり、それは個人という新しい概念によって解決、ないしはすくなくとも軽減されたのであった。

さまざまな機能的サブシステム内部におけるこれら準－科学的自己観察の第一の波のあいだには、魅惑的なほどの類同性が存在する。これら諸理論のすべては、自己再帰的《リフレキシヴ》基礎づけ（すなわち、法の上に法を、教育の上に教育を、愛の上に愛を基礎づける）に関連しており、またそれらそれぞれのサブシステムの自己言及的自律性に関連しているのである。この意味において、それらは普遍的、世界的な妥当性を主張しうるであろう。ひとたび分化すれば、諸理論は、内的変異に関しても、批評に関しても、変化に関してもさまざまな原動力をもつ。カントからポパーへ、アダム・スミスからケインズへ、フンボルトからディルタイへ、フォイエルバッハからケルゼンへ、立憲国家の理論から福祉国家の理論へ、と多かれ少なかれ根底的な諸変化が生じた。しかし、これらの類同性は可視的になることもなく、これらの諸理論が、各機能的サブシステムにおけるみずからの効果を説明する自己言及的枠組みを発展させることもなかった。

ひとつの興味深い例外は、愛である。一八世紀までに、そしておそらくはそれ以前には、情熱的な愛のゼマンティクは、実際の愛の関係に対するそれ固有の攪乱的影響をもたらしていた。愛について書かれたものを読むことは、愛を予習することであり、疑いを刺激することであり、本物でない感情や本を読んで知った情動だという自覚をつくりだすことである。[*23] 愛のコードは、それ固有の領域に再参入し[*24]、そこでその文化的命令規範は捨て鉢の、だがそれにもかかわらず愛の諸関係として諸関係を定義するためには用いられざるをえない、自己破壊的諸規則となる。

ときには、われわれは他の分野における同様の議論を見いだすことができる。たとえばザヴィニーは、実定法の理論に異議を呈する。もし実定法の理論が知られ適用されたならば、ひとびとの信頼を掘り崩し、敏速な法変更をもたらし、正当性を破壊するであろうという理由で反対するのである。[*25] 見えざる手に代わるケインズ主義的計画の見える手も、その意図とは逆の効果を帰結するかもしれない。しかし、そのような再参入に関する反省はまれであり、秩序を破壊するかあるいは再神秘化するかのいずれかになる傾向がある。概して、「科学的」妥当性の要求は、自己言及および循環的推論の公然たる承認を拒んだのである。

しかし、こんにちでは科学論自体が、自己言及的諸構造を取り入れている、自然化した(神経生理学的、生物学的、サイバネティクス的、社会学的)認識論の方向に変わってきている。[*26] 普遍主義的科学理論は、科学および認識それ自体にも適用される諸概念、すなわちシステム、進化、コミュニケーション、複雑性、意味といった諸概念を用いる。もろもろの理論は、理論が描写する対象世界の内部に理論自身が姿を現すということを認めざるを得ない。多くの論理学的、方法論的警告にもかかわらず、自己言及的システムの認知は広がりつつある。

これら純粋に理論的な諸発展は、即座の「実用的」な帰結をもたらすわけではない。しかしながら、それらは、全体社会システムが、もろもろの理論を自己観察の道具として活用しうるその方法を変更するであろう。近代社会における社会構造およびゼマンティクは、ヨーロッパにおいて育まれてきた。それらの現在の形状は、特定の地域的かつ歴史的な諸状況を活用した進化論的転換の産物である。ヨーロッパ的背景のインパクトはいまだに強力であり、それだけにいっそう、この伝統が、社会に関する適切な理論をわれわれに提供しないという事実は注目に値する。概してこの一〇〇年のあいだ、理論題材は変わっていない。カール・マルクス（一八一八―一八八三）の理論のほとんど信じられないような復興が、このテーゼを裏付ける。部分的諸構造が、「資本主義的」、「産業的」あるいは「ポスト産業的」社会として全体システムを特徴づけるのに用いられている。進化論は構造変化（過程ではなく!）だけを論じるものであるのだが、進化は歴史的「過程」としてとらえられている。自己言及は、他方において、「主体」のなかに閉じ込められ、「世界」は非対称的な技術的利用を受け入れるものとして外部におかれた。これらのゼマンティク的諸装置の相互依存を看取することはたやすい。すなわち、一方における諸差異を、他方における過大評価そして思い込みで埋めあわせているのである。これらは、社会を技術的改善ならびに人間主義的な改善という対になった方向へ推し進める。しかし、自己観察のための理論枠組みはなんら提供されはしない。

システム理論は、自己観察――すなわち、社会内部において社会についてコミュニケーションすること――の手段を改善する確かな能力を有している。それは、国際語であり、特殊な利害関心を防護するために構想されたものではない。通常考えられているのとは逆に、現代のシステム理論の焦点は、同一性ではなく差異に、制御ではなく自律性に、静態的ではなく動態的安定性に、計画ではなく進化におかれているのである。すくなくとも、この方向にシステム理論のものの見方を変化させる顕著な展開が見られる。しかしながら、これらは、世界社会のひとつのサブシステムの諸サブシステムの諸サブシステム内における諸発展である。それらが、いかにして全体社会的な自己観察過程のための共通言語となりうるかをとらえるのは困難である[*27]。さらには、システム理論は、それ自身ヨーロッパ的伝統の優勢な諸傾向を乗り越えるべく闘っているのだが、それだけシステム理論はいっそう複雑な（モデルや諸変数に関していえばよりいっそう錯雑な）ものとなっている。評価することも理解することも困難なものとなっている。結局のところ、もっとも緊急な諸問題の解決法はなにも見いだせておらず、有望な見通しもなしに言い直しをしているだけである。以上すべてを考慮してみれば、システム理論が共通言語になるといった成功をおさめるのはとてもありそうもないことに思われる。他方で、われわれは、より高度な知解可能性《インテリジビリティ》に達する魅惑的な諸可能性を見ることもできる。そのためには、現在のところ、仕事に専念し「明確な定式化を行う」という一種の禁欲的な態度を要請する――夢も見ず、恐れもなしい、(nec spe nec metu)。不首尾のままかもしれないが、それが意味のないことだとは私には思えない。

第10章　芸術作品と芸術の自己再生産

以下の分析は、二つの抽象化によって導かれている。[*1] 第一には、ここでの抽象化は個々の芸術諸形態のあいだのもろもろの差異すべてを度外視している。文芸であるかもしくは演劇であるか、造形芸術であるかあるいは音楽であるかといった違いは重要ではない。社会的コミュニケーションが客体を（どのような規準によってであれ）芸術作品として取り扱うかぎりにおいてのみ関与的なのである。私の関心は、特殊な美／醜のコードにしたがった芸術分化の諸帰結にあり、したがってここでは個々の芸術形態は直接的には重要性をもっていない。

第二の抽象化は、問題の構えを決定するパースペクティヴに関連している。それゆえ、これについては、よりいっそう広範囲の説明が要請されよう。

われわれは、じつのところ、ウンベルト・マトゥラーナの示唆によって「オートポイエティック」システムと呼ばれている、ある種のシステムの存在を識別することができる。

これらのシステムは、みずからを構成する諸要素を、みずからを構成している諸要素を用いて産出する。したがって、それは自己言及的に閉じたシステムの問題、ないしより正確には、その環境（Umwelt）との関係を循環的に閉じられた作動的連関に基礎づけているシステムの問題である。この種の自己言及は、ただ単に反省を、すなわちシステムがそれ自身の同一性を観察し、描写できるということだけを意味しているのではない。統一体としてのシステムにおいて機能するものはすべて、システムそれ自身を通してその統一性を受け取るのである。またこのことは構造や過程に対してのみならず、システムそれ自身にとってそれ以上に分解されえない個々の諸要素に対してもあてはまる。

　この理論にしたがって、社会をひとつのオートポイエティック・システムとして定義することは困難ではない。社会は、コミュニケーションによって成り立つことが可能となり、また社会を成り立たせているコミュニケーションによって再生産される。コミュニケーションの統一体とみなされ取り扱われるものは、環境によって前もって与えられうるものではなく、他の諸コミュニケーションとの関連——とりわけ有意味な否定（反省）という条件——によって与えられるのである。オートポイエティック・システムという概念は、このようにして全体としての社会に適合し、同時にこの概念は、システムとしての社会とその環境との——そこにはいかなるコミュニケーションも存在しない——明確な境界画定に導く。そこで、問題は、システムとしての社会が社会システムの領域におけるオートポイエーシスの唯一のケースであるのか、それとも他の社会システムもまた、そのような自己言及的に閉じた構造形態および諸要素の構成における自律性を獲得しうるのか、しうるとすればどのような社会－歴史的諸条件のもとにおいてだろうか、ということである。

私の仮説は、近代社会の構造はオートポイエティック・サブシステムの形成を可能にしている、というものである。それが生起する方途は、社会システムの機能的分化によって規定されている。かならずしもすべての機能システムが、オートポイエティックな自己再生産を可能にする自律的分化の段階に到達してはいない、というのが真相のように思われる。論理的、法則的強制が明白でない以上、われわれはケースに応じて、諸機能システムが、一定の自律性および調整能力に到達するのみならず、それらを構成する諸要素を産出することができるかどうか、またどれくらいの発展水準でそうなるのかを考察しなければならない。

このことは、近代社会における法システム、経済システムに対して、十分な明瞭さをもって示すことができる。前者においては、システムは、規範的な法的予期のコミュニケーションによって自律的なものとなる。すなわち、システムは当該システムの他の諸要素への言及によってのみ妥当性が確認される。後者にあっては、システムは貨幣の支払いから構成されており、貨幣の支払いのシステムは貨幣の支払いを前提としまたそれを可能としている。このことをここで十分に詳述することはできない。いずれにせよ、まさにこれら二つの機能領域が、高度に発展したシステム・テクノロジーを擁して配置され、また近代社会の発展の自由主義的局面において社会を象徴しえたことを偶然と理解することはできない。

すべての機能システムについて、差異的な閉鎖性と自己言及的な閉鎖性との結びつきについて、それが環境に対して開かれ、かつ複雑な関係の基礎となっているのではないかという、同じ問いを発することができる。この結びつきが作られる場合にのみ、閉鎖性と開放性は増大し、より複雑なものとなりうる。以下の考察の主旨は、このような機能システムのひとつ、芸術作品の生産と受容に関わる社会システム（芸術システム）に振り向けられている。また、この限定された枠組みにおいて論じることができるのは、このシステムがその諸要素の決定に関して自律性を獲得し、自己言及的閉鎖性を実現しようと努め、まさにそれによって、その感受性をその環境との関連において発展させようとする際に生じてくる、いくつかの問題だけである。アドルノに対抗するようだが、ここでの問題は、「社会に対する自律性」に関わるものではなく、社会内部における自律性に関わるものである。われわれは、芸術の社会的本質を、否定性、すなわち「社会に対して対極的な位置」[*2]においてとらえるのではなく、特殊な機能の解放は社会の内部においてのみ可能だという事実においてとらえている。

まさしく、近代社会において達成された芸術の自律性は、社会的依存関係を排除するようなものでも、芸術を希望のない周辺化に追い込むようなものでもない。まったく反対に、芸術は、自律的なシステムとしてその進路を見いだそうとするものであるがゆえに、近代社会の運命をともに分有しているのである。

芸術が近代社会においてオートポイエティックな機能システムとして分化を完遂しているということは、美の伝統的基準、表象の機能、さらには芸術作品の象徴的特性に疑義を申し立てるすべての企図がたどった運命に、とくに見てとれる。この疑義申し立てそれ自体が、芸術のオートポイエーシスの実演となる。すべての表現の意図を否認することは、このようにまったく反対の主張にもかかわらず、著しく純化され、またとらえどころのない表現の意図として理解される。単なるモノへの還元は、それが意図されたものであれば、そうであるように、芸術的作動の遂行は、たとえ単にシステムに適合的であるための前提条件にすぎないにしても、遂行のための前提条件に対する影響をともなう。形態および主題の選択における無制限の恣意性でさえ、この事情を改変することはできないであろう。「額縁効果」(frame effect)を免れるものではない。[*3] あらゆる自己言及的システムの作動がこの作動は「不可侵の水準」をつくりだすものであって、それは芸術のオートポイエーシスの遂行への準拠以外のなにものでもない。この前提条件に関するあらゆる定義を拒否しようとすること、そして作動によって変えようとすることはできるが、そうすることはただ、それがオートポイエーシスの問題であることをより明瞭にするだけである。べつの選択肢は、おそらくシステムを捨てることであろう。

芸術はさまざまな形態をもっているが、それをひとつの社会システムとみなすならば、そのシステムを構成している諸要素は、個々の芸術作品であるとみなすことができるだろう。われわれは、それゆえ、このように考えがちである。芸術は、もろもろの芸術作品からなり、芸術作品とはなんであるかは芸術によって決定される、と。この種の循環的定義はなんら新しいものではない。それらは、一八世紀前半における善き趣味に関する諸理論の構成要素としてありふれたものであった。われわれが真っ先に問うべき問題は、芸術作品は本当に芸術システムの、それ以上分解されえない原基的単位であるか否かである。社会学的にいって、個々の作品を原基的単位とみなすことは、ひとつの変則的例外であろう。というのも、社会はかねてから、コミュニケーションから構成されており（たとえば、テクストからではなく）、コミュニケーションは出来事であり、事物ではないと想定されているからである。そしてまた経済も、商品や資本からなっているのではなく、支払いによって構成されている。この線に沿うならば、そこでわれわれは芸術作品を、その必要があるときには、凝縮されたひとつのコミュニケーションあるいは芸術作品に関する無数のコミュニケーションのためのひとつのプログラムと考えることができよう。このようにしてのみ、それは社会的現実となる。

芸術作品は、換言すれば、芸術作品についてのコミュニケーションの最小の統一性および相互関係性（たとえば、文脈の追補の可能性）を保証するものである。諸作品は、それらの関連を凝集させる。他我は、古い言い方をするならば、自我が芸術作品を楽しむ、すなわち、わがものとして享受する際に経験したことを、一定の制限内で理解する。芸術作品についてのコミュニケーション――それはけっして単純な事実に関わる問題ではないのだが――は、それに応じて縮約されうるであろう。コミュニケーションは、参与者が意識内で心に銘記し取り組むものが高度に不一致であるとしても、それに寛容であり同時にその不一致を覆い隠すのである。芸術作品は、彼らのコミュニケーションを統一する。それは、ひとびとのコミュニケーションへの参加を組織する。芸術作品は、高度に非蓋然的な事態であるにもかかわらず、予見可能な反応の恣意性を縮減し予期を調整するのである。かつて「趣味」と名づけられていたものは、洞察力によってこれにしたがうことである。

該当する客体へ言及することなくして、コミュニケーションにおけるこの秩序は実現しないであろう。これは、もしジャガイモが存在しないならばジャガイモについて語ることもできないというような意味では陳腐なことである。しかしながら、芸術作品は、有用なもしくは危険な事物の世界からは分離されている。それは、コミュニケーションを誘発するという特定の目的のために作られるものであろう。問題は、ひとびとが互いに切り離されたなかで得ている快楽の総和といったものではなく、芸術作品を超えた意味づけではない社会的に到達される判断である。芸術においては、コミュニケーションは――覚束ない概念を用いることにはなるが、そういってよければ――それ固有の目的となるのである。いずれにせよ、コミュニケーションはありえないくらい長く、広範囲にわたって意見が折り合う限り押し進められる。あるひとに固有の反応は芸術作品によって誘導されたものとして経験され、そのためにきわめて複雑かつ深遠そうな反応についての言い訳さえもが、再生産の見通し、すなわち合意の可能性を提示する。これが、明示的なコミュニケーションの大部分は生じるにおよばず、実際のところ不適当なものと感じられさえする理由である。芸術に関する自分の判断を提案し基礎づける者は、だれであれ、すでに芸術作品を(雄弁に)語るのでなく、自分自身を語る者として現れる危険がある。

社会学的分析の融解能力は、芸術作品の統一性(全体性、調和、完全性)にまさっている。しかしながら、まさにこのことによって、それはこの統一性の新たな理解を基礎づける。統一性は問題意識を輻輳させている度合いにも、ディテールの相互依存性にも、またもちろん失敗のリスクにも過ちの回避にも属さない。制作の指針的な観点、鑑賞の補助的観点、そして解釈的ディスコースのための準拠点、これらはすべて看過されてはならない観点である。しかし、芸術作品の統一性は結局のところ、コミュニケーションのプログラムとしてのその機能にあるのであり、そこではプログラムは、いかなる論証も要請せず、すでに理解されている確実なことがらを伝達するほど自明のものでありえる。それはまさに、善き趣味の理論が、その芸術判断の分析において、評価の形成の速度、直接的確実性、直観、そして悟性によって媒介的な詮索を回避することを強調した際に意味していたと思われるものである。

ここで、芸術作品がなんにとってよいのかを知った以上、これ以降の分析を芸術作品そのものに集中しよう。芸術のオートポイエーシスに関する鍵がどこかにあるとすれば、それはここにおいて見いだされるにちがいない。

芸術作品は、芸術のオートポイエーシスにとっての条件であると同時に障害物でもある。芸術作品なしには芸術はなく、新たな芸術作品の期待なしには、（美術館とその訪問者だけを除いて）いかなる芸術の社会システムも存在しない。ここでいう「新しさ」とは、一七世紀以降保持されている意味においては、べつの模範を指すのではなく、むしろ既成のものから逸脱し、それゆえ思いがけないものであることを意味している。非凡なる創造的才能は非連続性の完遂に存するのであり、またこの時間的非連続性は社会的非連続性、すなわち芸術のその他のもの、とりわけ宗教的そして政治的利害関心といった他のものの後見からの分化を前提としていることは明白である。

新しさと思いがけなさ、それに逸脱性とのこのような結合に、一目みてわかる以上のものが内包されている。つまり、新しいものでなければならないものは皆すべて、その理由によって、前途が閉ざされている。それは新しいものにとどまりえない。それは、かつて新しいものであったという点で鑑賞に値するにすぎない。芸術の社会システムはこのように、この時点以降、新しさの継続的消失という問題に直面させられている。芸術理論における見解——芸術作品とは自己充足的で、それ自身において完結した調和的全体でなければならず、それが時間自体をまったく顧慮しないことによってその時間的な永続性を保証しているといった見解——は、それとちょうど対応している。とはいえ、このことはなおまた、個々の芸術作品はどのように芸術の自己再生産に寄与するのかという問題を残している。

個々の客体は、いつでも鑑賞できる状態であり、繰り返し見られ、読まれ、演じられ、可能なかぎり解体の危険から保全されていることはいうまでもない。それらの解体あるいは外国への売却でさえ「埋め合わせできない損失」となろう。それらは聖別され安全警報装置によって護られている。われわれはそれらなしにはやっていけない——実際にはそれらがあってもだが。それらの価格は高騰し、それらの真理は明快さを増す。だがわれわれの、芸術という社会システムにおけるそれらとのやりとりは、思いがけずまたべつの特質を帯びる。退屈が徐々に広がりゆくのであるが、そうなると公式の祝典がこのような事態を断固拒否する効果、対抗措置としての効果あるいは埋め合わせ効果を発揮するといってもよい。

これはとりわけ、芸術作品それ自体の形式的《フォーマル》特質の問題である。形式《フォーム》は明示化されない自己言及である。それによって、いわば自己反省を先延ばしにすることができるという事実は、ある問題が解決されてきたことを証明している。形式は、その問題を提起するコンテクストと形式それ自身に同時に関連している。*4 それは、自己差異性（self-difference）と自己同一性（self-identity）とを同時に呈する。それが成功するところで、自己充足性の印象が惹起される。芸術作品はそれ固有のコンテクストを創出する。それは、形式とコンテクストとを調和させようとし、この差異の統一であることを追求する。芸術形式はすべての反省を吸収し、それが発散し返すものといえばそれ自身の意味作用のみである。

さらにまた、この（美的）形式は、それが人をとまどわせ、また芸術作品に対する問いを誘発する程度に曖昧なものでなければならない。それは、自己反省の理解力を刺激し、そのようにしてまた芸術作品に関するコミュニケーションを刺激するにちがいない。芸術作品が「驚き」を喚起するということは、つねに了解を得られ、かつ要請されているところである。芸術の「美学化」（aestheticization）には、これに加えて、唯一芸術作品自身のみがそれが提起する諸問題に答えることができ、そのスタイルや機能に関する知識は答えとして十分なものたりえないということが欠かせない。「驚き」は、このようにして宗教、道徳、そして政治のために配慮するあらゆる諸機能から解放されている。いわば、それもまた分化しているのである。

美的形式の個々の特質は、芸術経験の組織化および芸術についてのコミュニケーションにとって機能的である。それらは芸術システムそれ自体のオートポイエーシスにとっては逆機能的である。では、どのようにして存続しているのだろうか。個々の自己充足的芸術作品は他の芸術作品を可能にするためにどう寄与しうるのであろうか。芸術作品がそれ自身の孤高性に価値をおかねばならないとすれば、オートポイエーシスの「組織」はどこに存在するのだろうか。卵は、もうひとつの卵を産出するために鶏を産出する。芸術作品が鶏だとすれば、卵はどこにあるのか。あるいは、いったいなにが、自己再生産の継続性を確保する——つねに環境に左右され、しかも相当程度左右されるのだが——遺伝物質に相当するのであろうか。

この問題は、スタイルという概念の助けを借りることで答えられるであろう。ここでは、この概念を機能的に、芸術理論におけるその用法に準拠せず定義しよう。芸術作品のスタイルは、それが他の芸術作品になにを負っているのか、また他の、新しい芸術作品にとってそれがどのような意味をもつのかということの理解を可能にしてくれる。スタイルの機能は、芸術のオートポイエーシスに対する芸術作品の寄与を組織化することであるが、実のところ、ある意味ではこれは芸術作品の意図に逆らっている。なぜなら芸術作品は自己充足をめざしているからである。スタイルは、個々の芸術作品の自律性に調和し、かつそれと矛盾する。スタイルは、自律性を尊重しながら、それにもかかわらず剰余価値を流用する。つまり、芸術作品の唯一性を損なわないままに、なおまた他の芸術作品との結びつきをつくりだすのである。

このスタイルという概念にとって、スタイルが芸術作品の観察、記述、分析、批評の手段として導入されているかどうか、それともそれがすでに作品の生産、すなわち芸術的「実践」の規定要因のひとつになっているかどうかは重要なことではない。このような学問的区別がなんらかの関与性を有しているとしても、ここでは問題にしない。この二つの水準は、すくなくとも初期ルネサンス以降、相互に影響しあってきた。*5 せいぜい言えるのは、観察と実践との差異は芸術システム内で構成される、したがってその分化を前提としているということ、またおそらくは、スタイルに類するもの（あるいは、規則や秘訣などの機能的等価物）が同様の水準の差異、すなわち作動と訓練され経験を積んだ観察としての観察との差異を引き起こすということであろう。

ここでのスタイルという概念の機能的限定はまた、頻繁に論じられる問題を回避する。すなわち、はたしてスタイルは、その歴史的使命を果たすために一時代すべてを支配しなければならないのか、あるいはそれは必要なものでも望ましいものでもないのかという問題である。このようなことは、芸術それ自体の、というよりは芸術史の著述の問題であろう。ある芸術作品がなにを表現し、同化し、それ自身を超えて影響力を行使するのかという問題は、スタイルの多元主義の枠組みのなかで、または芸術家の「個人的スタイル」に関わる限度においてであれ解決されうる。われわれは統一性への憧憬を、度を越して、多元主義と折衷主義が軽蔑的な概念となるようなところにまで推し進める必要はない。それどころか、芸術は、結合（折衷主義？）が可能であり続ける限り、それがひとつの統一化されたスタイルのリスクを回避し多様性を選びとるとき、おそらくよりいっそう熟慮されるのである。統一的スタイルが一時代すべてを支配するかどうか、またいかなる条件のもとでそうなるのかという問題は、それゆえ無視される。それはいずれにせよ、「スタイル」によってなにが理解されているべきか、またこのような現象が特別で歴史的な「統一への衝動」を実際に支持するのか否かをあきらかにしてしまったときにのみ答えることができよう。

先の段落での考察を適用するならば、スタイルは形式の差異によって単純に決定されうるものではない。むしろ、それは芸術作品をその中心的言明のなかに巻き込むことになる。つまりは、形式とコンテクストとが相関するところの方式に関わることになる。芸術作品のスタイルを可能にするのは、差異の統一と、その統一が達成される方式である。ここでいうコンテクストとは、芸術作品の地平を構成し、その準拠連関を調整するすべてのものである。それにはまた、不作為、省略、抽象による否定的準拠連関をふくめることが可能であり、またそうすることになる。そしてそのうえ、他の芸術作品の引用（しばしば、アイロニカルな。ストラヴィンスキーを想起せよ）、あるいは芸術諸形式のあいだで効果を現すことになる引用（ハン・トリア（Hann Trier）の絵画の中に描かれた引用文を想起）は、コンテクストにのみ属する。スタイルは、引用に見いだされるべきものではなく、芸術作品の形式に（形式の一要素としてのみならず）引用として寄与するその仕方においてのみ見いだされるのである。

スタイルは、個々の芸術作品の範型的特徴から生まれうる。したがって、苦労もなく熟慮の跡もない仕方で存在することも可能である。レオンの聖パウロ教会塔はブルターニュ地方のその他の教会塔の範型となっている。とはいえ、それは、複製が許されており、芸術作品の唯一性が質的条件となっておらず、慣例にしたがう制作が有害でない場合にだけ可能なのである。語源学的にいえば、複製（copia）は元来、肯定的な評価の意味を有していた。たとえば、修辞学においては、形式および修辞的文彩の豊富さを表していたが、ただそれらがたやすく印刷形態で利用可能なものとなったときにはじめて、「複製」の意味は否定的なものとなったのである。複製が完全な形式に関する豊富な知識を利用するものとして称揚されているあいだは、スタイルの意味の水準は芸術作品の類似性に存している。この水準は、作品の形式および製作技法から明白に分化していない。しかしながら、再生産過程は原物やそのコンテクストに代えてより抽象的なシンボルを代用するに相違なく、このことが「スタイル」の諸特徴への縮減を余儀なくさせるのである。

スタイルの概念は、すでに語源的にはそのような諸過程に適用されうるものであった。かつて、それは——一八世紀に入るまではこれが公式的な用語法であるが——、芸術作品の手法（maniera）を指していたのである。これ以上の説明は当時では不必要であった。いずれの場合においても、古代以降、スタイルの問題に関する文献は、さまざまな区別に共通しているものよりも区別立てのほうに関心を向けている。それは、修辞学の自己認識となっているであろう。芸術作品の慣例的生産が反省され、価値は（一つしかないこと《シンギュラリティ》にではなく）オリジナリティにおかれている場合でさえも、このスタイルの概念はまだなお保持されている。それは、諸規則によって決定された芸術を排除するその相関物として、まさしく不可欠なものとしての一機能を有していたと思われる。しかしいまでは、いわば諸規則の排除への代償的概念となっているが。

一方において、スタイルはこのように、芸術作品の制作技法の適格さや芸術作品の判断の適格さを評定するために用いることができるような秘訣でも判定プログラムでもない。この課題は、歴史的には、圧倒的に芸術作品それ自身によって担われていた。他方では、かならずしもすべてのものが条件にかなっているのではない。芸術作品の主権性の宣言は、あらゆる主権の宣言がそうであるように、恣意性およびその制御の問題を惹起する。そして、ここでこそ、一八世紀初頭における自然そしてまたスタイルへのさらなる依拠が生じたように思われる。判定プログラムとスタイルの分化は、基本的には、スタイルの多元主義および制作技法の折衷主義がはじめて記録されたとき、すなわち、一六世紀にすでに決定されたのであった。諸規則にしたがって生産された芸術の排除は、もはや見て取ることができる不確実性（偶発性）の延長にすぎない。芸術作品はそこで、偶発性およびその必然性への折り返しを抑制する役を担い、*6 そしてこのようにしてスタイルの水準ではなお実現されえなかった機能を充足するのである。それぞれの芸術作品が、それ自身のプログラムとしての権利を認められることは、もっぱら首尾一貫したことである。しかしながら、いったいなにが、いやしくも芸術が存在するであろうことを、また芸術として存在し続けるであろうことを保証するのだろうか。

この問題は、最初はまったく重大なものとは思われなかった。というのも、芸術の存続は社会構造に結びつけられており、それによって保証されていたからである。上流諸階級およびすでに分化を遂げた宗教、政治の機能的中枢部がその任を引き受けた。彼らは、みずからの存在の重要なることを示すために芸術を必要とし、そしてそれは旧世界がその限界に達しようとするに及んでますます盛んとなった。芸術に捧げられたゼマンティクにおいて、われわれは、にもかかわらず、「前適応的進歩」を、すなわちいまだ存在しないものへの前もっての適応をすでに見いだしている。そして、この将来の予期が、スタイルに関する論議においてとくに明瞭にその痕跡をたどりうることは偶然によるものなのではない。

芸術作品は驚きや感嘆を生み出すと一般にいいうるならば、今では、意図された驚きの性質が変化するのである。奇跡的な、尊大な、そして誇張されたスタイルは、単純性、自然性、崇高性の要求にとって代わられる。スタイルの概念は、なおも手法として、あるいは関心を喚起する仕方として定義されているもの両方をふくんでいるが、しかし、スタイルが喚起すべき驚愕的関心、快楽、快い感覚はいまや自律的なものとなっている。芸術作品は、もはや階層的有力者の意図を裏書きしたり拡大したりすることに費やされることはない。また、もはや教会や宮殿の単なる装飾物でもない。シャフツベリが唱えた「あらゆる情熱のなかで、未熟で無経験な人間において涵養される」あの驚きに照準しているわけでももはやない。かえってそれは芸術鑑定家の目を頼りにしているのである。いまや、芸術はその愛好家《パブリック》をつくりだしており、だれがそこに参与できるかがその唯一の問題となっている。

このような展開がはじめて見られるのはいつなのか、またなにがその起因となったのかということは、より正確な研究を要する。いずれにせよ、一七〇〇年ごろの芸術家たちは、芸術の特殊な問題や美的経験に関することがらに通じた愛好家たちに関心を寄せており、またそのほうが、個々の作品の肯定的、否定的判断よりもいっそう重要であるとしていたことはあきらかである。感嘆はそれでこと足りるものではない。すなわち、それは見識ある感嘆でなければならない。このことは、芸術はもはや芸術家の役割遂行だけからなっているのではないことを意味している。そしてそれは、このようにしてひとつの社会システムとなりうるからだが、このシステムに固有の愛好家の分化、相補的役割の分化を要請する。芸術のための社会システムの分化は、換言すれば、専門職業人と愛好家との差異の分化に帰結する。

と同時に芸術家たちにとって、修辞学の範型は姿を消す。修辞学は、雄弁家は彼が聴衆のうちで生み出そうとする態度や感覚を共有すべきであるとはけっして要求しなかった。まさに、この差異を橋渡しすることに、彼の創造的役割があった。そして、一七世紀末に近くなって、芸術におけるのと同様、愛について次第に疑問が唱えられるようになるのは、まさにこのことなのである。いまや真性なる関係が求められ、またそれを根拠に、もろもろの見解、意向、熱狂のひとつの共同体が特殊なものとして分化した。いまや排除と包摂が、意向とは独立に用いられまた制御されていた規則や指示によらないで新しく調整されることを必要としているのである。

べつの観点からも、修辞学的伝統のこのような非学識世界への退却は見て取ることができる。たとえば、冗語はより自由かつより個人的な流儀で脚色されうる。受け手は、もはや慣用的定式文句をあてにできなくなる。とくに、詩や文学においては、テクストそれ自体によってみずからの理解を展開することができ、そして伝統的慣用表現は退屈なもの、あるいは観察者ないし読者の能力を過小評価するペテンに思われる。

芸術のシステムは、このように、ますます個人的に多様化された権利主張のもとに場を定め、そこで芸術家たちの新しい肩書きが必要となる。彼らが芸術家であることは、いまや彼らがこの機能システムにおいてみずから割り当てた地位を指すだけである。彼らは、たとえば、このすでに分化した領域においてみずからをきわだたせるために、天才であらねばならないであろう。同じ理由から、芸術がそれ自身に注目を引き寄せる方式が変化する。旧来の「驚き」は、さらに活気づくことになる。そして、芸術生産と批判的判断の導きであった美学的規範の問題は、新たな要請に直面する。最後に、スタイルに関する理解は、専門職業人とその愛好家との関係の自己制御と関連づけられ、このような展開が経過するうちに時間化されてゆく。

見いだされるべきスタイルがなんら存在しない場合にのみ、芸術家と愛好家の関係、またとりわけ旧来の驚きの問題にとっての新たな解決の方策が見いだされるにちがいない。たとえば、挑発的な芸術の形式や哀調を含んだ芸術の形式において、あるいはひとびとをあざけるような厳格な労作の形式においても、ひとびとはあざけられていることを深刻に受け取らず、あるいはそのことに気づきさえしないのである。

スタイルという概念の機能的定義は、同時にひとつの歴史的概念である。私のいう「歴史的概念」とは、その概念が、その概念自身がもたらしたひとつの歴史的差異によっても決定されているということを意味している。このことは機能的定義を排除するものではなく、かえってそれを前提とする。芸術作品とスタイルとの区別によって惹起される問題は、それ自体歴史的な問題である。それは、芸術のシステムの分化によって与えられる。そして、この問題との関係においてのみ、（芸術作品それ自体に異議をさしはさむものとしての）スタイルの認知と変化は差異を生じさせる。あるいはより具体的にいえば、スタイルの機能を充足するものは単純に芸術作品それ自体の範型的特徴ではない。むしろ、スタイルはさまざまな芸術作品とのひとつの特別な交《インターコース》わりの水準として分化される。このようにしてのみ、芸術作品の完璧さを個別的に考慮する（それをその範型的特徴から解放する）ことができ、同時にスタイルそれ自体を信頼すべきものかつ可変的なものと位置づけることができるのである。

オートポイエティックなサブシステムの分化の問題は、歴史的にのみ、また相対的に遅れてのみ——もちろん芸術の存在よりかなり遅れて——生起する。この問題が重要なものとなるはるか以前に、スタイルの概念にはその準備があった。スタイル概念とともに、もろもろのレベルの差異が芸術のシステムに入り込む。それにともなって、スタイル選択の可能性としての偶発性が、個々の芸術作品を恣意的にすることなく定式化されることになろう。つまり、芸術作品は、スタイルの規則のもとで（あるいは、諸スタイルの折衷によってでさえ）それ自身の必然性を主張することができることになる。しかしながら、以上すべては、いかにしてスタイルがその機能を充足するのかを説明するものではなく、まして起こりうるスタイルの諸制約がその機能から導き出せるものかどうか、またどのような制約が導き出せるかを説明するものではない。

この問題に関するさらなる考察の鍵は、統一された諸スタイルの時間化および歴史化、つまりはそれらの時代画定的諸概念への作り直しによって提供される。[*7] この転換点はたいてい史実として同定される。その他多くの歴史的相対化とならんで、それは、ヴィンケルマンがスタイルの概念を美術史研究の手段として成功のうちに用いて以降の、一八世紀の後半に成し遂げられた。[*8] しかし、正確にはなにが変わったのか。時代画定的スタイルの現象やその帰結は、それ以前に知られていなかったわけではない。たとえば、セルバンテス作品の戯画的スタイルが、中世騎士物語（それは読み物として小説のなかにだけ現れる）に向けられていたことは、広く認識されていた。

しかし、この論争的なスタイルの形成物は説得力をもたなかった。それは、芸術作品を推奨するのに使われる理想化する賛美のすべてを否定した。そしてまた、あるスタイルが、それ以前のスタイルの解体をめざしながら、永続的妥当性を獲得する方途など想像することは不可能である。いやしくも、それ以前のスタイルを破壊するという仕事をいったん達成してしまえば、解体の永続化の趣旨はなんのためであったのか。それは、時間的変化（varietas temporum）に関する旧来の主題であった。にもかかわらず、ひとはそこに、芸術にも影響を及ぼす、世界における恒久不変ないし完全の欠如をのみ見いだしたのである。芸術およびスタイルに関する諸見解の変遷は記録されているが、しかしそれは質の差異の観点から見られている。デカダンスという新スタイルが注目されたり、逆に過去のスタイルに蔑称（ゴシック、バロック等々）が与えられたりした。これらはのちになってこそスタイルの記述としてなじみのものとなったのである。時代とスタイルの変遷は、過去か未来のどちらか一方の向きを軸にして否定的に説明された。

このような一八世紀後半におけるスタイルの歴史的相対化は、美、真理、そして善の統一が完全性の極致だと考えることを認めてきた時代の伝統的諸概念と、結局は袂を分かつことになる。いまになってようやく、芸術作品はそれ自身の特異性に対する権利を十分に主張しうる。というのも、芸術作品の個々の唯一性は、芸術がつねに新たなるものを生み出していることのもっとも確かな保証だからである。いまになってようやく、理論的美学は一領域に固有の諸問題を取り扱い始めている。すなわち、芸術の機能システムの分化に、反省を通して反応しているのである。こんにちの時間化されたスタイルという概念は、諸規則の代理としてはもはやふさわしいものではない。それゆえ、もはや芸術作品の芸術的価値に代償的なやり方で基礎を与えることもない。そのかわりに、意識的に歴史的位置づけを行うスタイルの政治を可能ならしめる。かつてスタイルの政治――たとえばコルベールの時代のアカデミー・フランセーズ――は、質を保証していたそれら諸形式の選別と正当化に関わる、浄化の政治であった。いまではそれは、決定によって歴史的距離を獲得し、同時代に調和するものを定義するという、決定の問題である。同時代に調和するものの定義は、もはや慣例的規則に則するのではなく、ただ芸術作品がそれ自身以上の意味を獲得するための枠組みだけを保証する。

　歴史的相対化のもっとも重要な帰結のひとつは、芸術作品の比較可能性が時間的方向を帯び、それによって限定されることである。伝統的芸術理論は、完全性の共通の理想を背景に芸術作品すべてを評価測定し、ヴァザーリ（Vasari）の書物で読むことのできるように、それらを時間的継起に位置づけていた。時代は、完成にいたるか、あるいはデカダンスの時代のように、完成から顔をそむけるのである。いまでは、歴史的位置づけは優先権を得て芸術作品のなかに深く位置づいていて、芸術作品は過去の芸術とみずからを比較して、隔たりを求め、獲得し、差異を意図し、すでに所与となった可能性を排除せんとしている。このようにして、芸術作品はそのスタイルを、ないしそれが関わるスタイルを規定するのである。しかしながら、将来を指向した比較は意味をなさない。芸術作品は、いまだ日の目を見ない将来の可能性からの隔たりによってみずからを規定することはできない。すなわち、いまだ想像されていない諸形式を排除しようとすることはできない。ジョット（Giotto）は、「まだラファエロ（Raphael）のようにではなく」描くことはできなかった。また、そのような比較をする歴史家は彼の目的を、すなわち歴史を裏切ることになる。比較は、芸術理論がただ古典的な完成理想の前提条件に依拠する場合にのみ可能なのである。

以上のことが事実であるのは、芸術が、諸スタイルの処理によって、——他の機能システムにはほとんど（宗教においてはもっとも）ないことだが——過去との飛躍的な断絶の機会を有しているからである。芸術作品は完全であるがゆえに、芸術は意識的にそして情に棹さすことなく断絶を創出することができる。芸術は連続性を強要されることはない。それは投資が失敗とみなされるまで待機する必要はない。それは、パトロンの連続性に負うことさえもしない。それは新たなるものへの願望を即座に実現することができる。しばしば芸術が、回顧的に予言的なものとして解読しうるような、社会進化の先行的徴候を生み出すのはこうした理由による。それは、スタイルの変遷がもはや質の差異を指示せず、過去の芸術作品の妥当性に言及せず、それぞれの芸術作品が可能なかぎり善きものであろうとしてせめぎあっているところでは、ますます容易である。このパースペクティヴから見れば、芸術作品はスタイルの発展における一要素となる。そうであれば、完成可能かつおき換え可能な統一体としてのスタイルという認知が得られる。そのようなものでないとすれば、芸術作品はスタイルの発展になんら寄与するところのないものとなろう。スタイルが永久に続く、無限に持続可能な量であったならば、芸術作品はあまり重要でない効果しかもたないであろう。スタイルそれ自体の時間構造、そのミクロな時間は、芸術が構成を促進しあるいはデカダンスを拒むこと、前衛的ないし懐古的に活動することを可能にしており、そしてそのようなスタイルの政治にそれぞれの芸術作品のすべてが関わることを可能にしている。それと同時に、芸術作品はスタイルから独立しており、そうあり続ける。それにもかかわらず、うまくいくのである。そして、あるスタイルにその歴史的重みを与えるものは、まさにそのスタイルの芸術作品の価値なのである。

スタイルはこのようにして、いうなれば、芸術作品と芸術作品とをつなぎあわせるものであり、それによって芸術のオートポイエーシスを可能にするものである。しかしながら、オートポイエーシスは、一般的に、芸術が可能なものとして存続するということを意味するだけであり、いかにしては語っていない。また、形式的な観点からは、オートポイエーシスは多くの異なった仕方で可能である。すでに見てきたように、たとえば、ある芸術作品がその他多くのものの範型となる場合がそれである。ではそこで、なにがより厳密な構造の決定にみちびき、芸術作品が他のものに「伝える」諸特徴のより正確な指標をもたらすのだろうか。オートポイエーシスがどの方向に作動すべきかを決定するために、どのような拘束が受け入れられるのか。この問題にスタイルの多元主義を指摘することで答えるのも、「なんでもあり」と解釈することも速断となろう。たしかに、スタイルの多元性と選択（基礎づけを必要とするものと基礎づけすることができるものの両方）は、すくなくとも一六世紀以降このコンテクストにおいて重要性を有している。ただひとつのスタイルへの集中は回避されてきている（おそらくどの時代においてもだろうが）――このことは、まさにそれを理由として、そうした統一されたひとつのスタイルが探し求められ望ましいと考えられてきたという可能性を排除するものではない。しかしまた、スタイルの多元主義にまさるその他の制約も存在する。それらは、芸術システムのそれ自身の分化および自律性に対する反応からなっている。すなわち、芸術システムが、自由かつ恣意的な仕方においてではなく、社会的環境においてみずからのオートポイエーシスを維持しなければならないという事実を、システム内部で考慮に入れることである。

　この意味において、スタイルは芸術システムとその社会的環境との接触の次元として機能する。ここで、芸術システムは、その再生産の閉じた性質および構造選択の自律性を定義し、特定し、そして弁護しなければならない。ここでそれは「利害関係者」の主張を拒絶しなければならず、そしてちょうどこのような仕方で社会に反応することである。ここでそれはみずからの作品論理を証拠立てなければならないが、そうすることによって、なぜ芸術がものさしで測ったように作ることができず、また単純に趣味に応じて注文もできないかが明白となる。決定的に重要な洞察は次のようなものである。すなわち、このことは、恣意性を創出しはせず、単に「芸術的自由」を擁護するということであって、諸スタイルの重要な諸特徴を規定する、すなわち恣意性からそれらを引き離す、自律性の境界画定を必要としているということである。強制に対して単純に自由を対立させる理論はすべて、状況の複合性のもとで失敗する。システム理論のパースペクティヴからは、再生産の自律性は負担として、あるいはどんな場合にせよ自己決定のためにシステムと環境との差異を用いるという強制力として現れる。

スタイルが、芸術作品の適切な生産のための諸規則ないし処方箋とみなされているかぎり、社会に対する差異の設定という次元は開かれない。芸術作品の生産に関連する困難を克服さえすれば、社会は美を直接享受するだろうと想定される。このことは一八世紀において変化し、そしてスタイルに関する新たな歴史的意識が、芸術を取り囲む所与の社会状況が反省されることを要求する。ロマン主義はおそらく最初の顕著な例である。それは、芸術作品それ自体における「無限の反省」(infinite reflection)を称揚する。ロマン主義は、コンテクストとして、社会的環境においてだれもが信じていないということが分かっている道具立てを用いる。それはパラドクスを称揚する。アイロニーを奨励する。芸術のなかで芸術を引き合いに出す傾向が開始される(それは、スタイルの歴史的諸要素の再利用とは区別される)。

その後のリアリズムおよび自然主義のスタイル運動はまた、距離の政治を遂行する必要に直面する。まさに、あるものが現実性に対峙する特定のスタイル・プログラムを遵奉するならば、そのとき芸術作品において、現実(性)だけでは芸術とならないことが明確にされねばならない。現実性の理解もまたあきらかにされねばならず、芸術作品というものが、結局、特殊な芸術的手段の使用に負っているものであることが示されねばならない。

歴史的に取り替わってきた芸術諸形式を「諸スタイル」として回顧的に定義することも、また同じ機能を果たす。そこでも、すくなくとも一九世紀については、ますます純粋主義的な手法でオリジナルに忠実であるような、一種のスタイル上の一貫性があったことが示唆されている。ケルンの大聖堂の完成ないし城塞都市カルカソンヌの再建に一定の正当化理由を与えていたものは、スタイルという概念を媒介にして、新しい建築物に応用されうるまでに一般化されている。すなわち、すくなくとも建築においては、スタイルはカタログによって提供されうるのである。しかしもしそれを注文するとなれば、その際にはディテールにいたるまでスタイル選択の論理にしたがわなければならない。

芸術作品の生産および判断評価におけるスタイルの諸要素へのこの種の注目は、なおも行為や経験の選別の手引きとなるプログラムの性格を有している。それは、「イデオロギー的」であるばかりか具体的である関与性をも有しているのである。しかしながら、それは、芸術作品の質がプログラムの実行によってそのまま与えられるというような意味においての決定のプログラムなのではない。芸術作品の個別化は、むしろ芸術作品が具体的決定を導くという意味でのそれ自身固有のプログラムであること、すなわちそれ自身でみずからの可能性を限局することを要請する。スタイルは、その場合、まさに物的素材であればあるほど、自己選択の限定なのである。そしてどちらの場合においても、これみよがしの強調を要求するのはこの限定なのである。

このようなスタイルの二重機能——一方での、当該システムの諸要素によって諸要素の生産を確保すること、そして他方では、そのことが生起する領域を限定すること——は、まさにオートポイエティック・システムの定義に概念的に対応している。このような議論の筋書きがなお展開され経験的に確証されるならば、近代社会の進化の経路にあって、芸術もまたみずからをオートポイエティックなサブシステムとして分化させるということ、あるいはすくなくとも、それ以外の仕方ではみずからを維持しえないがゆえにそう試みることを余儀なくされるということがあきらかとなるであろう。このような仮説から、芸術のサブシステムにおける愛好家の「包摂」に関連するひとつの系が導かれる。[*9]

以上において私は、芸術理論が、芸術の社会的文脈の点で、第一に驚きの喚起という一般的機能に携わっていることを示した。受け手は、芸術を経験しまたそれに応答すべく鼓舞されるように、まず第一にハッとし、驚愕を与えられるということがなければならない。このような観点は、一八世紀初めの数十年の理論展開において洗練され、その最終形態として愛好家向け芸術に準拠する域に達した。この愛好家の判断力は、趣味概念において定式化されたわけだが、一種自然な能力と想定されている一方、すでにサロンにおける読書や会話を通して、あるいは批判的判断の修練を通して獲得されるべきものと見られていた。

それは、芸術システムのさらなる分化にともない、また芸術と社会との媒介次元としての「スタイル」理解にともない変化する。愛好家への要求は増大する。

もし芸術作品もまた、それらの自己充足的孤高にもかかわらず、スタイルの実現を期待されるならば、そのとき鑑定家は、なによりさきにスタイルの鑑定家でなければならない。彼は、スタイルを見分けることができるのみならず、詳細にスタイルの適切さを判断すること、すなわちスタイルの破格を認識することができなければならない。このことは、鑑定家は純粋主義者として判断せねばならないとか判断すべきであるとかを意味するものではない。鑑定家は、スタイル上の破格が芸術作品の意図によって正当化されるかどうかを判断できねばならないのである。

以上は、しかし、単なる皮相的な、おそらくはそれなしにも済ませることのできそうな要請である。より重要なことには、芸術作品それ自体が——そのスタイルの一構成要素として——参与者に寄せる諸要求を増大させざるをえず、そして一九世紀以降それはますます増幅されたものとなっている。一九世紀以降の絵画がつくりだした観察者への視覚的諸要求は、より複雑になり、単純素朴には充足されえなくなっている。それらは、壊れた直接性を要求し、それゆえに対象からの特殊な距離を要求する。文学作品にあっては、ひとはロマンティック・アイロニーの出現を、さらには、読者の困惑を誘ういっそう強烈な形式の出現を考えなければならない。

芸術とは元来なにであるかという観点からの芸術作品の解読は、訓練された活動を要請する。そしてそのことは、芸術作品の複雑性の悲しむべき副作用であるのみならず、その特質の根拠をなすのである。作品の特質の根拠とは、作品に固有の意図、作品の持続的効果の要件、その作品自体が示しているスタイルの解明である。別のメディアへの転移が要請され、それに照応した訓練が要求されるとき、さらなる段階に達する。このようにして、現代音楽は楽譜の助けをもって理解できるだけであり（聴くことのできない者は読まなければならない）、他方、反対に、近代詩の高度に洗練された韻律はほとんど読みやすいものではなくて、それが朗読されるのを聴かねばならないのである（読むことのできない者は聴かねばならない）。結果として、包摂の諸要求の増大は排除の効果をもつことになる。

以上すべてはもちろん、規則に統御された美学の終焉によって条件づけられている。諸規則が存在し、それが遵守され、そしてそれがスタイルであるならば、そこでは、諸規則の適用に関する理解以上のものが愛好家に求められることはいっさいないであろう。しかし、一七世紀の終わりごろには、そのようなことは十分愉悦をもたらすものとは思われなくなり、芸術には、いかにすれば愉悦をもたらすことができるかを見いだす認可証を与えられることになる。しかし、芸術は、そのオートポイエーシスを、それゆえそのスタイルを確実にする必要に駆り立てられることで、この事態から逃れたのである。

このような展開に最終的な判断をくだすことはまだできない。そのことの効果としては、芸術コミュニケーション・システムを狭い賞賛者サークルに縮減したこと、また、現代詩の理解が現代絵画あるいは演劇、あるいはとりわけ劇場の美術演出の理解を取りもつものではないという意味において、芸術諸形式のいっそうの分化をもたらしたことが挙げられよう。しかしながら、このような状態が続くにちがいないとか、とりわけ、このような状況がスタイルの決定によって規定されているにちがいないとかということは、ア・プリオリにいえることではない。それが、芸術の将来に関する重大な予断裁決であることは明白である。

スタイルの機能的等価物は存在するだろうか。同様の問題を解決するその他の可能性はあるだろうか。

われわれは、流行（ファッション）について考えてみることができよう。流行もまた、それ自身を時間的限界のなかで構成し、しかもそれにもかかわらず優れて機能するものである。実際、すでに一七〇〇年ごろには、芸術に関する判断は評判や流行の問題以外のなにかでありうるのかという問題が惹起されている。美は流行に左右されるものなのか、それとも、いついかなるときもなにものかであるのか。ディドロは、他の者たちとともに、この問題を彼の「美について」（Traité du beau）の冒頭に置き、それには即座には答えかねるというためらいを白状している。[*10] この問題は、時代画定的スタイルがほんの短期間しか持続せず、短期のうちに受け継ぎがなされて流行の効果を有するという場合に、まさに深刻なものとなる。スタイルと流行とは同等の機能を有するものであるのか、それどころか、こんにちでは同一のもの、同等の現象であるのだろうか。

スタイルと流行のあいだのひとつの親和性は、あきらかに、流行も一般化されうるものであり、種々の領域を巻き込みうるという事実に存している。類似性と差異とを決定するためには、それゆえ、より正確な流行の機能分析にとりかかる必要がある。

一六〇〇年ごろ、ひとびとが、「スタイル《ル・モード》」(le mode) のみならず「流行《ラ・モード》」(la mode) を口にしだした際、どのようなことが意味されていたのか、それを知るのは容易ではない。まず、一時的で、はかないものであることが、たしかに強調されている。このことは、ひとたびそれが概念に定着してしまうと、いたるところに存在することが判明する。衣服や作法のみならず、言語表現、宗教的感情、教会での説教の仕方、飲食習慣、洗練された肉のさばき方、さらにはまた、殺し方、殺され方の好み、決闘法でさえ、流行の所産としてみずからを暴露することとなった。いたるところで、ひとびとは一時的なるもの、新しさから愉悦を得ているように見える。そしてさらに、それは愉悦のみならず安心の、ことに自由放縦ないしは他の度を越えた逸脱に対する安心の問題でもあることがすぐさま見て取れる。[*11] 多くのものは、それが長期にわたる思惑ではないということで、あえてなされ、また流行として支持されうるのである。そしてその成功によって、流行は立証責任の方向を変えさせる。すなわち、それを採用しないものはみんな変わった奴だ、ということになるのである。

流行の諸効果は、行為のみならず行為についての評判が社会的に規制されてくるときに現れる。そのためには、行為との距離の関係で、さまざまな評判の諸側面を紹介したり、非難したり、そして変更したりするコミュニケーションがなくてはならない。それによって将来の見通しとつながりが可能になる。というのも、もし流行に追随するならば、所与の行為からのある距離においてすでに安心が獲得されうるからである。この程度まで流行がうまくいくならば、それは滑稽さを帳消しにする。すなわち、同時にすべてをではないにせよ、風変わりきわまるような逸脱を常態化しうるのである。

もし流行を、第一義的に風変わりなものに対する安心の一戦略、あるいは流行の衰微をもって風変わりなもののリスクを償う戦略であるとみなすならば、そのとき、ひとびとがなぜそれに対してすべての価値を（あるいは最重要な価値すら）引き渡すことをためらうのかが理解できる。流行から真実の徳性を奪い返す（肯定の必然性を銘記する）ことが必要であるばかりか、美もまたそれに引き渡されてはならない。この価値の水準以下では、「スタイル」との関連で状況はいっそう不明快なものになってしまう。流行の事実上の機能は、スタイルのそれと同じではないと主張することもできよう。風変わりなものに関する安心は、いまだオートポイエーシスではなく、正確には自己再生産の保証でもない。それにもかかわらず、特異な機能の共通性が見られうる。スタイルの発展は、流行を糧としていないのだろうか。流行に賭けることの可能性は、スタイルの発展における革新のリスクに適したものなのではないのだろうか。とりわけ、形式の革新をなおも提供しうるためには、スタイルの継起において自由放縦のインプットが不断に増大しなければならず、そのようにしてスタイルと流行とが次第に収斂する、といったことが事実でないことなどありえようか。芸術のオートポイエーシスはそこで、流行の諸変化に適応しなければならなくなるであろうし、問題はそこで芸術作品がスタイルになにを寄与するかではなくて、むしろスタイルにおけるある流行が次に来るものをいかに誘発するか、ということになろう。

システムの複雑性の時間化、継起への意味の転移はまた、芸術作品の基準として美を明確に把握することとの困難さへの反応である。機能しているのは、実際のところ、作動上のコード、すなわち、美か否かとしての受容と拒絶の差異にすぎない。この次元においては、容易に正確さを与えられうるものである歴史的判断が、ひとつの代理的基準として入り込む。スタイルは、またそして芸術作品さえもがひとつの歴史的光景のなかに組み入れられ、このパースペクティヴから判断される。ある点では、しかしながら、断絶の恣意性に対する寛容の程度次第で、スタイルの変遷と流行の変遷とはなおも区別されうるであろう。スタイルは、コープの法則にしたがって発展するもののように思われる。[*12] すなわち、単純にかつ控えめなスタイルから始まり、最終的には当惑させるほど複雑なものに至るのである。

スタイルの系譜の再開は、それゆえ、単純化の法則と明快さの回復の必要によって取り仕切られる。このことは、古典主義スタイルの出現から機能主義的スタイルの出現にまで、すなわち一五〇年以上の期間にわたって軌跡を辿ることができる。すくなくともこの点では、スタイルの継起において連続性の諸条件が存在した。つまり、先行するものの否定は、恣意性に白紙委任状を与えたのではなかった。問題は、機能的スタイルが単純性を主張して以降、なおもそれがあてはまるか否かにある。その後に生じたことがらは、恣意的な変更という手段、個人的原則の増強によってのみ可能であるようなものであり、それはもはや流行の変遷と区別されえない、という印象を拭うことは困難である。

たしかに、変遷のテンポは増大し、スタイルの変遷がもはや世代的な変化としては説明されえないほどである（むしろ、どのようなスタイルがその青年期において流行したかによって、諸世代が規定され、そして芸術家の運命が説明されるというのが実態である）。それがすでに、あるいは今後の形勢となるものであれば、われわれはわれわれの判断を流行に対する偏見によって導かれるままにしておいてはならない。スタイルも流行も芸術作品の質を妨げはしない。しかしながら、いわば、スタイルの政治学に対抗して、優れた芸術作品がそれ自身によってコミュニケーションを組織化する機能を実現しうるか否かという問題に、いっそうの注意が払われてしかるべきであろう。それとは相容れないものとして、ラ・ブリュイエールの格言がある。「流行に乗るひと《マン・オブ・ファッション》」がながらえることはない。流行は過ぎ去るものだからである。万が一彼が勲功あるひとであるならば、無となることはなく、いずこかにながらえ続ける。以前と同様に尊敬されるべきものとして、ただ以前ほど尊敬されなくなるだけのことである」[*13]。

もちろんこれは、内(流行にのる)と外(流行はずれ)の差異が、完全には美と醜の差異にとって代わらないものと想定している。

スタイルは、われわれがこの二〇〇年のあいだなじんできたように、流行に解消しつつあるもののように見える。同時にそれは、歴史の危険に脅かされている。この危険を認識し、正確に評価するためには、歴史の新しい機能を理解することが第一に必要である。すなわちなおいっそう、それは単に、みずからを確立したものに対して偶発性の証明の用をなすものとなっている。現在の自己懐疑の一スタイルとして、その「みずからを確立したもの」は法外のコストを払ってその宿命づけられた終末に抗すべく、復興され、啓発され、保全され、保護されているところである。楽器の発展がよりよい音を可能にしているというのに、また、それゆえに、古い音楽は古い楽器によって演奏されている。チューダー朝時代の城郭のスタイルを取り入れた工場は、すくなくともファサードは残している。まさにそれで十分なのだ。ビーレフェルトのファサードの裏には、たとえば、スーパーマーケ

ットがある。世紀末の最近の憂鬱は、激烈な社会集団間の政治の動機となっている。紡ぎ車、蒸気機関車、もはや使われることのない立坑坑口櫓、木製台所テーブル、銅製台所用品、——過去なるものが、現在が必ずしもいまあるようにあらねばならないわけではないことを立証すべく、現在にどっと押し寄せている。それが芸術的関心や美学的質とは無縁のものであることはあきらかである。

異議申し立てにはその資格があるのであって、ここでひとは、このような仕方で美学的経験に対して行使されている圧力を評価しうるために十分な思慮をもたねばならない。過去の文化的営為の遺物は、その内在的価値がなんであれ、現在に対抗する証拠として利用されているのである。もし、それらが技術的に完全でないのならば——かえって好都合なのである。もし、それらが幾分どうしようもない老朽化したものに見えるならば——ますます説得力があるのである。もし、それらがその他の不利な状態におかれ、また恵まれずにいる者たちと同盟を結ぶならば——まさにそれが究極的な趣旨なのである。そのうえ、それはもはやそれらのもともとの機能の問題ではなく、そのようにしてそれらは、すべての過去の評価や使用説明と相容れない新機能、すなわち偶発性の証明という機能をあてがわれうるのである。過去についての見解は、現在においてひとがそれをどう見ようと欲するかに応じて変化する。もしあなたがたが現在を発展の相で見るならば、不完全さをもった過去の証拠物は、妥当な「まだ……ない」(not yet) であることをはっきりと表示することになる。もし、他方で、あなたがたが社会の問題的な状態とそこからもたらされる閉塞的な未来を詳細に記録しようと欲するなら、そのとき過去は、事態が異なったものでありえたことを提示するためにたぐりよせられる。

芸術の「記念物化」は、気づかれないうちにこの機能を引き受けているかに見える。単純なもの、不体裁なものが、適切な光のなかに据え置かれ、後世の過剰な洗練に抗してみずからを誇示している。宗教画はいまもこう主張する。私は自然にちなんで描こうとは思わない、どうしてそうしなければならないのか、と。この上なく印象的なことだが、文学や音楽を例に用いてこうした事態を示すことはむずかしい――おそらく印刷が非同時代的なものの壮大な同時存在を可能とし、つねに選択の自由があったからであろう。同じことだが、注目すべきヘッセ・ルネサンスは、同様のモチーフが作用していることを示している。どの場合であれ、私の議論は、歴史性に訴えるという機能は、その純粋な美学的関心を抑制し、先入見なしに見たり聴いたりすることを、不可能にするとまではいえないにせよ、より困難にする、ということである。このことは、なおいっそう芸術産業の組織本位的観点がこの歴史的関心を拾い上げ、それにマーケティング戦略を差し向けるにつれ、ますますあてはまるようになる。そしてその結果、芸術はつねに、芸術は今日そのようにはありえないだろうという見地から経験されるものだ、という暗黙の期待をもって呈示されることになる。時代錯誤の生き残りが、前衛《アヴァンギャルド》としての地位を強固にする。

このようにして芸術蒐集は博物館に変わる。もしも、くわえて、スタイルの変遷と流行の変遷が収斂し、芸術の「記念物化」への異議申し立てが事実上消失するならば、そのとき芸術の再生産は広範囲にわたって支持されているスタイル的プログラムには、今後はほとんど依存しないものと思われる。差異と疎隔化で十分である。このことは、博物館が芸術作品を、それらが間もなく歴史的対象として関心を呼ぶであろうという期待のもとに買収することができるという、実務的利点をもつかもしれない。流行に乗ること、そして流行からはずれているということは——いずれにせよ組織の打算において——、みごとにひとつに一致するのである。

獲得された諸結果は、近代社会における芸術の現況に関するたしかな判断を、われわれに許すようなものではない。自律的で、自己再生産的なオートポイエティック・システムとしての芸術の社会システムが分化しうるのか否か、またどの程度までそうなのかという問題を未解決なままにしている。いくつかの問題、すなわち、そのような発展において心に留めねばならない問題、それにすでに相当程度人目を引いている問題をただ指示するだけである。芸術が社会システムへと自身の機能的自律性をもって社会的分化をなすことは、必ずしもただ単に歓迎すべき進歩ではない。それはまた、伝統的に芸術として育まれてきた領域における内部的諸問題が強烈化することでもある。社会は、つねに―不変の―芸術から持続性の保証を取り上げながらも、それを助成し続ける。芸術の内部的布置――社会に関して見たものであって芸術の多彩性や多様性の点からではない――は、よりいっそう複雑になっている。芸術の内部的布置は時間への依存関係に順応し、そしてその時点から芸術作品自体の時間化が随伴する。古い作品でさえ――そしてそれこそとくに――歴史的地位を割り当てられる。ドーリア式円柱の卓越性が論じられ、古代的なものへの趣味が発展する。社会学の言語に翻訳されることによって、われわれは、以下に見るような、いくつかの変数の関係に関する仮説を展開することができる。

1　芸術関連の機能システムの分化の進展。

2　専門職業人と公衆からなるこのシステムの、芸術作品を介してのコミュニケーションの自己再生産に対する自律性と責任の増大。

3　この自律性の制御とこの領域の特殊な（比較できない）諸問題の解決のために、自己反省的諸理論、新たな意味での「美学」の発展。これによって、

4　芸術作品の個別化が進行する。最終的に一八世紀中葉にいたって、作品の唯一性が

承認の条件となる。

5　その結果として、自己再生産の問題化と、その解決のための、スタイルと作品の区別に関わる意味の諸水準の差異の利用。

6　社会的環境との差異において（それは同時にそれに依存しているということでもあるが）芸術の自律性を基礎づけるとともに、参加者を包摂または排除するために、スタイルの意味の水準を利用。そして最終的に、それは以下をもたらす。

7　システムの複雑性の完全なる時間化。それは次のような結果をともなっている。

8　スタイルそしてまた諸作品の時間拘束的価値は、客観的な美の基準（それは、存在するとしても自己言及的に決定されるものにすぎない）を押しのけてしまう脅威となる。

これらすべてによって、芸術の大部分は自己自身を困難にする。それによって、芸術はまた、その社会的機能、つまり他の機能諸システムにおけるシステム内在的反省の主たる焦点に関して不確実性を露呈する。通例の反応は、他の機能諸システムへのサービス機能を斟酌すること（そして拒絶すること）であった――正当に、正確に、他の機能的領域に寄与することは分化を完遂した機能システムの機能ではありえないのであるから。システム理論や社会理論にもとづく諸分析がなされるならば、ひとは、機能分析の、そして芸術システムの自己記述を観察し、記述するためのまったく異なった出発点に達しよう。このことは、美学的反省についての伝統的仮定の再考を引き起こすかもしれない。

この出発点となるのは、異常な作品についてのコミュニケーション、当惑したコミュニケーションであり、それは当の作品に向け返され結びつけられる。芸術は、それゆえ、その目的、つまり「コミュニケーションをテストすること」のために特別に創出された作品を手段として、コミュニケーションのテストという任務を果たすであろうか。芸術は、説得力のある作品を利用して、コミュニケーション的共同体の限定的作品を獲得するであろうか。それは、コミュニケーションを攪乱するのはコミュニケーションだけという程度までコミュニケーションを不要にすることができるというものである。ひとがときどきそうできる余裕があるのは贅沢だろうか。また、それは他のすべてがコミュニケーションに開かれているという究極地点だろうか。まさに芸術の虚構性が、あらゆる確固たる言明を超えて――いわばメディアとして――、世界にかすかなどこか本当ではないという感覚をもたらすのではないのだろうか。そして、他のすべてのことがらに「本当に必然的というわけではない」という性格を（それに代わるものをなんら語ることなしに）付与するというのは、まさに芸術作品がもつ説得力というものではないだろうか。

芸術それ自体にとって有益な自己反省的理論がそのような考察から発展させられうるものかどうか、また、それがいまなお「美学」と呼ばれうるものかどうかという問題について、ここではまったく未回答のままにしている。そのような現状において、芸術のどんな社会的機能にもしきりに異論が唱えられ、そしてその自律性が機能の欠如と同一視されることは理解できる。あなたがたは、そのような仕方で死刑宣告に署名することができる。さもなければ、理論の基礎を修正することができる。

近代社会を機能的に分化した社会システムと考える社会学は、機能的分化から帰結するすべての機能が等しく首尾よく働くとは主張しない。宗教に関してはその疑いがもたれており、また芸術に関しても、分化がそれにふさわしいかどうか、あるいはそれがオートポイエティックな自己再生産に成功するかどうかという問題が投げかけられよう。理論から引き出されうるものとしては、この問題には答えようがない。自己言及的な事態に対しては、方法論として好まれがちな演繹的方法や因果律といった非対称性の構えは有効ではない。ひとは、私が行ったように、すなわち、このような発展から帰結する諸困難がなんであるのか、そして、すべての選択がなくなる前に、どのような機能的選択肢がいまなお利用できるのかを見いだすべく、ただ前進することができるのみである。

第11章　芸術というメディア

芸術作品は、人間の活動が観察可能な世界に残した痕跡につきるようなものではない。また、道具、家屋、街路の騒音、あるいは放射性廃棄物のような、意図的な行為の単なる残存物として生まれるものでもない。それらは、最小限度の基準を採用するならば、意味のコミュニケーションにかなったものである。このことは、それにおいてまたそれによってコミュニケーションが生起するメディアを要請する。

以下の考察は、このメディアに関するなにごとかを見いだそうとするものである。芸術というメディア――このタイトルにおいて私は、メディアに関する問題の助けを借りることで共通したことがらが観察されまた記述されうるという仮定に立って、もろもろの芸術のあいだの差異を意識的に度外視している。そうするためには、人間的知覚一般の領域から[*1]の応用を許す、ある一定の抽象の水準で論じなければならない。そうすれば、特殊な象徴的に一般化されたコミュニケーション・メディアの問題、また組織の諸問題[*2]にまで応用が利くことになる。

メディアは、高度な融解性を有する点で他のさまざまな実在とは異なっている。物質《マター》（質料）の原型的概念は——形式《フォーム》（形相）に対立するものとして——、正確にはこのような意味を有していた。すなわち、それは、それ自体においては輪郭をもたず、形式を受容しそれに依存するものである。存在論的形而上学においては、これらの概念が用いられているわけだが、質料はそれゆえに実在性《リアリティ》のメディアであり、そしてまた、存在と意識との実在《リアリティ》連続体のメディアである。また結局、世界がある種の身体的凝集体（congregatio corporum）と考えられるかぎりでは、合理性連続体（rationality continuum）のメディアであり、それだけが認識を可能にするのである。

このような質料と形相（形式）の図式に、第二の視座が早くから付け加えられた。すなわち、自己言及性の視座である。この視座では、質料は、非反省的存在として区別の一方に追いやられたのに対し、形相（形式）は精神として再評価された。このことは、あらゆる形相（形式）が精神に起因すると考えるべきものであるのか否か、すなわち、精神の自己言及的諸過程の構成体として考えられるべきか否かという問題を、あるいは物質はそれ自身で形相（形式）ないし客観的事物性を獲得しうるのか否か、また、もし獲得しうるとすればそれはどのようにして認識されうるのかという問題を提起した。

この問題はすでにカントをして解きがたい困難と矛盾に陥れた。*3 この理由によって、私はこの伝統からの概念の借用を控えることにする。ここでは、質料についても精神についても語ることはせず、メディアと形式の概念に限局することにする。もし共通したメタ概念が要請されるならば、そのときわれわれは実体（substratum）について語ることができよう。重要なことは、しかし、両実体は相対的にのみ異なるものであるということ、それら双方は自己言及を排除するものではないということ、そしてそれらの差異は歴史的にすなわち進化によって変化するということである。

相対性と進化的能力を強調するために、私はメディアを、形状（＝ゲシュタルト）が有している、凝固した形状を受容する能力とともに[*4]、その高度な融解性によって特徴づけようと思う。それによって意味されるのは、メディアもまた諸要素からなり、時間次元においては出来事からなるが、これらの諸要素はただ緩やかに結びつけられているということである。形式あるいは客観的事物性の要件との関係で、それらは実際上相互に独立したものとみなされうる。たとえば、貨幣がメディアであるのは、支払いがどのような規模においても生じることができ、また支払いはべつの支払いの意味や目的に依存しておらず、またこのメディアは極端に忘れやすいものであり（というのも、貨幣価値を保存するために、なんのために支払いがなされたかを記憶しておくことは必要でないので）、また支払い能力だけが支払いが可能であるかどうかを決定するものだからである。しかし、同じように——べつの例を挙げれば——空気は、このような仕方で緩やかに結びついているがゆえにひとつのメディアでしかない。それは、それ自身がノイズを凝縮するものでないがゆえに、ノイズを伝達することができる。われわれは、空気がチクタクと鳴らないがゆえに、時計の規則的な刻み音を耳にすることができるのである。

形式は対照的に、諸要素間の依存諸関係の集中濃縮によって、すなわちメディアによって提供される可能性からの選択から生まれる。このメディアの諸要素の緩やかな連結および分離の容易さは、なにゆえメディアは知覚されず、メディアの要素を組み合わせる形式だけが知覚されるのかを説明する。われわれは光の原因、太陽を見ることはない、光のもとで事物を見ているのである。われわれはアルファベットの助けなしに文字を読むことはない。そして、もしアルファベットそれ自体を読もうとすれば、われわれはそれをアルファベット順に並べなければならない。諸要素の調整によって示されたものに帰属させることができるにもかかわらず、メディアそれ自体は拡散的すぎて注意を引くことはない。メディアは、その諸要素を、形式によって調整されるべきものとして保持している。それゆえにハイダーは、外部的決定を語るのである。[*5] 形式の領域においてであれ、形式とメディアの区別が一定程度相対的であり続けるような、より硬直的な連結やより硬直的でない連結が、すなわち高度な硬直性と伸縮性の両方を分けもった次元が存在しうる。操縦の自在性および適応の伸縮性はこのようにして保存される。時計はリズムを刻み針を動かし、ボールは環境の影響と諸条件に反作用して跳ねあるいは転がる。世帯はその貨幣をさまざまな（ともかくつねに特殊な）必要に応じて費やすことができるし、理論はそれ自身を十分な非決定状態に保つことで、論理的にコード化された真理メディアにおける適応能力を有している。そうすることで、個々の現実との衝突によって破壊されたり、知らぬ間に変形を受けたりすることがないのである。芸術作品、とりわけ「パフォーマンス」を要請し、あるいは照明や距離の効果に依存するものは、それらのメディアを不変なままにとどまるものとして固定してはならない。これらすべての相対化にもかかわらず、メディアと形式との差異は差異として決定的に重要なものであり続ける。形式を持たないメディアは存在しないし、メディアを持たない形式も存在しない。それは、つねに諸要素の相互的独立性と相互的依存性との差異に関わる問題である。そして、それが差異の問題であるがゆえに、このことはいっそう高度な段階における依存性の関係が関与することを意味している。

これら依存性の諸構造ないし相互依存性、または緩やかな連結や硬直的な連結の諸構造における差異の他にも、量的規模《マグニチュード》の差異がまた役割を演じている。メディアは非常に多くの諸要素からなっており、事実、個々の認知ないし個々の作動的組み合わせが選択的に進められなければならないほどである。形式は対照的に、秩序づけができるものへと量的規模を縮減する。いかなるメディアも単一の形式だけを付与することはない。なぜならそのようなことがあれば、メディアとして同化吸収され、そしてその姿を消してしまうからである。メディアの組み合わせの可能性はけっして使い果たされることはない。そしてもし制約が生じるとすれば、それは形式の産出物が相互に相互を侵害するからである――それはたとえば、ひとつのノイズが他のノイズを打ち消し、ある企業が他の企業を市場から締め出すような場合だが、いずれの場合も、空気や貨幣が尽きてしまうからそうなるのではない。

メディアと形式との関係においては、いっそう硬直的な形式がみずからを強く主張する。というのも、それがあまり柔軟でないからである。連結されていない（あるいは緩やかに連結された）メディアの諸要素は、それに対してなんらの抵抗も呈しえない。それらは外部的決定に依存している。他方、形式は、メディアが利用可能であり、またその諸要素が適合的なものであるときにみずからを具体化することができる。さらに、形式はリスクをとりながらみずからを提示する。それが姿を現したとき、メディアに適合するかもしれないししないかもしれない。そして、それは崩壊の可能性にさらされ続けるし、そうではなく、形式がそれ自身を再生産することができるならば、進化にみずからを適合させることもある。

あまり硬直的でないメディアに対するいっそう硬直的な形式の自己主張は、諸形式のあいだで繰り返される。砂は石にみずからを適応させるのであり、その逆ではない。このこともまた、メディアと形式との関係の相対性のしるしとなる。官僚制的組織は形式としてみることができるのみならず、諸利害の刻印を受容するメディアとしてみることもできる。

この相対性を受け入れることで、われわれは進化に関する理論的諸問題の出発点を獲得する。なぜなら、そのときにのみ、われわれは問うことができるからである。いかにして自然進化は、距離を克服する知覚のメディアとして適合する形式－諸構造（光、空気等々）を導くにいたったのか、その結果それに応じた有機体が進化しうることになり、または社会文化的進化の領域についていえば、言語、書くこと、そしてそのアルファベット化、象徴的に一般化されたコミュニケーション・メディアはどのように出現したのか。これらのメディアは、別のやり方では役に立たないが、いったん社会的諸条件がこれを可能にすれば利用できる形式－諸構造のための潜在能力を準備したのである。

形式を産出するために芸術はあきらかに基本的メディア、とりわけ光学的、音響学的メディアに依存している。それは、光や空気を前提とすることができていなければならない。しかしながら、それ以外に、われわれは芸術それ自体をメディア、コミュニケーションのメディアであるというのはどのようにしてなのか。そして、もし芸術それ自体がメディアであるとすれば、その場合その形式はいったいなんなのか。換言すれば、われわれは芸術の場合におけるメディアと形式との関係についてなにを語ることができるのだろうか。ここで、主題にたどりついた。

もちろん、われわれは、形式が適合しうるメディアがすでに存在しているという仮定からはじめなければならない。しかし、芸術の場合については、私は、形式は形式自体を表現するためのメディアをなによりも先に構成するという、正反対の命題を試してみたい。形式はそこで、一種「より高度なメディア」であり、すなわちメディアと形式との差異自体をコミュニケーションのメディアとして中間的流儀で利用することのできる第二段階のメディアである。

音楽を例としてこの命題を例証させてもらいたい。自動的に音源と結びつく多くの音がある。時計のチクタクとなる音、電話のベル。ノイズの原因となるもろもろの事物に帰するということは、それに引き続く経験と行為とを指示するのに役立つ。このことはまた音楽の場合にも機能する。われわれは、隣の庭のラジオ音楽をうるさく思い、電話を手にしてノイズによってノイズを止めようとする。これに加えて、しかし、音楽的作品の形式はそれ自身の選択の「貯蔵器」、有意味な作曲的可能性の空間を創出する。特定の作品はその作曲的可能性の空間を、鑑賞者が選択として承認でき、その他の作曲法を制限しないという仕方で利用するのである（それとも制限するのだろうか。メディアは不足しているのか。われわれはそれを試してみなければならない）。

たとえもし音楽が、楽器の助けを得て、快く響く楽音を創出したとしても、このメディアにおいてもまず第一に、音楽作品の形式が別様に決定しないかぎり、どのような楽音もその他の楽音に続くことができ、どのような楽音とも結びつきうるのである。またもやここでも、特定の音配列によって、形式がみずからを刻印しうるメディアがなにより先に創出される。つまりここでもまた、われわれは緩やかなまた硬直的な連結を見いだすことになるのである。作曲と演奏の分化は加えて記譜という特別なメディアをもたらす。それは、当初は技術的援助として用いられたにすぎなかったが、音楽的に許容されるものを視覚的に限定する、グラフィックな形式のメディアとして発見されることとなった。

音楽は、このようなメディアと形式との差異を理解でき、それについてコミュニケートできるものたちにとってのみ、コミュニケーションとして機能する。音楽が演奏される連結されていない隙間を聴くことができるものたちに対してのみ、音楽は、調性を通して、形式による規律化との関係で、通常期待されうるであろうよりもはるかに多くの音を可能にする。芸術は、換言すれば、それ固有の包摂の諸規則を確立するが、それはメディアと形式との差異によってメディアとして用いられる。われわれは普通ノイズを沈黙に対する差異として聴きそのために注意深くなるのに対して、音楽はこの注意を前提とし、それを強いることで第二の差異、すなわちメディアと形式との差異の観察に向けさせる。

あきらかなように、この分析は視覚芸術にも適用されうる。視覚芸術もまた、自然世界のなかで、世界の人目に付きやすい出来事からみずからを切り離し、みずからと戯れるために、みずからのためにメディアを組織化する。芸術によって、音響的、視覚的世界の新たな可能性が見いだされ、利用可能なものとなる。そしてその結果として、融解の諸戦略は、そのような戦略を用いない場合の世界の現れ方よりも、いっそう多くの世界の秩序づけの可能性をもたらす。

最後に、われわれはまた同様のことを文芸作品に関しても主張しうる。ここでの基本的メディアはアルファベットである。アルファベットは、言語学的に可能な組み合わせを容認する。アルファベット的書記法メディアによって、言語はメディアとしてのそれ自身の機能を拡張することができ、話し言葉では音響的に気づかれることのないような、新たな組み合わせが視覚的に刺激されることになる。*6 このことは、すべての書記言語についてあてはまるが、書記言語が芸術形式を創出するために用いられる場合にいっそう強められうるものである。同様の規則がここでそれ自身を繰り返す。すなわち、芸術的表現は、その拘束形式(bound form)によってみずからをメディアに刻印する。そうすることによってのみ、われわれは現実的に、通常の話し言葉や書記法が、比べてみればいかに弱々しく恣意的であるかを知るのである。ここでもまた、われわれは、言語がそれ自身では呈示することのない言語における可能的諸空間を切り開くために、より緩やかな連結とより硬直的な連結の関係を同時に利用することができるのである。

そのような可能性は、まず最初に、音律的拘束の基礎のうえで、すなわち口承文化における必要事項の直接的延長上に見いだされた。アルファベットがそこで散文と韻文との反省的差異を可能にする。それに続いて、言葉の選択と組み合わせにおけるますます大きな自由が与えられることになる。とはいえそれは、この差異がふたたび縮小して、通常の言葉が日常言語のあらゆる漠然とした拡張から解放され、まさにその原型的な意味においてふたたび用いられるときに獲得されうる優雅さにいたるまでのあいだである。文芸作品は言語の発見を導き、そしてそこで、偶然ではなく、この発見から科学的形式を、すなわち単なる文法統制であることを凌駕した目的を設定する言語学をもたらすのである。

メディアと形式との区別はエントロピーとネゲントロピーとの区別と競合し、それにとって代わる。エントロピーとネゲントロピーの区別は芸術理論において通用している。しかしながら、この区別は、最終状態を包含しうるだけだという問題、あるいは別の言い方をすれば、転換の傾向を包含しうるだけでその過程は包含されていないという問題（それに対してプリゴジンの散逸構造理論は違った仕方で回答している）に直面する。[*7] もしわれわれがメディアと形式との区別を付け加えるならば、そのときエントロピー（カオス）からネゲントロピー（秩序）へと導く次元は、秩序と無秩序をともにいっそう可能ならしめる増大の関係として考察されうる。[*8] 芸術の歴史を一瞥すると、自然的メディア（知覚メディア）は、つねに前提とされているが、芸術が発展過程において差異を利用するために、それ自身の付加的メディアを創出していることが分かる。このことはひとつの例によってもっともよくあきらかにされうる。幼児キリストを抱く聖母マリアの像のテーマは、のちにロマネスク「様式《スタイル》」からゴシック「様式《スタイル》」へというように叙述される変遷につれて変化している。幼児キリストは中央、いわばその意味深長な場所から縁のほうへ、すなわち聖母との対比によっていっそうはっきりと可視的になるところに移動する。幼児キリストは差異の要素となっている。幼児キリストをこの場所に据えるために、聖母はこの差異をきわだたせる身体的均衡運動を強いられている。聖母の身体、衣服、表情は自動的必然として、そして同時に他者すなわち幼児キリストを指し示すものとして表現されることになる。この形式の選択をもって、人間の身体はメディアに、すなわち、形式がある特定の（他ではない）可能性をそこから選択する、相対的に伸縮性がある可能性領域になる。形式は、その表現目的に沿ってメディアを用いることによって、みずからの芸術的メディアを創出する。ここでもまた、あの規則が適用される。すなわち、いっそう大きな硬直性がいっそう大きな柔軟性に対してみずからを主張する——破綻する、批判される、いっそうよくなされる、あるいは最終的にある様式の特色として歴史にそして博物館に追いやられるというリスクをともないつつ——。

もうひとつの例を、近代テクノロジーの諸表象あるいは芸術における客体から取り上げてみよう。自然への介入の苛烈さ（セザンヌの絵画「サント・ヴィクトワール山と切通し」）が示され、自然との関係におけるその意義が語られる。テクノロジーが自然の可能性のひとつ（ひとつにすぎない）であるということをあきらかにすることによって、自然自体がひとつのメディアとなることができる。日常的な基本的経験とは対照的に、自然は別種に組み合わせられる諸要素へと融解され、そのことによって自然は、テクノロジーのそしてまた芸術の介入にほとんど（とはいえ完全にではなく）抵抗を示すことなく、介入にさらされるのである。固有の仕方で、近代科学は理論の介入に対するメディアとして自然を見いだした。すなわち、総合化の相異なる（とはいえ恣意的ではない）可能性に開かれたメディアとしてである。このような成功した仲間に比較して、芸術は事物を異なったふうに観察し取り扱おうとする。それは、科学によって仮定される肯定的判断とは対照的に、テクノロジーを否定的に判断する傾向（必然的にではなく）がある。結局のところ、われわれは一九世紀以降、芸術の助力をともないつつ、もうひとつのメディア、すなわち社会が構成される傾向を見て取ることができる。われわれは、もはや社会を創造物あるいは自然とみなすことがなく、いうなれば、それ自身の作り物、あるいは計画の可能性が疑わしいとすれば、それ自体の進化の帰結とみなしている。ここでもまたメディアを見いだすことが可能である。社会学は、もしそれが方法論的に制御された理論構築物に適合するメディアを探究し、それを学問分野として構成しているものであれば、社会に取り組むことができる。しかし芸術もまた、社会的データの融解および再結合の高度な能力を占有し、そしてそれ自身の硬直性の力をもってその諸表象を刻印する傾向を示している。もちろん成功か失敗かに関する満場一致の判断というのはありえない。しかしながら、そのような芸術的プログラムから帰結する特殊な諸困難は、以前よりいっそう厳密に調べることができる。それ固有の作動からなるシステムとしての社会がメディアでありえないことは自明である（というのは、社会はある構造的に複雑な、選択的に結合した形式においてのみ現実に可能なものとなるからである）。問題はこうである。いかにして社会は社会の向こうに、社会の形式選択が歪んだ相貌ながらも認識できるように、現実的に投影されうるのか。また、このようなことが芸術の特殊な方式において生じるのはいかにしてであろうか。それも、その選択が、社会批評として、あるいは「他の選択肢」を求める一時的なブームの帰結としてただ単に生きられるのではなく、形式として確信されるように生じるのはいかにしてかということである。

ここで挙げた例は、われわれが芸術の進化を融解と再結合の能力増大として、つねに新たな形式の－ための－メディアの発展として描き出していることを示唆している。このことは当然にも注意深い探究を要請し、またここではひとつの仮説として提示できるだけである。もしこの仮説が正しければ、社会をメディアとして利用することはそのような発展、その極限の論理的帰結となろう。コミュニケーションとしての芸術は、それ自体社会の現実化であるから、それ自身をメディアとして利用している一種の論理的短絡において挫折することもありうる。この方向での諸活動は、結局のところ芸術においてはいかなることも許されており、プログラムの水準においては観察することが困難ではない。しかしながら、ここでさえ、知覚のメディアを利用する不可避的必要にもとづく事実上の諸限界がある。紙面に散開する言葉はなお読みとれるものであるか、あるいはすくなくともあきらかに判読しがたいものでなければならない。また現代音楽は聴取可能性の諸限界を侵犯するであろうが、それはその侵犯がなおも聴取可能である程度にまでにすぎない。

以上のことが意味するのは、芸術は社会的に構成された予期、たとえば書かれたものは解読可能であり、音楽は聴取可能、つまり騒音とは区別可能である、あるいは単に、コンサートホールや文芸作品や博物館等々においてわれわれが遭遇するのは芸術である、といった予期を前提にしなければならないということである。そのような予期を前提にせずには、どんなにそれらが利用されあるいは濫用されようとも、芸術はみずからを再生産しえないであろう。そして日常生活のなかへと融解していき、流れ去っていくであろう。しかし、芸術としての認知可能性の保証は、ひとつの社会システムとしての芸術の持続性にとって、芸術の自己再生産にとって、芸術の「オートポイエーシス」にとって十分なものであろうか。

この問題を探究するために（それに答えることができるとは主張しないが）、われわれは付加的に限定された意味でのメディア概念を、すなわち象徴的に一般化されたコミュニケーション・メディアの概念を使用しなければならない。この概念にいたるのは、メディアと形式との差異がまたもやメディアとして、すなわち、コミュニケーションを通じて形式を形成するために、メディアと形式との組み合わせの可能性を開くメディアとして機能するということを思い起こすときである。

社会的なメディアが生ずるのは、参与者が、他の参与者が観察しうることがらを観察することができる(あるいは観察できるということを想定しうる)ときである。かくしてそれはつねにセカンド・オーダーの観察、観察の観察の問題であり、そしてこのことは観察の直接的、具体的明証性からの脱離の可能性を認める。芸術作品を観察するとき、われわれは芸術家がその作品を作るときになにかを意図していたと想定しうるのであり、また他の者たちも自分たちが想定したことがらを芸術家は意図しえたと想定することも、われわれは理解できる。そしてさらに、以上の観察が順繰りになり、芸術家をして自分の作品について語らせることができる。

芸術作品についてのコミュニケーションは、もちろんのことだが、芸術作品が存在するときにのみ可能である。しかしながら、このことからこの一種の「初めにこれ/それからこれ」関係を結論することは誤りかもしれない。なぜなら逆のことも適用されるからである。つまり、芸術作品は、それらについてのコミュニケーションの可能性が見込まれうるかぎりにおいてのみ存在する。ひとたびそれが作動を開始すれば、われわれは芸術作品の生産によって育まれるひとつのオートポイエティック・システムを手にするのである。語り、書き記すことは唯一のコミュニケーションではない。すなわちまた、対象との関係でコミュニケーションが現実化されるならば、そこには分有された知覚も存在している。ここで、自分が一人で見ているものを他者もまた見るということは、単に日常生活上の通常の前提であるだけではなく、すくなくともその客体が注目に値するものであることを他者にコミュニケートするひとつの意味‐分与的な注視（あるいは傾聴）なのである。

そのような社会システムの構成的自由は、コミュニケーションだけが機能し、その他のものはすべて必要条件という第二等級に位置づけられるという事実に存している。われわれは、このことを「美しい外観」あるいは「驚き」といったテーマを通じて反省的に表現することができる。パーソンズ以来、芸術の範囲にとどまらない意味で「象徴的一般化」と名づけられてきた、決定的なひとつの条件が存在する。[*9] 一般化の概念は、事物の差異性を克服するメディアの能力を、すなわち相異なる事物に対する受容能力を特徴づけており、象徴的という概念は、行為（パーソンズにとっては）あるいはわれわれのコンテクストではコミュニケーションが生じる際の、不可欠な統一の条件を特徴づけている。ここでもまたわれわれは、いくらか異なった理論言語においてではあるが[*10]、融解と再結合との関係、多くの可能性が開かれていることと特定の選択の関係、形式が刻印されることへの準備と依存の関係を手にする。

芸術に関してコミュニケートするためには、われわれは基本的メディアと形式との差異を前提しなければならず、そしてこの差異をメディアへと作り上げることができなければならない。われわれは、芸術家が独力で形式の選択のために創造する自由を、メディアとして認識し利用できなくてはならない。芸術についてのコミュニケーションは、この基礎のうえでのみ可能である。というのは、このコミュニケーションは、獲得されるべき情報の存在を、そしてそれが別様でもありうるであろうことを意味することを前提できなければならないからである。このようにして条件づけられ制限された芸術についてのコミュニケーションは、まず最初に、区別をもたらすために形式が利用するメディアに専心する。舞踏の例でいえば、配置あるいは動き（舞踏）として形式によって調節された人間身体の動きの可能性といったものである。根底から変化した問題は、芸術それ自身がその部分であるところの社会をメディアとして利用しようと欲する際に生起する。その時、芸術についてのコミュニケーションは、芸術それ自体が働きかけるメディアのあり方次第である。そのようなものとしての社会は、そして芸術についてのコミュニケーションもまた、ひとつの構造があると考えられるにちがいない。だが、その構造にあっては、出来事はほとんどないしまったく一貫せず、一団としてそしてほとんど偶然に生じ、そしていっそう硬直的な複合体の介入にさらされている。このような構造の帰属は、社会の否定的投影がなされる際に容易に（きわめて容易に）起こりうる。なぜなら否定性は、正確にこの非連結性の質を所有しているからである。社会はそこで、なんの関係もない雑多な図形群として、奇妙な合奏曲として、恣意的でつかの間の配列として呈示されるかもしれず、そしてその形式はただそのようなメディアの概念を提示するのに役立つ（それはもちろん、このことをなすことができ、そのようにして形式として成功するということを前提している）。しかしながら、得られる帰結は、芸術は、それがコミュニケーションとして実現される以上、それ自身この概念に順応しなければならないということにほかならない。そのとき芸術は、その観察者を、出品者を、購買者を、そして最後にそれ自体を嘲笑することができるであろう。

融解は、それ自体目的となることができる。メディアはもはや形式の要求を満たすのではなく、形式がメディアに仕えるのである。そして、ついには、形式はそれがそれ自身のメディアであることを主張しようとのみ欲し、そしてそれ自体には関心を有していないというパラドクスにいたるのである。しかしながら、社会がもはやこれを受容せず、それがメディア以外のなにものでもないようなエントロピー的状態を自己描写のために産出することも利用することもないというとき、なにが起きるのだろうか。われわれは、芸術がそのような投影を提供していることに注目できる。しかし、われわれはまた芸術がわれわれ自身の投影と相いれないものを提供していることを認識する。というのも、この提供は、すくなくともそれについてのコミュニケーションが確定可能な仕方で起こりうるということを前提しているからである。そのような極端化した芸術は、観察者にとって逆説的に振る舞い、そしてそれによって、パラドクスを解消する試みが実り多いものになりうるために狭き道をとるのである。

芸術についてのコミュニケーション（社会システムとしての芸術）は所与の客体に依存しているものであるがゆえに、その可能性の総体についての抽象的概念を産出しない。芸術は芸術によって創出された偶発性の空間のなかに位置づけられているけれども、コミュニケーションは諸可能性の集合の概念、すなわち超越不可能な諸限界の概念を必要としない。それは芸術と非芸術とを区別できなければならず、家屋や庭が、基準として家屋や庭であることの可能性の全体性の概念を使用することなく区別されうるのと同じ仕方で、それをなすことができるのである。客体が、芸術についてのコミュニケーションを可能にするか否かを決定すること（コミュニケーションが同意あるいは不同意に導く程度にまでだけ）が必要とされるだけである。これがなされるには、選択の「貯蔵器」もまた眺められ、そしてコミュニケートされることが要請される。しかしながら、「貯蔵器」を総計あるいは集合として確定することは必要でも可能でもない。それがメディアとして機能すれば、それで十分である。これらの考察の抽象は、われわれがすでにサード・オーダーの観察と記述のレベルに到達していることを示している。すなわち、われわれは、諸観察の観察をその対象とする理論の定式化に携わっているのである。この理論は、芸術作品として芸術に参入しているのではないから、それは芸術のオートポイエーシスを前提としなければならない。

それは、芸術作品の生産に対してなんらの「思想的衝撃」を与えるものでなく、まして処方箋を与えるものではない。[*11] 芸術に関するかぎり、それは不毛のままである。それは、理論的活動のオートポイエーシスのコンテクストでのみ、実り豊かなものとなることができる。

このレベルにおいてのみ、われわれは、芸術がそのメディアを随意に要求しうるのか否か、あるいはメディアを創出する可能性は限定されているのか否かといった問題を有意義なものとして提出しうる。知覚のメディアが随意に創出されえないこと、可視性と聴取性が障壁を設けることはあきらかである。問題は、社会との関連において興味深くなる。芸術が社会に関連するかぎりにおいて、芸術はそれ自身に、部分的に否定的に、部分的にユートピア的な社会の取り扱いを容認することにしている。そして、まさに社会的諸状況を「写実的に」描き出す際に、現実の純粋な複製は客体を作られたものの様式へと、すなわち、べつのものに作ることができたであろう様式へと翻訳する。しかし、べつのもの、といっても、それはどのようにして可能なのだろうか。

もちろん理論的には、社会がコミュニケーションと行為の過剰可能性の巨大な領域として理解されうること、そこからだれであれ、芸術ももちろん有効なものを選択することができるというように答えることができる。[*12] この選択が、ブルジョアジー、支配階層、あるいは政党イデオロギーと官僚制との結合といった行為主体や作用因に帰せられうるならば、拒絶の意思表示は相対的に容易である。しかしながら、選択はそれが拒絶するものに依存しており、またみずからを寛容に依存させている。それにもかかわらず、それは明示的に考察の対象として買われあるいは利用され、もしくは体制の検閲の間隙をなんらかの方法で通り抜ける。*13 しかし、それはいかにして、またどこでその社会を見いだすのであろうか。そして、社会を連結性のないメディア、それ自身の形式にとってのメディアとみなすことは、それにとって十分なことであろうか。

しかしながら、社会とは、自然でも行為主体の製作物でもなく、その作動は社会それ自体が可能にしていることであり、社会が生起することがらに影響を与えることができると信じている者たちにその場を与えもする自己選択のオートポイエティック・システムである。したがって、メディアへのアクセスをさえぎるだけであるという理由から拒絶に焦点を置くことは意味のないことであり、そして、芸術は社会において作動できるのみであるが、社会に対抗しうる虚構的現実を創出することができる。そのとき、メディアとはなんであろうか。形式とはなんであろうか。

この問題には、予知的なあるいは処方箋的な回答は存しない。しかしながら、これまでの考察が示唆するのは、形式だけがそれに対応するメディアがなんであるかを決定でき、また融解は形を再獲得しうるものを大幅に越えてはなしえない、ということである。換言すれば、芸術が、もしなにものかを融解し再結合させることがどこまで可能なのかを示そうと欲するならば、ちょうど、結びつけられていないメディアを前提にするときにのみ形式を獲得することができるように、芸術は形式を利用しなければならないだろう。メディアと形式との差異は、ありそうもない限度いっぱいにまで——とはいえ形式についてのコミュニケーションがなお成功するという限度のうちではあるが——もたらされうるのである。

第12章　法の自己再生産とその限界

法システムについての支配的理解は、もっぱらその組織された活動および／あるいは専門的な活動に注目している。そのシステムのなかで働いていないひとは、「クライアント」として扱われ、それゆえ中心的な問題は、システムはいかにクライアントの要望に応えるかということになる。このシステムへの批判は、よりよいサービスに対する要求によって引き起こされる。しかし、どうもこうした要求は、それほど成功していないようである。というのは、システムはサービスを改善するいかなる試みにも抵抗し拒絶するように見えるからである。問題を処理する官僚的で専門的なやり方は、事実として受け止められなければならず、システムに対する批判は、この事実をふまえて、目的を変更し、脱法律化、脱形式化、脱専門化を提唱する。[*1] しかし、またしてもその結果はそれほど説得力のあるものではない。なぜならば、これらの提案は、あるひとたちにとっては問題をより容易にし、同時に別のひとたちにとっては、問題をより困難にするからである。すでにイデオロギーを喪失してしまった左翼および右翼の批判は、あたかも大惨事が起きつつあるかのような議論と陰謀論とのあいだを揺れ動いている。次の段階は、おそらく、どうせ自分たちの主張どおりになるわけはないというあきらめをともなった、さらに絶望的でさらにラディカルな主張の展開であろう。

このような状況のもとでの合理的な戦略は、理論の基礎を再考することであろう。理論的選択は、それがどのような差異を核心的問題として提示するかによって特徴づけられる。法システムを定義するために、専門家と素人、あるいは官僚と一般人という差異を選ぶことは、大いに問題のある決定である——日常生活の観点からは理解できるが、理論の精密化という観点からは理解不可能である。なぜならば、法システムのクライアントであるためには、ひとびとはシステムのなかで作動しなければならないからである。つまり、彼らは法的問題を知っていなければならず、それに応じて彼らの状況を定義しなければならない。そして、法的な訴えを起こすことを決意しなければならないし、すくなくともそれについてコミュニケートしなければならない。彼らは、彼らの活動に意味を与えるためにシステム言及を行わなければならず、それによって法システムに参加する。そして、日常生活での出来事を扱うのに、法的枠組みを用いないと決定することさえも、システム内部での決定である。法システムは、法的に問題になる／ならないという線引きや、法的に訴えることを断念させる効果に対しても、責任を負っているのである。*2

専門家とクライアントとの差異は、役割、動機、活動、予期の差異として理解されているが、それは、法システム内部の構造である。法システムは、同システムの作動様式に言及することによって選択されたあらゆる行為と不作為を包摂する。「脱法律化」の戦略は、せいぜい法システムの再構築の提案であるにすぎない。それらの提案は、良かれ悪しかれ、ひとびとの法に対する考慮の仕方を変えるかもしれない。費用、過度の負担、あるいは進行の遅さゆえに、ひとびとに法に訴えることをあきらめさせるかもしれないし、法的救済手段に訴えることがもはや流行りではないという理由で、あきらめさせるかもしれない。しかし、それらの提案が、合法的行動にも非合法的行動にも同じチャンスが与えられ、もはや法が重要とは認められない状況をもたらすことは、おそらくないであろう(し、そうあってほしい)。

理論として、またそれにもとづく調査・研究の成果においても、賃労働パラダイムにもとづいて専門家および官僚に注目することは多くの点で不十分である。とくに、法特有の機能に対する明確な理解が欠けている。社会を機能的に分化した社会システムとみなす理論の一般的枠組みを用いるならば、法システムを社会の機能的サブシステムのひとつと理解することができる。*3 このようなシステムは、システム自身を、機能の観点から構成する。機能は、社会というシステムのレベルで解かれなければならない問題である。一機能／一システムという編成は、システムの完全な自律性を要求する。というのは、どのシステムも機能という点で他のシステムにとって代わることはできないからである。それゆえに、自律性は望ましい目標ではなく、宿命的必然性である。社会の機能的分化が所与であれば、どのサブシステムも自律性を回避することはできない。社会的および自然的環境とのあらゆる依存的および非依存的関係にもかかわらず、自律性をもったシステムだけが、その機能を充足させる作動を再生産できるのである。システム自身の統一性もふくめて、システムのなかで単位として働くものはなんであれ、システムそれ自身によって構成されなければならない。あらゆる基本的な単位（たとえば、法的行為）だけでなくシステムの統一性もまた、複雑性の縮減によって獲得される。基本的単位もシステムの統一性も、システム自身の働きの成果であり、けっして自然によって、あるいは他の環境の諸条件によって、システムに与えられることはない。それゆえ、機能的に分化した社会という全体的体制が与えられれば、あらゆる法は、実定法となるのである。それは、もちろんかならずしも制定法である必要はなく、判例や契約によって作られたものであっても構わない。

　その意味で、社会の機能的サブシステムは、つねに自己言及的システムである。すなわち、それらは、みずからを前提し、また再生産する。それらは、その構成要素をみずからの構成要素の配列や編成によって構成する。この「オートポイエティック」な閉鎖性がその統一である。こうした存在の様式は、自己組織化と自己制御を含意しているが、それは、構造のレベルだけでなく、とくにシステムの要素のレベルでも、実現されなければならない。*4

この一般的な理論構想は、法システムにも適用できる。もしこうしたシステムが機能的分化のコンテクストのなかで進化するのであれば、あらゆる制御は、自己制御とならなければならない。立法の政治的統制はありうるが、法を変更できるのは法だけである。法システムのなかにおいてのみ、法規範の変更は法の変更として理解される。これは、権力や支配力の問題ではなく、また、環境、とくに政治システムが、法システムに影響を与えることを否定するものでもない。しかし、法システムは、法的な出来事によって、ただ法的な出来事によってのみ、法システム自身を再生産するのである。政治的出来事（たとえば選挙）は、同時に法的な出来事になるかもしれないが、それぞれのシステムにとって異なった結合、連結、排除をともなう。法的な出来事（法的決定のような典型例だけでなく、法的な出来事としてコミュニケートされるかぎり選挙のような出来事も）だけが、法の連続性を保証するし、連続性と非連続性を混在させる逸脱的再生産だけが、法を変更することができるのである。

単純な事実が、行動ないし諸事情に、合法的であるあるいは非合法的であるという特性を与えることはけっしてない。事実が法的重要性を有しているか否か決定するのは、つねに規範である。何世紀にも及んだ疑念と討論ののち、こんにちでは、自然的事情も、宗教的事情も、道徳的事情も、法をつくりだす能力をもたず、ただ法規範だけが、それを有しているということが認められている。法システムは、規範的に閉じられたシステムなのである。

同時に、それは認知的に開かれたシステムでもある。システム理論の最近の発展によれば、閉鎖性と開放性とは、もはや対立するものではなく、相補的な条件であるとみなされている。システムの開放性は、自己言及的閉鎖性にもとづいている。また閉じられた「オートポイエティック」な再生産は、環境に言及する。アシュビーの有名なサイバネティクスの定義を借りれば次のようになる。すなわち、法システムは認知的情報に関して開かれており、しかし、規範的統制に関して閉じられている、と。[*5]

規範的閉鎖性は、認知的開放性を排除しない。それどころか、それはシステムと環境との情報の交換を求めるのである。法的な意味を構成する規範的構成要素は、同時に生起する自己言及を供給する。[*6] 同時生起的自己言及は、よくカントの継承者が考えるような規則ではない。したがって、法的作動の規範的特性は、規則の制定や適用によって確保されるわけではない。むしろそれは、システムの統一の再定式化が繰り返しなされることが必要であることを意味する。実際、規範的特性は現実性をもっていることから、引き続き生じる作動には、システムを追認し再生産せよという強制力が働く。まさにこの目的のために、選択の制限と誘導――決定ではない！――が必要とされる。この意味で、同時生起的自己言及は、情報をつくりだすためにシステムと環境との差異を用いるのである。もし仮にシステムが規範だけのシステムであり、その環境が認知の領域であるとしたら、こうはいかないであろう。もし、規範的システムとは、その要素が規範であるシステムを意味するのであれば、法システムは規範的システムではない。それは、規範的な自己言及を自己自身の再生産のために、また情報の選択のために用いる法的作動のシステムである。規範的自己言及にもとづいて作動する法システムは、情報を処理するシステムであり、その認知的構造が十分に一般化されていれば、変化する環境にみずから適応することができるのである。

規範的閉鎖性は、ある要素が他の要素を支え、またその逆でもあるというふうに、システムの構成要素間の対称的な関係を要求する。他方、認知的開放性は、システムとその環境の非対称的な関係を要求する。システムの作動は、その環境の作動に左右されるのであり、諸事情の変化に適応する。たとえば規則を順守せよという要請のように、システムが環境に影響を与える場合もあるが、これまた環境がシステムに適応するというふうに、非対称的な関係である。両方の偶発性は、循環を回避するために、別々に保たれなければならない。

以上の理由から、規範的構造は非常に傷つきやすい。その構造は、あからさまな挑戦や強制を貫徹できないことに敏感である。なぜなら、疑いは波及効果をもち、システム全体に広がるからである。一方、認知的構造は、明細に規定され、他からの影響を相対的に受けにくいかもしれない。法的な出来事と作動には規範的閉鎖性と認知的開放性の両方が同時に関わっており、それが、対称的コミットメントと非対称的コミットメントとを、また一般的コミットメントと個別的コミットメントとを結びつける。規範的に分化したシステムが出現した場合、それによって、認知的順応がそれほど重要でなくなるような状態が生じるわけではない。それどころか、そのようなシステムにとって、認知的順応は、いっそう重要になるのである。

他のシステムは、開放性と閉鎖性とを区別し再結合するために、他の方法とゼマンティク上の他の形式を用いる。たとえば経済システムは、ニーズ、生産物、サービス等の点で開かれた作動をしており、支払いという点では――さらなる支払いの可能性を再生産するためだけに支払いを用いるので――閉じている。支払いと「現実の」財の交換との連結は、閉鎖性と開放性とを、また自己への言及と環境への言及とを相互に接続する。汎用の貨幣が閉鎖性を供給し、貨幣はだれの手元にあっても同じものであり続ける。具体的なニーズが、システムを環境に開く。それゆえ、システムの作動は、一方を他方によって継続的にチェックするということに依存している。閉鎖性と開放性のこのようなつながりは、経済システムの分化と自己制御にとっての前提条件である。[*7] 自己言及的な処理を外部から遮断することで自己制御を可能にするメカニズムは、もちろん経済システムとは違っているが、同様なことは法システムにもいえる。この場合、法の規範的な枠組みに対する言及が、システム内部での循環性を確立するのに役立つ。すなわち、決定が、規範的ルールにもとづいてのみ法的に妥当するのは、規範的ルールが、決定によって施行されたときのみ、妥当なものとなるからである。[*8]

法の妥当性は、一九世紀の法実証主義がそうであったように、権威や意志のうえに基礎づけられることはありえない。また人間社会の「社会的事実（fait social）」が妥当性を与えてくれるわけでもない。法秩序の「存在」が法秩序それ自身の源泉であるわけでもなければ[*9]、基本的な規範の仮定が法的認識の対象を構成する（あるいはただ要請する）わけでもない。[*10] オースティン、デュルケームまたケルゼンは、循環性を避け、法の妥当性を法以外のなにかによって基礎づけようとする、競合する試みを提案した。しかし、妥当性は循環性である――もちろん、論理的展開を必要とする循環性である。

最後に、法システムは、法的な出来事による法的な出来事の再生産のために、二分的構造を必要とする。それによって、あらゆる出来事を、二つのうちのもう一方ではないと記述することが可能となる。法システムは、あらゆる意味を二重化するために、正しい（right）／間違っている（wrong）というコードを用いる――正しい出来事は間違っておらず、間違った出来事は正しくない、というふうに。まさにこの記述によって、起きること、なされうることのすべてが偶発的〔別様でもありうること〕となる。正しいことを選択すること、または間違ったことを選択することは、つねに可能であるが、選択をする際、反対の値をはっきりと否定せざるをえない。そして、反対の値を否定することで、正しい道は、その正しさがいささか誇張されすぎるかもしれないし、間違った道は、正しくなかったという事実から生じる帰結に過度に悩まされることになるかもしれない。

このような二分図式化は、自然の事実でもなければ、神聖なる論理によって与えられた法でもない。これは、進化によって獲得されたものであり、進化的普遍特性である。ギリシア悲劇の時代には、このような二分図式は当然のことではなかった[*11]。他方、これは単なる分析装置ではない。つまり、正しいと間違っているとを区別することで法による認識を構造化するだけではない。これは、法の再生産を法の偶発性の再生産に結びつけ、条件づけの前提条件としても機能する（以下を見よ）。この前提条件にもとづけば、法システムは、どのような出来事（とりわけ行為）が正しいまたは間違っていると判定されるかを、前もってプログラムする諸条件のネットワークとして確立されうる。

ここまで自己言及的法システム理論の概略を示してきたが、以上の論述では、閉鎖性と開放性とを区別し、再結合させるために、規範的指向と認知的指向との区別を用いてきた。このような考察の基本方針をさらにどのように発展させるにせよ、鍵となるのは、規範と認知をどのように理解するかである。

規範を規範たらしめている含意によって——「すべし」という当為の意味や、サンクションを正当化するといったことを引き合いに出して——規範を定義することは、有益ではないであろう。[*12] そのような定義は、自己言及的概念を与えてくれるかもしれないが、自己言及的対象の理論を与えてはくれないだろう。あらゆる種類の概念上の循環を避けるために、認知的指向と規範的指向の違いを、学習すると学習しないの違いとして定義することから始めたい。[*13] 学習するかしないか、いずれかを選択するという問題は、一貫性を欠いた体験をしたときに生じる。[*14] ある体験が予期と一致しなかった場合、われわれはその事実を受け入れ、われわれの予期を変更することもできるし、逆に、予期を維持しようと努め、その体験を逸脱的なこと、まれな例外、誤った選択として処理することもできる。このように予期を変更するかしないかという問題は、日常生活で繰り返し生じるし、とくに人間の振る舞いに関してはよく生じることなので、体験が予期と一致しなかった場合、予期を変更するかどうか、そうした事態に遭遇する以前に、態度をあきらかにしておくことが必要となることもあろう。認知と規範、「存在」と「当為」、「existance」と「axistance」[*15] に関する記号体系は、そのような事前の態度表明のための一般的なゼマンティク上の形式および認識可能なパターンを提供する。これらの形式を用いることで、われわれは、認知的に予期するのか規範的に予期するのか、またそれに応じて、予期がはずれた場合に予期を変更するのかしないのか、そのいずれかにみずからを拘束することができるようになるのである。そして、これが可能であれば、予期の予期を形成することも可能になる。すなわち、われわれは規範的予期を規範的に予期したり、認知的予期を行うのだろうと他者から規範的に予期されたり、あるいはその逆であったり、ということが可能になるのである。

予期の予期は、再帰的予期と呼ばれる。通常の予期はけっして再帰的にはならない。私は、自分の車をスタートさせることができるという予期を予期したりしないし、ホテルの受付で、空いている部屋はありますか、と質問すれば対応してもらえるはずだという予期を予期することもない。車がスタートしないときのみ、スタートさせられるはずだという予期に執着することが不適当かもしれないと感じるのである。同様に、「空いている部屋はありません」といわれ、あとでそれがうそだったということがわかったとき、私には正直かつ真実の答えを受けとる権利があるはずだと感じるのである。再帰的な予期は、認知的予期と規範的予期とのあいだでの選択が問題となるときのみ、引き起こされる。すなわち、再帰性は、いわば一次的な予期のレベルで選択を迫られることに依存しているのである。

再帰的予期に関する研究をさらにくわしく見てみるならば、理論を大幅に洗練させることができるかもしれない。[*16] しかし、法理論にとって、より重要なことは、この分野の研究をシステム理論に、とりわけ自己言及的システムの理論に結びつけることである。社会システムは、一般に、コミュニケーションによるコミュニケーションの再生産過程をコントロールする構造として予期を用いている。[*17] それゆえ、社会システムが分化するためには、オートポイエティックな再生産過程を維持する予期の明細化が必要である。法システムは、日常の作動における自己言及の明確な基準によって分化するようになる。法システムが、作動をシステムに取り込み、システムのさらなる作動（たとえば執行）に言及するために利用するのが、予期の規範的特質、すなわち学習に対する抵抗である。法システムは、法的妥当性の追加的条件として、規範的意味以外の意味を付加することもできるし、ある種の条件つき予測可能性を保証するように努めることもあろう。しかし、この規範的意味は、同時に生起する自己言及としてのみ働き、それが法的出来事から法的出来事を再生産することを確実にする。そこには、いかなるニーズもなく、また完全な自己決定の可能性すらない。法システムは法的決定の内容を――論理的にも、またある種の解釈学的な手法を用いた巧妙な解釈手続きによっても――決定しない。それは、閉鎖的であると同時に開放的なシステムとして、規範的にはシステム自身の自己再生産の維持に言及し、認知的にはシステムの環境に適応する必要に言及しながら作動する。

あらゆる法的な出来事が、規範的にはオートポイエティックな再生過程を継続させなければならないにもかかわらず、認知的には環境から学ぶ用意があるとしたら、システムは、この相異なる態度、おそらくは対立さえする態度をいかに両立させるかという問題に対処しなければならないだろう。こうした組み合わせに関する制約は、システムの成長および複雑性に限界をもたらすかもしれない。しかし、閉鎖性と開放性を兼ね備えることは可能であり、両者の組み合わせが、見込みのない矛盾した試み、ないしは絶対に不可能ということはない。ただし、どのようなメカニズムがこの組み合わせの可能な領域を広げるのかを具体的に記述しなければならない。そして私は、現在、法システムに見られる過度の緊張の徴候は、環境からの圧力（とくに政治的圧力）に対する一種の免疫反応として、このメカニズムによって生み出されているのであって、実施上の困難とか、正当性や正義が不足しているということが、主要な問題なのではない、と推論している。

規範的な指向と認知的な指向とを区別し、ふたたび組み合わせるメカニズムは、二つの異なったレベルで——すなわち一般的レベルと個別的レベルで——働く。一般的なレベルでは、システムは、条件づけという基礎的なテクニックを用いる[*18]。システム内部における特別な出来事（行為、決定）は、ある他の出来事が現実に起きたときにのみ発動され、それゆえ前もってプログラムされた情報によって条件づけられている。条件づけによって、規範と認知とを区別し、ふたたび組み合わせる可能性が与えられる。条件となるプログラムそれ自体が規範として宣言されることもあり、その場合、その規範は、逸脱行動を予見し、それによって無効になることはない。一方、プログラムを適用するためには、認知的作動が必要であり、情報を取り扱い、一定の事実が与えられたかどうかを判別できる能力をあてにしている。このような「不確定的な」態度によって、出来事の長い連鎖が形成可能となる。連鎖の各ステップは、それ以前のステップに依存し、すべてのステップがそれ自身およびそれ以外のステップの法的妥当性に依存しながら、長い連鎖が形成されるのである。[19]

この意味において、条件プログラムは法システムの中核である（ヴィルケは、かなり異なった考察をしている）[20]。あらゆる法規範は条件プログラムであり、仮にそのように定式化されていなくても、もし／ならばの関係にいい換え可能である。このことは、未来の状態に対して、法的妥当性の条件という地位を与えることを困難にする。[21]法的なルールは、未来の状態に言及することがある。たとえば、離婚した両親のどちらが子どもを養育すべきかということを決定するにあたっては、子どもの幸せについての見通しが決定的に重要である。しかし、このことは、もし未来が予想と異なった結果になったとしても、決定およびそれにもとづくすべての行動が、その法的な妥当性を失うということを意味しているわけではない。決定は、現在の情報にもとづく未来についての推定に依存しているのであり、法の妥当性は、リスクと不確実性を吸収することに用いられる（誤用されるというべきか？）。法は、占いを専門とするわけではないし、ギャンブルの法的妥当性は、つねに疑問に付されてきた。[22]

しかしながら、このことは真実の半分にしかすぎず、法システムの規範的な構成要素と認知的な構成要素とを関係づけるひとつの方法にすぎない。条件づけは、一般的かつ不可欠な方策であるが、認知的要素によって規範的構造をそれとなくコントロールする、さらに微妙で見えにくい方法がある。裁判官が当然そなえているべきと考えられているのは、事件を取り扱う際の特別な技能と事件のコンテクストに関する感受性である。彼らは、規範を事情に応じて適用し、必要とあれば例外をつくりだすが、それはあくまでももとのルールを守るためである。彼らは、正義を行おうとし――事件が起きるたびに世界が堕落していくのをすこしでも食い止めようと努力する。これとは別の学習過程が、法的概念に関する解釈学《ドグマティクス》のレベルで進行する[23]（ブルックマンとヘラーは、このレベルにおける変更の可能性に関し反対の見解を述べている[24]）。法の学説の概念的枠組みは、諸事情および信憑性の変化に適応する。概念的枠組みが、それ自身の変化を考察し制御することができるのは、概念自体はいまだ規範的に拘束力をもつ決定ではないからである[25]。

この領域における現実の問題は、多かれ少なかれ時間と速度の問題である。法システムがその統一性を保つためには、二つのレベル――裁判における判決と法の学説――における変化が統合されることが必要である。新たな概念の発展、あるいは解釈学《ドグマティクス》上の新たな規則は、それを促進する事件の発生を待たなければならず、さまざまな事件が、いくつかの問題類型に整理統合されるのは、概念の発展が十分になされたときのみである。このことすべてに、時間が必要とされる。しかも、近代の諸条件のもとでは、どうやら非常に多くの時間が必要なようである。十分な速度は、法律制定によってのみ獲得されるが、頻繁な法律制定は、裁判の伝統や学説の発展が新しい法律に適応するための時間を十分与えることなく、何度も法を変更することになるであろう。法システムの内部では、立法府が優先されるようになる。このことは、ある程度ながら、認知的考慮が規範的考慮よりも優先されるという新しい事態を意味している。法は、法をとりまく社会に適合しなければならず、それにもかかわらず法がそれ自身の社会的機能を遂行し続けることができるとすれば、われわれは幸運である。*26

古代から、いくつかの形式を想定する法の批判がよく知られている。*27 法は正義に反する、あるいはすくなくとも正義の理念と完全に一致しているわけではない。こうした事態は、われわれが所有権を必要とするかぎり、避けられないように思える。さらに、法規範が完全に徹底されることはけっしてない。見えないところで違反が行われることをわれわれは知っているし、あからさまな違反さえなされる。不十分な正義と、不完全な法の強制と順守は、この世界では普通のことと考えられなければならない。いずれの点でも、つまり理念的にも実質的にも、法システムには完全性が欠けている。これに有名な「法は注意深き者のために書かれたり（ius vigilantibus scriptum）」、あるいはそれの現代版というべき「だれもが等しく法を利用できるわけではない」を付け加えることもできよう。最後にもう一点付け加えれば、われわれは、洗練された法形式が乱用されて立法者の意図していなかった結果を生じさせる事態を数多く知っている[*28]——もっともよく知られた巧みな用い方の一例は家父権免除である[*29]。これらすべては今後も検討課題であり続けるが、これらに加えて、われわれは新しい種類の不満をつくりだした。すなわち、われわれは、法システムが過度の緊張に悩まされていると感じている。法的規制が多すぎるし、良いとされることも多すぎると感じているのである。

このことは、なにを意味するのであろうか。いかにして良いことが悪いことに転換するのか、どの点でそうなるかということを説明する法理論を、私は知らない。社会学者は、ここで、もう一度マックス・ヴェーバーを引き合いにだすことができよう。ヴェーバーの官僚制に関する分析が示したのは、合理性がいかにして不快なものとなりうるかということであった。しかし、このパラダイムは、かなり印象に頼った理論である。もし、この洞察を、官僚制から法一般へ（すなわち組織から社会の部分システムへ）転用しようとするならば、もとのままの概念の構成では行き詰まることとなろう。その概念構成は、そのような転用ができるほど強固なものではないのである。

過度の緊張というだれもが認める徴候が示唆するのは、法を代替するもの、あるいはすくなくとも脱法律化の新しい方法（脱形式化、脱専門化もふくむ）を探さなければならない、ということである[*30]。これは実践的な新機軸の導入を示唆するものとしては理解できるが、原則としては間違っている。機能的に分化した社会は、その機能的サブシステムに対する代替物を提供することはできない。すべての機能的等価物は、機能的なサブシステムの一部分である。というのは、機能的等価物は、サブシステムの機能を考慮して用意されるからである。機能的等価物をシステムの外部で始動させることは不可能である。機能的に等価であるということは、それらがすでにシステムに包含されているということだからである。さらに、機能的等価物との関係以外で、「代替手段」について語ることはできない。それができるというのであれば、それは代替手段ではなく、システムに影響を与えるかもしれないし与えないかもしれないなにかであろう。政治システムは、経済システムにとって代わることはできず、同様に経済システムは教育システムに、教育システムは法システムに、法システムは政治システムにとって代われない。なぜならば、どの機能的サブシステムも他のシステムの中心となる問題を解くことはできないからである。機能とは、比較および代替にとっての視点であり、それゆえ、機能にもとづいて分化した社会は、自己代替的サブシステムを形成するのであり、他者代替的サブシステムを形成するのではない。したがって、代替手段を提案するのであれば、念頭においている機能を明確に規定しなければならない。もし、それが法の機能であれば、その提案が、法に対する代替手段を奨励するということはありえない。提案が問題にするのが二次的な機能——たとえば、訴訟手続の遅さ、個人的感情に対する配慮のなさ、過度の中央集権化——であれば、有効な救済策がシステムの内部にあるかもしれない。また、システムの外部にもあるかもしれないが、それを用いることは、他のシステムの手段を用いること（たとえば、訴訟手続のスピードを上げるために裁判所の増設にお金を用いること、あるいは、なにもしなければ法廷にもちこまれることになったであろう紛争を、政治的権力を用いて抑え込むこと）になるか、あるいは法の領域を縮小することになるか、あるいはその両方を意味していよう。

概して、過度の緊張およびそれに類する問題に関する広範な議論は、問題、機能、システム言及についての明確な言明を欠いている。こんにちのドイツにおける「法制化」についての論争は、多かれ少なかれ政治的な意味合いをもっている。それらは、福祉国家に対する一致した批判（福祉国家は資本家やテクノクラートの最後の拠りどころだ、あるいは社会主義による経済を破壊する試みだ）の一部である。[*31] 主要な提案は、社会の自己治癒力に期待することであり、小さなコミュニティの生活世界の活性化、議論をするグループの自己組織化、道理にもとづく日常的活動の改善を推進することである。[*32] しかし、このコミュニティ的アプローチは、法およびその機能とはなんら関係がない。こうした提言は、隣人や同胞、また職場の仲間に親切にせよ、コンフリクトを避けよ、といっているようなものである。しかし、法が問題となるのは、コンフリクトを想定するときだけである。重要なのは、だれが自分の主張を押し通すだけの余裕があるのか、また、その際、どこまで地域での評判や功績、贈り物や善意のやりとりを無視することができるのかである。実際、法の歴史のなかで発明されたもので、最小限のルールで最大限の脱法律化効果をもたらしたのは、ほかならぬ所有権制度であり、これだけである。なぜなら、この制度こそ、明快かつ単純な方法によってコンフリクトを予測可能にするからである。このことを踏まえて判断すれば、法システムにおいて現在取り沙汰されている過度の緊張の諸問題は、相当程度、所有権というものがうまくいかなくなったことの帰結ということになる。

法システムに関するべつの理論――法システムをシステムと呼ぶだけでなく、システム理論を実際に理論展開の枠組みとして用いている――は、異なった結論にいたるであろう。法の機能に関する厳密な定義が不可欠である。*33 そうでないと、法の機能的等価物または代替手段に関する考察を限定することができないからである。さらに、システム理論は、構造的緊張とその原因の概念化を必要とし、また提供している。構造的緊張というのは、システムと環境との関係のなかに現れるすべての問題を吸収できる構造は存在しないという事実から帰結する、きわめて一般的な現象である。過度の緊張が意味するのは、単に、未解決な問題と負担過剰な活動が多すぎるために構造変動が生じる可能性が高いということである。*34

同時生起的自己言及（すなわち、オートポイエティックな閉鎖性）にもとづく開放システムの理論は、この問題を再定式化する方途を提案する。あらゆるオートポイエティック・システムは、本来的に備わっている非蓋然性、すなわち閉鎖性と開放性の結合という非蓋然性とともに活動しなければならない。[35] 法システムは、この問題の特別なヴァージョンを提供する。法システムは、閉鎖性と開放性の結合という難題を、規範的傾向と認知的傾向の結合、学習しない傾向と学習する傾向の結合によって解決しなければならない。学術的記述の分析的枠組みのスクリーン上では、このような結合の必要は矛盾した要求と見えるかもしれない。しかし、実際に社会システムは、対立する必要に応えることができる。進化の行程で、システムは例外的状況に遭遇することがあり、その状況をシステム内に構造的制約として取り込むことで、そのような結合が可能になることがあるのである。システムは、偶然のチャンスをつかまえて、それを大いに活かすのであり、したがって、偶然によって進歩するのである。こうして非蓄然的なことが蓄然的になる。[36]

こうした見方からすると、緊張とは、残存する非蓄然性であり、過度の緊張はそれの過多として理解される。非蓄然的なことを習慣化するなんらかの制度的枠組みがある場合、そこには極限というものが存在するのかもしれない。いい換えれば、われわれには、ぎりぎりの限界がどのあたりにあるのかよくわからないと感じられても、制度は苦悩の兆候を示す。制度が示すのは、過重負荷の兆候と不十分な方法による根本的問題の解決の試みが多かれ少なかれ失敗している兆候である。そのような場合は、生物学でいうところの「巻き込み（involution）」――漸進的な複雑化、均一性のなかでの多様性、単調さのなかでの絶妙さ、という意味での――が進化に対して優勢な反応となる。[37]

非蓋然的なことの増加が問題であるならば、テクノロジー的な対策も、コミュニティ的な対策も、うまくはいかないであろう。法に対する社会工学的アプローチは、政治的アプローチである――そして、もちろん政治システムのパースペクティヴとして完全に妥当なものである。実のところ、法システムの分化と自律性が増進すると、他のシステムに対する統制力は、相対的に低下せざるをえないのであり、法の制度と規範に対する道具主義的見方が強まるのは、このような統制力の低下を補おうとする動きとして理解される。[*38] コミュニティ的なアプローチは、対抗運動として現れる。すなわち、法の力の基盤を、中央の圧力から地域の圧力へ、書かれた指示から対面的な相互行為へ移そうとする。政治的アプローチもコミュニティ的なそれも、法本来の機能を否定するという点では一致している。どちらも、高度に非蓋然的な諸問題を他のシステム――政治システムであれ、無数の対面的相互行為システムであれ――に移すことで解決しようとする。しかし、これらのシステムは、合法的ないし非合法的な手段によって問題を解決することはできない。これらにできるのは、法の外部で働くことだけである。

さらに、法は、理性的な企図および道徳の圧力に対する保護を提供しなければならない。なぜなら、開かれたポスト・ゲーデル的社会においては、理性と道徳性は党派的な価値だからである。[*39] すくなくとも、法は、理性的な「言説」や道徳的なそれによって広められた諸要求に対して、どの点で、またどの程度、従わなくてもよいのかを、はっきりさせなければならない。理性や道徳性と争うこうした可能性を維持することは、法の分化と非蓋然性の一局面である。*40

法の固有の機能、規範的閉鎖性、自律性を制約条件として前提した場合、法システムは、本来的な非蓋然的事象をどのように「因数分解する」*41ことができるのだろうか。この問いを追究するためには、閉鎖性と開放性とを結びつけるメカニズムをふたたび検討しなければならない。中核となる工夫は、条件づけであった。これに関して、因果的作動によって直接達成することはできない目的を達成するために条件プログラムを用いることで、残存する非蓋然性が、したがってまた過度の緊張が生じる。*42課題設定とテクノロジーがつねに含意するのは、課題の達成を可能にするさまざまな原因のうち一定部分は制御できるが、それ以外は制御できないということである。*43制御されない諸原因に対して、制御される諸原因（道具・手段）は、多かれ少なかれ決定的かもしれない。諸原因の組み合わせは、多かれ少なかれ恣意的であり、偶発的であるかもしれない。諸原因の布置は、多かれ少なかれ複雑かもしれない。概して、諸原因の組み合わせがより高度の偶発性と複雑性を要求するほど、課題は、システムの統一性（すなわち、そのオートポイエーシス）を典型的に示すものではなくなる。*44

条件プログラムを、目的プログラムにおけるサブ・ルーチンとして用いることに反対する、議論の余地がない根拠などない。法は、結果を指向するプロジェクト内部で、より高度に安全な行動パターンを、非常に適切に組織することができる。しかし、さまざまなリスクがあるにもかかわらず、法の規範的枠組みのなかに望ましい結果をふくめることは、不可避的に過度の緊張をもたらす一因となる。ただし、その程度は、目的プログラムの複雑性と偶発性の程度に応じて異なる。過度の緊張を局部的なものにとどめ、「因数分解する」ためには、注意深い課題分析が有用であろう。それによって、実際には合理的な推測が得られるにすぎない事案において、課題の達成が確実であるかのような印象を与えるために法が誤用される事例がたくさんあることがあきらかになるであろう。結果を指向する法の実践は、意見に権威を与える。これは、集団的拘束力をもつ決定によって政策を実行するためには有用な手段である。しかし、法システムの観点からは、訴訟で敗れるひとたちや、法的安全性のためにお金を使いたいというひとたちのことを考慮しなければならない。どちらのひとびとも、憶測による正義によって規範的意味の自己再生産を台無しにするような法システムからは、十分な配慮を得られないであろう。

条件づけをだれがどのように行うかは、複雑性の発生源とパターンに重大な影響を与える。一八世紀の終わりまでは、法システムが複雑なのは、法律家同士の論争と、法解釈および法学説をめぐって延々と続く議論のせいだ、というのが一般的な見解であった。これに対して、立法は、法の単純化、明確化、透明さをもたらすものとして称賛された。法廷で法に関するさまざまな意見を引き合いに出すことを公式に禁止することが、ときどき検討されてきた（立法化されさえした）。[*45] いまや事態は逆である。立法は、複雑性の主要な発生源とみなされ、「多様性における秩序」の探究は、法学説の一般原理においてなされることが期待されているが、うまくいくだろうという期待は薄れる一方である。

この逆転は、法システムの分化が増進してきたことと、システム内部の学習する傾向と学習しない傾向の両方に対する圧力が高まってきたことに関係している。それは、進化によって不可逆的となった。しかし、これは、現状を受け入れなくてはならないといっているわけではない。立法が複雑性を生み出すのは、それが政策の実現であると同時に結果を指向する法の実践でもあるからである。結果指向の実践は、あきらかにシステム内部における複雑性のもっとも重要な無比の発生源である（昔は、訴訟と利害の多様性それ自体が発生源であった）。結果指向は、相当程度、その目的を達成することはなく、意図していない副次的効果をつくりだすであろう。もし、過失のない離婚が離婚率を増加させるならば、あるいは、このことが夫と妻の交渉上の立場を変化させるとしたら、これは意図されたことだろうか。また、もしそうでないとすれば、このような結果に対処するために、なにができるだろうか。こうした期待外れは、システムへフィードバックされ、立法は、またもや、その主要な学習メカニズムとして働く。それゆえ、立法が立法を促進する。法の結果を観革され続けなければならない（Ecclesia reformata semper est reformanda.）。教会は改察することは、法の変化を意味する。すなわち、条件の変化が、変化を条件づけるのである。

こうした混乱した状態に直面して、どのような法学説の展開がありうるのかを予想することはむずかしい。解釈学《ドグマティクス》としての一群の原理や決定ルールをつくりだすのと同じレベルで、立法と競合しようとするいかなる試みも、無益な試みとなるであろう。おそらく、学説は、反省を専門とする法理論と一体化するであろう。その対象領域は、システムの自己観察および自己記述となるであろう。それは、冷静で客観的で「豊かな経験に裏打ちされた」言明——たとえば、無過失責任は保険費用の変動を意味する——を生み出すかもしれない。そのような言明が生み出されたからといって、それによってただちに変動過程が遅くなることはないだろうし、もちろん脱法律化に貢献するわけでもない。他方で法理論と一体化した学説は、よりよい状態のストックが実際に限られているという事実を指摘することで、よりよい状態をめざそうという善意が枯渇する過程を速めるかもしれない。これは、政治的責任に干渉することではないが、導入がめざされている新制度について所感を述べることでその導入を阻むということはあるかもしれない。しかし、バランスのとれた判断に専心し、「本質的な」規範に深く関わることをしない法による説明を、法システムと社会は支持するだろうか。もし、このような法による説明が、過度の緊張に対する適応として不可避であることが判明すれば、われわれは、法のために闘おうとか、ソクラテスが自分の義務とみなしたように、悪用された法のために死のうなどという気になることは、もはやないであろう。

原注

第1章　社会システムのオートポイエーシス

1　Humberto R. Maturana, "Man and Society," in Frank Benseler, Peter M. Hejl and Wolfram Köck, eds., *Autopoiesis, Communication and Society: The Theory of Autopoietic System in the Social Sciences* (Frankfurt: 1980), pp. 11-31; および Peter M. Hejl, *Sozialwissenschaft als Theorie selbstreferentieller Systeme* (Frankfurt: 1982). Mario Bunge, "A Systems Concept of Society: Beyond Individualism and Holism," *Theory and Decision* (1979), 10: 13-30をも参照。

2　Humberto R. Maturana, "Autopoiesis," in Milan Zeleny, ed., *Autopoiesis: A Theory of Living Organization* (New York: North Holland, 1981), p. 21.

3　英語に翻訳不可能なMitteilungという用語をドイツ語では用いることができるのだが。

4　この三要素からなる区別（これにはオースティンとサールによってもまた用いられてきた）の源は、Karl Bühler, *Sprachtheorie: Die Darstellungsfunktion der Sprache* (Jena Fischer, 1934)〔カール・ビューラー『言語理論——言語の叙述機能』上・下、脇阪豊訳、クロノス、一九八三・八五年〕である。しかしながら、私はこの区別の言及対象を変更する。これが言及するものは、「機能」でもなければ、「行動」のタイプでもなく、選択である。

5　Gotthard Günther, Natural Numbers in Trans-Classic Systems, in Gotthard Günther, *Beiträge zur Grundlegung einer operationsfähigen Dialektik* (Hamburg: Meiner, 1979), 2: 241-265を見よ。

6　もちろん、この論拠は、このようなシステムの限界を考慮しなければならない観察者の分析能力を制限するものではない。
7 宗教の問題、とりわけ神とのコミュニケーションの問題（啓示、祈り、他）について、本書第7章「社会、意味、宗教——自己言及にもとづいて」を参照。
8 これはまたもや、行為の動機ではなく、社会システムの自己産出された事実である。もし、だれも、なにかを述べたり、意図を示そうと動機づけられることがないのであれば、だれもが、そうした動機のないコミュニケーションを想定するであろうし、このコミュニケーションは、そのようなきわめて非蓋然的な心理的環境などお構いなしに生み出されるであろう。
9 Bronislaw Malinowski, "The Problem of Meaning in Primitive Language," in C. K. Ogden and J. A. Richards, eds., *The Meaning of Meaning: A Study of the Influence of Language upon Thought and of the Science of Symbolism*, 10th ed., 5th printing (London: 1960), pp. 296-336〔オグデン／リチャーズ『意味の意味』石橋幸太郎訳、新泉社、一九八二年〕を見よ。
10 後期パーソンズの全体的な理論的枠組みへの強い影響を有した "The Unit of Action Systems" in Talcott Parsons, *The Structure of Social Action* (New York: 1937), pp. 43ff.〔T・パーソンズ『社会的行為の構造 1』稲上毅・厚東洋輔訳、木鐸社、一九七六年〕の議論を参照。
11 Jürgen Habermas, *Theorie des kommunikativen Handelns*, 2 vols. (Frankfurt: Suhrkamp, 1981).〔ユルゲン・ハーバーマス『コミュニケイション行為の理論』全三冊、河上倫逸・M・フーブリヒト・平井俊彦訳、未來社、一九八五—八七年〕
12 Richard Münch, *Theorie des Handelns: Zur Rekonstruktion der Beiträge von Talcott Parsons, Emile Durkheim und Max Weber* (Frankfurt: Suhrkamp, 1982) を見よ。
13 この点を精密に述べるために、私は、いうまでもなく「行動」と「行為」とを区別しなければならないだろう。行為の帰属を容易にするシンボリックな考案品としての「動機」概念は、この区別に対応するものであり、マックス・ヴェーバーによって用いられてきた。C. Wright Mills, "Situated Actions and Vocabularies of Motive," *American Sociological Review* (1940), 5: 904-913; Kenneth Burke, *A Grammar of Motives* (1945)〔ケネス・バーク『動機の文法』森常治訳、晶文社、一九八二年〕および *A Rhetoric of Motives* (1950)〔『動機の修辞学』森常治訳、晶文社、二〇〇九年〕ともにリプリント。(Cleveland, Ohio: World Publishing Company, 1962); および Alan F. Blum and Peter McHugh, "The Social Ascription of Motives," *American Sociological Review* (1971), 36: 98-109 をも参照。

14　Douglas R. Hofstadter, *Gödel, Escher, Bach: An Eternal Golden Braid* (Hassocks, Sussex, England: Harvester Press, 1979), p. 478〔ダグラス・R・ホフスタッター『ゲーデル、エッシャー、バッハ――あるいは不思議の環』野崎昭宏・はやしはじめ・柳瀬尚紀訳、白揚社、一九八五年〕による自己を知覚することと自己を超越することとの区別を見よ。

15　パラドクスという用語は、多レベルのヒエラルキーの論理上の崩壊に言及するものであり、単純な矛盾に対してではない。Anthony Wilden, *System and Structure: Essays in Communication and Exchange* (London: Tavistock, 1972), pp. 390ff.; Hofstadter, *Gödel, Escher, Bach op. cit.*〔ホフスタッター『ゲーデル、エッシャー、バッハ』〕; Yves Barel, *Le paradoxe et le système: Essai sur le fantastique social* (Grenoble: Presses Universitaires, 1979) をも参照。

16　ゲーデルの限定を回避し、ヒエラルキー化を防ぐ自己言及的システムの論理的分析の可能性についてコメントはしない。

17　「学習」は、オートポイエーシスの一側面として、すなわち閉鎖システム内部の構造変動として、理解されるべきである（変動する環境世界に対する適応としてではない）。Humberto R. Maturana, "Reflexionen: Lernen oder ontogenetischer Drift," *Delfin* (1983) II: 60-71 を見よ。

18　社会科学者が、この洞察のラディカル性および重要性に対するセンスをもっていることは稀である。

しかし、Floyd H. Allport, "An Event-System Theory of Collective Action: With Illustrations from Economic and Political Phenomena and the Production of War", *The Journal of Social Psychology* (1940), 11: 417-445; "The Structuring of Events: Outline of a General Theory with Applications to Psychology," *The Psychological Review* (1954), 61: 281-303 を参照。

19　このことによって説明されるのは、書き記すことの発明が、多様化された構造的情報の維持を可能にすることで、全体社会システムの進化をスピード・アップするということである。これは、すでによく調べられた現象だが、一般理論のなかでの基礎づけはいまだに不十分である。Frances A. Yates, *The Art of Memory* (London: Routledge, 1966)〔フランセス・A・イエイツ『記憶術』玉泉八州男監訳、水声社、一九九三年〕; Walter J. Ong, *The Presence of the Word: Some Prolegomena for Cultural and Religious History* (New Haven, Conn.: Yale University Press, 1967); Eric A. Havelock, *The Literate Revolution in Greece and Its Cultural Consequences* (Princeton, N. J.: Princeton University Press, 1982) を見よ。

20　ドーキンスの用語である。R. Dawkins, *The Selfish Gene* (New York: Oxford University Press, 1976)〔リチャード・ドーキンス『利己的な遺伝子』日高敏隆・岸由二・羽田節子・垂水雄二訳、紀伊國屋書店、一九九二年〕を参照されたい。

21　（システムについて）Heinz von Foerster, *Observing Systems* (Seaside, Calif.: Intersystems Publications, 1981), p. 263,「環境は、情報を含まず、また環境はそれがそのようにあるところのものである」をも見よ。

22　この理論的枠組みを用いることで、「出来事や行為などの環境」という言い方や「システムの諸状況」という言い方はできなくなる。

23　現象学的心理学の方法を用いたさらなる精緻化は、Jürgen Markowitz, *Die soziale Situation* (Frankfurt: Suhrkamp, 1979) を参照。

24　この込み入った時間的構造に対するもっともよい分析のひとつを Edmund Husserl, "Vorlesungen zur Phänomenologie des inneren Zeitbewußtseins", *Jahrbuch für Philosophie und Phänomenologische Forschung* (1928), 9: 367–496〔エドムント・フッサール『内的時間意識の現象学』立松弘孝訳、みすず書房、一九六七年〕が行っている。社会システムについては Wermer Bergmann, *Die Zeitstrucktüren sozialer Systeme: eine systemtheoretische Analyse* (Berlin: Duncker and Humblodt, 1981) を見よ。

25　Alfred Korzybski, *Science and Sanity: An Introduction to Non-aristotelic Systems and General Semantics*, 3d ed. (reprint Lakeville, Conn. : 1949). 進化論の観点からは以下を見よ。G. Ledyard Stebbins, *Darwin to DNA, Molecules to Humanity* (San Francisco, Calif.: Freeman, 1982), pp. 363f.

26　Niklas Luhmann, "The Future Cannot Begin: Temporal Structures in Modern Society," in Niklas Luhmann, *The Differentiation of Society* (New York: Columbia University Press, 1982), pp. 271–288 を見よ。

27　Niklas Luhmann, "World-Time and System History: Interrelations Between Temporal Horizons and Social Structures," in Luhmann, *The Differentiation of Society, op. cit.*, pp. 289–323; Niklas Luhmann, "Temporalisierung von Komplexität: Zur Semantik neuzeitlicher Zeitbegriffe," in Luhmann, *Gesellschaftsstruktur und Semantik* (Frankfurt: Suhrkamp, 1980), 1: 235–300〔ルーマン『社会構造とゼマンティク 1』徳永彰訳、法政大学出版局、二〇一一年〕を参照されたい。

28　より広範な取り扱いについては、Niklas Luhmann, *Soziale Systeme: Grundriß einer allgemeinen Theorie* (Frankfurt: Suhrkamp, 1984)〔ルーマン『社会システム理論』上・下、佐藤勉監訳、恒星社厚生閣、一九九五年〕を見よ。

29　Hans Ebeling, ed., *Subjektivität und Selbsterhaltung: Beiträge zur Diagnose der Moderne* (Frankfurt: Suhrkamp, 1976). およびまた、もちろん「システム維持」に関する広範な「機能主義的」な議論を参照。

30 熱力学的不均衡と散逸構造に関する理論を好む Erich Jantsch, "Autopoiesis: A Central Aspect of Dissipative Self-Organization," in Zeleny ed., *Autopoiesis, op. cit.*, pp. 65–88 を見よ。

31 Francisco J. Varela, *Principles of Biological Autonomy* (New York: North Holland, 1979) を参照。

32 George Spencer-Brown, *Laws of Form*, 2d ed. (London: Allen and Unwin, 1971)〔スペンサー＝ブラウン『形式の法則』山口昌哉監修、大澤真幸・宮台真司訳、朝日出版社、一九八七年〕の意味における再参入のことである。ゴットハルト・ギュンターは、次のように述べて同様の主張を行っている。すなわち、「それら自身の中心をともなった自己再帰のシステムは、システムとその環境との「境界を引く」能力がなければ、現に作動しているように作動することはできないであろう」。このことにより、ギュンターは、「宇宙の諸部分は、宇宙全体よりもより高度な再帰的な能力を有している、という驚くべき帰結」にいたる。"Cybernetic Ontology and Transjunctional Operations," in Gotthard Günther, *Beiträge zur Grundlegung einer operationsfähigen Dialektik* (Hamburg: Meiner, 1976), 1: 319 を見よ。

33 それゆえ、この理論における終了とは、完全な状態という意味での「目的（テロス）」ではなく、まさに逆である。すなわち、不完全で非蓋然的な状態を再生産することによって回避されなければならないゼロ状態である。もっとも基本的な点において、この理論は、反－アリストテレス的傾向を有している。

34 進化論的な視点から、本書第3章「コミュニケーションの非蓋然性」を参照。

35 コミュニケーションの可能性の物理的破壊が起こりうるようになったということ、またこの破壊がコミュニケーションによって意図され、つくりだされうるということは、べつの問題である。同様に、生命はみずからを終わらせることはできず、意識システムは自身の身体を殺す決定をすることができる。

36 Niklas Luhmann, *Soziale Systeme*, pp. 488ff.〔ルーマン『社会システム理論』下〕を見よ。

37 Niklas Luhmann, *A Sociological Theory of Law* (London: Routledge, 1985)〔ルーマン『法社会学』村上淳一・六本佳平訳、岩波書店、一九七七年〕を参照されたい。

38　さらに精密に論じたものとして、Niklas Luhmann, "The Unity of the Legal System," in Gunther Teubner, ed., *Autopoietic Law* (Berlin: De Gruyter, 1988), pp. 12-35 を見よ。

39　シンボル的な違法行為を、社会の過剰な統合と実定法に対する反発に適応した一種のコミュニケーションとして推奨し、受容する最近の傾向は、復興した自然法と、トピックの注意深い選択と、高度の良心的な実践にもとづく第二の免疫システムを要請しているように思える。Bernd Guggenberger, "An den Grenzen der Verfassung," *Frankfurter Allgemeine Zeitung* (December 3, 1983), no. 281 を参照。

40　見方によっては、ここで述べている問題は、「過剰な解決」がなされるがゆえに問題であり続けるともいえよう。すなわち、異なる価値を有し、さまざまな環境に応じてそれぞれの適切性も異なるいくつかの解決が生み出されるからである。このことは、機能分析を機能分析することにより、いかにして脱パラドクス化が進むことができるかという例証を与えてくれる。他方、明るいプラグマティストは、解決を見ることによってのみ問題は問題となる、と述べることに満足したがる。Larry Laudan, *Progress and Its Problems: Toward a Theory of Scientific Growth* (Berkeley: University of California Press, 1977)〔L・ローダン『科学は合理的に進歩する』村上陽一郎・井山弘幸訳、サイエンス社、一九八六年〕を見よ。

41　Heinz von Foerster, *Observing Systems.*

42　Willard van O. Quine, "Epistemology Naturalized," in Willard van O. Quine, *Ontological Relativity and Other Essays* (New York: 1969), pp. 69-90 を参照。

43　C. A. Hooker, "On Global Theories," *Philosophy of Science* (1975), 42: 152-179 を見よ。多くの例がある。すなわち、昇華の理論は、それ自体昇華であろう。自己の理論は、理論家自身が、自己（健康な自己、分離した自己）であることを考慮にいれなければならない。後者の例については、Ray Holland, *Self and Social Context* (New York: St. Martin's, 1977) を参照。

44　Gotthard Günther, "Cybernetic Ontology and Transjunctional Operations," in Gotthard Günther,

Beiträge zur Grundlegung einer operationsfähigen Dialektik (Hamburg: Meiner, 1976), 1: 310.（強調は引用者による）

45 Nigel Howard, *Paradoxes of Rationality: Theory of Metagames and Political Behaviour* (Cambridge, Mass.: MIT Press, 1971), pp. 2ff. その他の箇所を見よ。

46 Humberto R. Maturana, "Cognition," in Peter M. Hejl et. al., eds., *Wahrnehmung und Kommunikation* (Frankfurt: Lang, 1978), pp. 29-49を参照。

47 Donald T. Campbell, "Natural Selection as an Epistemological Model," in Raoul Naroll and Ronald Cohen, eds., *A Handbook of Method in Cultural Anthropology* (Garden City, N. Y.: The Natural History Press, 1970), pp. 51-85; Donald T. Campbell, "Evolutionary Epistemology," in Paul A. Schilpp, ed., *The Philosophy of Karl Popper* (La Salle, Ill.: 1974), pp. 413-465; Donald T. Campbell, "On the Conflicts Between Biological and Social Evolution and Between Psychological and Moral Tradition," *American Psychologist* (1975), 30: 1103-1126を見よ。

48 Jonathan R. Cole and Harriet Zuckerman, "The Emergence of a Scientific Specialty: The Self-Exemplifying Case of the Sociology of Science," in Lewis A. Coser, ed., *The Idea of Social Structure: Papers in Honor of Robert K. Merton* (New York: 1975), pp. 139-174を参照されたい。

49 ユエ司教（Bishop Huet）が定式化したような袋小路を見よ。「ところで、この観念をみつめる位置にある悟性が、この観念が現れ出た源の外的対象にたいして判断を行うとき、この判断が外的対象と一致するかどうか、きわめて確実に、かつきわめて明瞭に知ることはできない。つまり、私が既述したとおり、真理が存するのは、この（判断と外的対象との）一致の場合である。したがって、もちろん悟性は真理を認識するが、悟性は、（悟性が）真理を認識することを知らないし、また（悟性が）真理を認識したことが確実なこととはいえない」。Pierre-Daniel Huet, *Traité philosophique de la foiblesse de l'esprit humain*

（Amsterdam: Du Sauzet, 1723), p. 180.

50　Jean-Pierre Dupuy, *Ordres et désordres: Enquête sur un nouveau paradigme* (Paris: Seuil, 1982), pp. 162ff.〔ジャン＝ピエール・デュピュイ『秩序と無秩序』古田幸男訳、法政大学出版局、一九八七年〕

第3章　コミュニケーションの非蓋然性

1　*Kommunikation: Ein Begriffs- und Prozessanalyse* (Opladen: 1977) において、クラウス・メルトンは共通特性を同定しようとする見地からそのような議論を分析しようとしている。

2　この種の見解は、たとえば次を見られたい。Joseph Glanvill, *The Vanity of Dogmatizing* (London: 1661); Francis Hutcheson, Preface to *An Essay on the Nature and Conduct of the Passions and Affections* (London: 1728).

3　Paul Watzlawick, Janet H. Beavin, and Don D. Jackson, *Pragmatics of Human Communication: A Study of Interactional Patterns, Pathologies and Paradoxes* (New York: 1967), pp. 48, 72ff. 参照。

4　Eric A. Havelock, *Preface to Plato* (Cambridge, Mass.: 1963)〔エリック・A・ハヴロック『プラトン序説』村岡晋一訳、新書館、一九九七年〕を参照のこと。

5　非韻文の文学形式の発達については Rheinisch-Westfälischen Akademie der Wissenschaften, 1980 での講演 Rudolf Kassel, "Dichtkunst und Versifikation bei den Griechen" をも参照。

6　この論題に関して、もっとも重要な論考が最近翻刻された。Talcott Parsons, *Politics and Social Structure* (New York: 1969).〔T・パーソンズ『政治と社会構造』上・下、新明正道監訳、誠信書房、一九七三―七四年〕また Talcott Parsons, "Social Structure and the Symbolic Media of Interchange," in Peter M. Blau, ed., *Approaches to the Study of Social Structure* (New York: 1975), pp. 94-120. また、数多い二次的文献のなかでも次のものは挙げておくべきだろう。David A. Baldwin, "Money and Power,"

The Journal of Politics (1971), no. 33, pp. 578–614; Rainer C. Baum, "On Societal Media Dynamics," in Jan J. Loubser et al., eds., *Explorations in General Theory in Social Science: Essays in Honor of Talcott Parsons* (New York: 1976), 2: 579–608; Jürgen Habermas, "Handlung und System: Bemerkungen zu Parsons' Medientheorie," in Wolfgang Schluchter, ed., *Verhalten, Handeln und System: Talcott Parsons' Beitrag zur Entwicklung der Sozialwissenschaften* (Frankfurt: 1980), pp. 68–105; Stefan Jensen and Jens Naumann, "Commitments: Medienkomponente einer ökonomischen Kuturtheorie?" *Zeitschrift für Soziologie* (1980), no. 9, pp. 79–99; および Stefan Jensen's Introduction to his edition of Talcott Parsons' *Zur Theorie der sozialen Interaktionsmedien* (Opladen: 1980).

7　この争点は内容の観点から適切に理解されているけれども、ターミノロジーの問題は議論の余地を残している。パーソンズにしたがって、「交換メディア」、「相互行為メディア」、さらには「コミュニケーション・メディア」などが用いられているが、これらの術語のいずれも十分なものではない。新しい理論的発見がもたらされる場合にしばしば見受けられることだが、われわれの現行の語彙はけっして妥当な用語を提供してくれるものではない。

8　Niklas Luhmann, "Einführende Bemerkungen zu einer Theorie symbolisch generalisierter Kommunikationsmedien," *Soziologische Aufklärung*, 2: 170–192 (Opladen: 1975) を参照。またパーソンズの理論に関しては、Niklas Luhmann, "Generalized Media and the Problem of Contingency," in Jan J. Loubser et al., *Explorations in General Theory*, pp. 507–532.

9　この文脈で決定的な重要性をもつギリシアのポリスの発展については、Jack Goody and Ian Watt, "The Consequences of Literacy," *Comparative Studies in Society and History* (1963), no. 5, pp. 304–345 を参照のこと。

10　Gerard Piel, *The Acceleration of History* (New York: 1972) 参照。

11　とくに、Robert Dreeben, *On What Is Learned in School* (Reading, Mass.: 1968) を参照のこと。本書は、かなりの確信をもって全体として、不当なほど楽観的な評価を下している。

12　このように、貨幣とその他のコミュニケーション・メディアとの、アナロジーにつきものの限界に対する批判がなされている。これを主題とした最近の議論については、とくに、Habermas, "Handlung und System" を参照のこと。

13　Robert Dreeben, *The Nature of Teaching: Schools and the Work of Teachers* (Glenview, Ill.: 1970), とくに pp. 26, 81, 82ff. を参照。また、Niklas Luhmann and Karl Eberhard Schorr, "Das Technologiedefizit der Erziehung und die Pädagogik," *Zeitschrift für Pädagogik* (1979), no. 25, pp. 345-365.

14　Elisabeth L. Eisenstein, "L'avènement de l'imprimerie et la Reforme: une nouvelle approche au problème du démembrement de la chrétienté occidentale," *Annales ESC* (1971), no. 26, pp. 1355-1382 を参照。

15　この論題に関しては、次を推奨しよう。J. H. Hexter, *The Vision of Politics on the Eve of the Reformation: More, Machiavelli and Seyssel* (London: 1973).

16　一七世紀以来、ことに女性との関係で議論されてきた論題である。たとえば、以下を参照。Jacques du Bosq, *L'honneste femme*, new edition (Rouen: 1639), とくに、pp. 17ff. を参照。また、Pierre-Daniel Huet, *Traité de l'origine des romans* (Paris: 1670; reprinted Stuttgart: 1966), pp. 92ff. 参照。現代的な観点からのものとして、Georg Jäger, *Empfindsamkeit und Roman* (Stuttgart: 1969), pp. 57ff. 参照。

17　Erich Köhler, "Je ne sais quoi: Ein Kapitel aus der Begriffsgeschichte des Unbegreiflichen," *Esprit und arkadische Freiheit: Aufsätze aus der Romania* (Frankfurt: 1966), pp. 230-286; Christoph Strosetzki, *Konversation: Ein Kapitel gesellschaftlicher und literarischer Pragmatik im Frankreich des 18. Jahrhunderts* (Frankfurt: 1978), とくに pp. 125ff. を参照。

18 Arnold Gehlen, "Die gewaltlose Lenkung," in Oskar Schatz, ed., *Die elektronische Revolution: Wie gefährlich sind die Massenmedien?* (Graz: 1975), pp. 49-64 を参照。

19 基礎的な理論的概念については、Niklas Luhmann, "Interpenetration: Zum Verhältnis personaler und sozialer Systeme," *Zeitschrift für Soziologie* (1977), no. 6, pp. 62-76 を参照。

20 ここで私が想定している情報概念は、差異の基準にしたがってなにものかが選択されさえすれば、そのことによってそれは情報とみなされうるというようなものである。このことはとりもなおさず、情報を同定しようとするときは何らかの比較モデルが想定されているということを意味するが、このモデルが公衆に伝達されることはない。それゆえ受け手によって制御されることも受け手からのコミュニケーション的反作用を誘い出すこともできない（できるとしても困難をともなってである）。

21 この主題をめぐっては、とくにHans Mathias Kepplinger, *Realkultur und Medienkultur: Literarische Karrieren in der Bundesrepublik* (Freiburg: 1975) を参照。

22 *Mass Media in Society: The Need of Research* (Paris: Unesco, 1970) (Reports and Papers on Mass Communication, 59). を参照されたい。

第4章 コミュニケーション様式と社会

1 E. M. Forster, *Aspects of the Novel* (1927; reprint London: Harcourt, 1949).（『E・M・フォースター著作集8 小説の諸相』中野康司訳、みすず書房、一九九四年）私はまた同時に、スタンフォード大学で開催された「個人主義の再構築」に関する会議（Stanford, California, February 1984）で提出された論文である、Christine Brooke-Rose, "The Dissolution of Character in the Novel" を参照している。

第5章 個人の個性——歴史的意味および今日的諸問題

私は本稿の初期草稿を、スティーヴン・ホームズ（Stephen Holmes）氏に御一読願い、手を加えていただくという恩恵を賜っている。本稿初出は、Thomas C. Heller, Morton Sosna, and David E. Wellerby, eds., *Reconstructing Individualism: Autonomy, Individuality, and the Self in Western Thought* (Stanford: Stanford University Press, 1986）である。

1　最近のシンボリック相互作用論学派は、ミードの行動主義と現象学とを融合させようとしている。このような融合は成功しえないものであり、両立不可能な理論の途方もない交雑形成に帰してしまう。フッサールはあきらかに意識の自己言及のモデルとしての内的コミュニケーションという発想を拒絶している。そして、この拒絶はたまたまの所見というのでなく、まさに超越論的現象学の基礎づけにとってひとつの必然的な前提条件をなすものである。フッサールの、*Logische Untersuchungen*, 5th ed.（Tübingen: 1968), II, 1, parts 1-8〔エドムント・フッサール『論理学研究 2』立松弘孝・松井良和・赤松宏訳、みすず書房、一九七〇年〕を参照。批判および異なった（記号学的なものであって、行動主義的なものではない）立場としては、Jacques Derrida, *La voix et le phénomène*（Paris: 1967）（trans. by David B. Allison as *Speech and Phenomena: and Other Essays on Husserl's Theory of Signs* [Evanston, Ill.: 1973]).〔デリダ『声と現象——フッサール現象学における記号の問題への序論』高橋允昭訳、理想社、一九七〇年〕

2　そのようなパースペクティヴは歴史的にナイーヴでさえあるだろう。次を参照。Reinhart Koselleck, *Vergangene Zukunft: Zur Semantik geschichtlicher Zeiten*（Frankfurt: 1979), pp. 38ff.

3　この点および、健全なる個人に関するアメリカ的オプティミズムとヨーロッパ的懐疑論との対抗については、次を参照。Ray Holland, *Self and Social Context*（New York: 1977).

4　先行の諸理論に関する長きにわたった議論のコンテクストにおけるものとしては、Francisco Suárez (1548-1617), *Disputationes metaphysicae*, Disp. 6, esp. 6: 14:〔『中世思想原典集成 20 近世のスコラ哲学』田口啓子編訳・監修、平凡社、二〇〇〇年、所収。フランシスコ・スアレス「形而上学討論集」小川量子訳〕「本質的な方法とは、単一なものであり、不可分な仕方で縫い合わされているものであって、さらには、それ自体において固有の不可分性を保持しており、その差異はどこか他のところに源泉をもつものではなくその本性に由来するものである」。*Opera omnia*（Paris, 1866; reprint Hildesheim: 1965）, 1: 185参照。

5　実際のところ、一八世紀末までは人間的個人は、理性的本質によって特徴づけられた、個体的な事物（res）の単なる特殊例にすぎなかったのである。そして事物（res）とは、特性の可能なる結合が拘束されていることを意味していたのである。

6　このテーマに関しては多くの有益な文献がある。以下を参照されたい。Alban J. Krailsheimer, *Studies in Self-Interest: From Descartes to La Bruyère*（Oxford: 1962）; N. Luhmann, "Frühneuzeitliche Anthropologie: Theorietechnische Lösungen für ein Evolutionsproblem der Gesellschaft," in *Gesellschaftsstruktur und Semantik*（Frankfurt: 1980）, 1: 162-234.〔ルーマン『社会構造とゼマンティク 1』〕

7　自由思想家にとってさえ、この区別を完全に無視するのはあまりにリスクを負うこととなり、できることではない、と論じられる。

8　Kenneth E. Kirk, *The Vision of God: The Christian Doctrine of the Summum Bonum*（London: 1931）を参照。

9　Pierre de Villiers, *Pensées et réflexions sur les égaremens des hommes dans la voye du salut*, 3d ed.（Paris: 1700）, 2: 93.

10　「信仰告白を表明するために敬虔であろうとすることがあってはならない。真に敬虔な者は、そうしようと思わなくとも信仰を告白する」（*ibid.*, p. 98）。しかし、では、もしもこの意図的でないコミュニケーションを知る者がいて、そしてそれを望んだとすれば、そこではいったいなにが生じることになるのだろうか。

11　この点に関しては多くの省察が、Pierre Nicole, *Essais de morale*（Paris, 1671-1674; new ed. in 4 vols.,

1682）に見いだされる。イエズス会派は、他方でこの困難な区別を行い上げる上での特殊な信仰告白技能を有することを主張している。

12　Niklas Luhmann, *Liebe als Passion: Zur Codierung von Intimität*（Frankfurt: 1982）, passim, esp. pp. 112ff. 131ff.（English translation: *Love as Passion*, Cambridge: 1986）〔ルーマン『情熱としての愛』佐藤勉・村中知子訳、木鐸社、二〇〇五年〕を参照。

13　Claude Crébillon（fils）, *Les Égaremens du coeur et de l'esprit*（Paris: 1961）の中の、ヴェルサック伯爵（Comte de Versac）の警句を思われたい。

14　François-Augustin Paradis de Moncrife, *Essais sur la nécessité et sur les moyens de plaire*（Amsterdam: 1738）, pp. 92ff. およびその他多くの著者を参照のこと。

15　「彼はオペラ座のボックス席を四半分もっていて、宝くじを引き、街で夕食をとる」。Sénac de Meilhan, *Considérations sur l'esprit et les moeurs*（London: 1787）, p. 317.

16　*Ibid.*, p. 41.

17　おそらく最上の理論的構想は次のうちに見いだされうる。Simon-Nicolas-Henri Linguet, *Théorie des loix civiles, ou Principes fondamentaux de la société*, 2 vols.（London: 1767）.〔ランゲ『市民法理論』大津真作訳、京都大学学術出版会、二〇一三年〕　よく知られてはいるものの、それほど啓発的でないのが、ヴォルテール、ルソー、ディドロ、メルシエその他による方向である。彼らは、自然と文明との区別を近代的諸状態に関する純粋に道徳主義的ディスコースの足がかりとして利用している。

18　「その存在は、いうなれば、それに帰属することを止める」。しかし、財産制度がうまく諸個人を惑わして、「自分が自由であると思うのを妨げることなく、隷属化させる」のである（*ibid.*, 1: 198-199）〔ランゲ『市民法理論』〕。いっそうオプティミスティックな系統であり優勢なものでは、この差異にはいかなる注意も払われておらず、単に財産の制度的不変性に焦点が当てられるのである。それはすべての人間存在に生活の喜びを拡張するチャンスを与えるというのである。「人間生活の成長および多様性は道徳的人間の目的であり」、そして個人財産はこの目的に必要な手段なのである。正義は、そこで、「各人が自分の全財産を制約を受けることなく所有することを許容し、誰からも侵害されずに保持するという不変の傾向」となる。Johann August Schlettwein, *Grundfeste der Staaten oder Die politische Ökonomie* (Giessen: 1779), pp. 384-385.〔シュレットヴァインは、ドイツ最初の重農主義者である。〕

19　再度ながら、この過程の記述はなんら宗教に言及するものではない。天才はもはや神から賜わったものではなく、またもちろんのこと救済の方途でもなく、単に自然の偶発事であって、「大脳諸器官の幸運なる配列」なのである。Jean-Baptiste Dubos, *Réflections critique sur la poësie et sur la peinture*, new ed. (Paris: 1733), 2: 7.〔デュボス『詩画論 II』木幡瑞枝訳、玉川大学出版部、一九八五年〕また、次も参照。Lodovico A. Muratori, *Della perfetta poesia italiana* (1706; new ed. Milan: 1971), 1: 217.

20　「さしだされる対象がほんとうに感動的なものである場合に、感情は、それ自身によってまたすべての熟慮に先行する反応によって揺れ動く」Dubos, *Réflexions*, 2: 326.〔デュボス『詩画論 II』〕

21　R. G. Saisselin, *Taste in Eighteenth Century France: Critical Reflections on the Origins of Aesthetics, or, An Apology for Amateurs* (Syracuse: 1965).

22　Alfred Baeumler, *Das Irrationalitätsproblem in der Aesthetik und Logik des 18. Jahrhunderts bis zur Kritik der Urteilskraft*, 2d ed. (Tübingen: 1967).

23　「自然の声を窒息させる」の出典は、Linguet in *Théorie*, 1: 184〔ランゲ『市民法理論』〕。

24　もっとも一般的で、躍動的で、自由な互酬的行為によって彼の自我と世界とを結びつけながら、個々人の内部のヒューマニティに可能なかぎりの内容を付与すること。これがフンボルトの教養の観念である。次を参照のこと。"Theorie der Bildung des Menschen," in Wilhelm von Humboldt, *Werke*, 2d ed. (Darmstadt: 1969), 1: 234-240, 235n.

25 K. W. Swart, "'Individualism' in the Mid-Nineteenth Century (1826-1860)," *Journal of the History of Ideas* (1962), 23: 77-90; Stephen Lukes, *Individualism* (Oxford: 1973).〔S・M・ルークス『個人主義』間宏監訳、御茶の水書房、一九八一年〕

26 N. Luhmann, *The Differentiation of Society* (New York: 1982) を参照。

27 同じ観点を支えるさらなる素材として、N. Luhmann, *Gesellschaftsstruktur und Semantik*, 3 vols. (Frankfurt: 1980, 1981, 1989).〔ルーマン『社会構造とゼマンティク』第1巻、徳安彰訳、法政大学出版局、二〇一一年。第2巻、馬場靖雄・赤堀三郎・毛利康俊・山名淳訳、二〇一三年。第3巻、高橋徹・赤堀三郎・阿南衆大・徳安彰・福井康太・三谷武司訳、二〇一三年〕

28 Nicolaus Copernicus, *De revolutionibus orbium coelestium libri sex* (1543), ed. Franz Felles and Karl Felles (Munich: 1949), book 1, ch. 10, p. 25.〔コペルニクス『天体の回転について』矢島祐利訳、岩波文庫、一九五三年〕恒星のシステムについて。

29 Alfred North Whitehead, *Process and Reality: An Essay in Cosmology* (New York: 1929).〔『ホワイトヘッド著作集 第10・11巻 過程と実在 上・下』山本誠作訳、松籟社、一九八四・八五年〕

30 以下を参照。Humberto R. Maturana and Francisco J. Varela, *Autopoiesis and Cognition: The Realization of the Living* (Dordrecht: 1980)〔マトゥラーナ/ヴァレラ『オートポイエーシス』河本英夫訳、国文社、一九九一年〕、Francisco J. Varela, *Principles of Biological Autonomy* (New York: 1979); Milan Zeleny, ed., *Autopoiesis, Dissipative Structures and Spontaneous Social Orders* (Boulder, Colo.: 1980)、また、Milan Zeleny, ed., *Autopoiesis: A Theory of Living Organization* (New York: 1981).

31 George Spencer-Brown, *Laws of Form*, 2d. ed. (London: 1971).〔スペンサー=ブラウン『形式の法則』〕

32 Yves Barel, *Le paradoxe et le système: Essai sur le fantastique social* (Grenoble: 1979).

33 Gotthard Günther, "Cybernetic Ontology and Transjunctional Operations," in Gotthard Günther,

Beiträge zur Grundlegung einer operationsfähigen Dialektik (Hamburg: 1976), 1: 313-392, 316.

34　しかし、反対の見解として次を見よ。Edgar Morin, *La méthode*, 2 vols. (Paris: 1977-1980).〔エドガー・モラン『方法 1　自然の自然』『方法 2　生命の生命』、大津真作訳、一九八四・九一年〕

35　これはハインツ・フォン・フェルスターの説明である。次に掲げるものを参照のこと。Heinz von Foerster, "Kybernetik einer Erkenntnistheorie," in Wolf D. Keidel, Wolfgang Händler, and Manfred Spreng, eds., *Kybernetik und Bionik* (Munich: 1974), pp. 27-46. また同じく、Heinz von Foerster, "On Constructing Reality," in Wolfgang F. E. Preiser, ed., *Environmental Design Research* (Stroudsburg, Pa.: 1973), 2: 35-46.

36　また、Ranulph Glanville, "The Form of Cybernetics: Whitening the Black Box," in *General Systems Research: A Science, a Methodology, a Technology* (Louisville: 1979), pp. 35-42を参照。

37　とはいえ、そのときには、審美的関心だけが倦怠と関わる問題に直接もとづいているのに対して、経済的なモチーフは不安、落ちつかなさ、限りない衝動と同じほどいっそう「自然」で受け入れやすい動機の源泉にもとづいているといったブルジョア的な傾向の特性も現れはじめていた。

38　そこで、もちろん、社会学者は「主意主義的行為の理論」を支持するようなことを言っているわけではないということを認めなければならない。

39　Jan Hendrik van den Berg, *Divided Existence and Complex Society* (Pitsburgh: 1974). 著者は、しかしながら、私のゼマンティク的反応のアイデアを受け入れようとはしないであろう。

40　近年流行の最期の瞬間に関する報告書を想起せよ。しかし、またサルトルの有名な分析をも思われたい。Jean-Paul Sartre, *L'être et le néant*, 30th ed. (Paris: 1953), pp. 615-638.〔ジャン＝ポール・サルトル『存在と無』全三巻、松浪信三郎訳、ちくま学芸文庫、二〇〇七―〇八年〕　あるいはまた単純にヴァレリーの言葉を。「死は、想像不能なものが想像可能なものに与える、ひとつの不意打ちである」。"Rhumbs" in

Paul Valéry, *Œuvres*, ed. Jean Hytier (Paris: 1960), 2: 611.

第6章　近代社会の自己記述におけるトートロジーとパラドクス

1　John Middleton and David Trait, eds., *Tribes Without Rulers: Studies in African Segmentary Systems* (London: 1958), p. 25.

2　それゆえ、E・シルズ（一九六一）は、正確にも、中心と周縁の分離に由来する主要問題が文化の拡散であると述べている。Edward Shils, "Center and Periphery," *The Logic of Personal Knowledge: Essays presented to Michael Polanyi* (London: 1961), pp. 117-131.

3　Jürgen Habermas, *Der Philosophische Diskurs der Moderne: Zwölf Vorlesungen* (Frankfurt: 1985).〔ユルゲン・ハーバマス『近代の哲学的ディスクルス』I・II、三島憲一・轡田収・木前利秋・大貫敦子訳、岩波書店、一九九〇年〕

4　Talcott Parsons, "Durkheim's Contribution to the Theory of Integration of Social Systems," in Kurt H. Wolff, ed., *Emile Durkheim, 1858-1917* (Columbus: 1960), pp. 118-153.

5　Johann G. Fichte, "Grundlage der Gesamten Wissenschaftslehre," in Johann G. Fichte, *Ausgewählte Werke in Sechs Bänden* (Darmstadt: 1962), 1: 509.〔フィヒテ『全知識学の基礎』上・下、木村素衛訳、岩波文庫、一九四九年〕

6　観察者に対して生ずるこのようなジレンマに関する議論については、Frank R. Stockton, *The Lady, or the Tiger?, and Other Stories* (New York: 1969) を見よ。

7　Lars Löfgren, "Some Fundamental Views of General Systems and the Hempel Paradox," *International Journal of General Systems* (1978), vol. 4; Lars Löfgren, "Unfoldment of Self-Reference in Logic and Computer Science," *Proceedings of the Fifth Scandinavian Logic Symposium* (Aalborg: 1979).

8 Yves Barel, "De la ferméture à l'ouverture en passant par l'autonomie?" in Paul Dumouchel and Jean-Pierre Dupuy, eds., *L'Auto-Organisation: De la physique au politique* (Paris: 1983), pp. 466-475.

9 Douglas R. Hofstadter, *Gödel, Escher, Bach: An Eternal Golden Braid* (Hassocks, Sussex, England: 1979).〔ホフスタッター『ゲーデル、エッシャー、バッハ』〕

10 Ulrich Dierse, "Ideologie," in Joachim Ritter, ed., *Historisches Wörterbuch der Philosophie* (Basel and Stuttgart: 1976), 4: 181-185, および、Ulrich Dierse, "Ideologie," in Otto Brunner et al., eds., *Geschichtliche Grundbegriffe: Historiches Lexikon zur Politisch-Sozialen Sprache in Deutschland* (Stuttgart: 1982), 3: 131-168.

11 Ernst-Wolfgang Böckenförde, "Lorenz von-Stein als Theoretiker der Bewegung von Staat und Gesellschaft zum Sozialstaat," in *Staat und Gesellschaft* (Darmstadt: 1976), pp. 131-171; Lorenz von Stein, *Geschichte der Sozialen Bewegung in Frankfurt von 1789 bis auf Unsere Tage* (Leipzig: 1850).

12 Niklas Luhmann, *Die Unterscheidung von "Staat und Gesellschaft" : Vortrag auf dem 12th Weltkongress für Rechts-und Sozialphilosophie* (Athens: 1985).

13 ついでにいえば、個人性の構成もまた自己言及的同一化の典型的なトートロジカルな、またパラドキシカルな問題を生み出すということを記しておきたい。同様に、脱トートロジー化と脱パラドクス化の戦略および、意味ある自己同一化の戦略が、個人システムに対して考案されなくてはならない。例として、個人性を規定する「無意識」のゼマンティク的変遷、あるいは二重ないし多重アイデンティティの理論、つまり個人的および社会的アイデンティティの理論を考えてみよ。

14 Loredana Sciolla, "Differenziazione Simbolica e Identità," *Rassegna Italiana di Sociologia* (1983), 24: 41-77.

15 集合主義に対してイデオロギー上の反対物である個人主義は、一九世紀後半になるまで、現れてこなかった。見たところ、この区別は、個人主義に反対するもろもろの立場の相違（社会主義／共産主義／集産主義）をさらに分化させる試みを提示する。Rauscher, "Kollektivismus, Kollektiv," in Joachim Ritter, ed., *Historisches Wörterbuch der Philosophie* (Basel and Stuttgart: 1979), 4: 884f. を参照。

16　Otthein Rammstedt, "Zweifel am Fortschritt und Hoffen aufs Individuum," *Soziale Welt* (1985), 36: 483-502.

17　啓蒙の主体指向プログラムのパラドキシカルな帰結に関するハーバーマスの厳格な批判（『近代の哲学的ディスクルス』）を見よ。しかし、彼の批判は、非－パラドキシカルな概念がありうるかどうかという問題を提起する。ハーバーマスは、コミュニケーション上の了解という新しいパラダイムが、パラドクスの問題を回避すると主張する。しかし、いかにして自己言及はパラドクスを回避できるべく制限されるのであろうか。私には、自己啓発的主体とその敵対者の歴史的分析は、自己言及的システム一般のパラドキシカルな問題の十分に抽象的な分析を妨げるように思える。コミュニケーション上の了解というパラダイムは、コミュニケーションと了解に努める気などないかのような論争的な仕方で提起されている社会の自己記述の記述として、ハーバーマスのパラダイムは、それ自体がパラドキシカルになる。そして、このことは、まさにハインツ・フォン・フェルスターにならって私が「セカンド・オーダー・サイバネティクス」と呼ぶ観察のモードによって扱われる問題である。

18　Reinhart Koselleck, "Einleitung," in Otto Brunner, Werner Conze, and Reinhart Koselleck, eds., *Geschichtliche Grundbegriffe: Historisches Lexikon zur Politisch-Sozialen Sprache in Deutschland* (Stuttgart: 1972), 1: xiii-xvii.

19　Jürgen Wilke, *Das "Zeitgedicht:" Seine Herkunft und frühe Ausbildung* (Meisenheim: 1974).

20　テクノロジー批判に注視するものとして、Ortwin Renn, "Die Alternative Bewegung: Eine historisch-soziologische Analyse des Protestes gegen die Industriegesellschaft," *Zeitschrift für Politik* (1985), 32:

153-194, 実定法および国家に注視するものとして、Dieter Grimm, "Reformalisierung des Rechtsstaates als Demokratiepostulat," *Juristische Schulung*（1980), 20: 704-709 を参照。

21 Hofstadter, *Gödel, Escher, Bach.*〔ホフスタッター『ゲーデル、エッシャー、バッハ』〕

22 William James, "On a Certain Blindness in Human Beings," in *The Works of William James*（Cambridge: 1983), pp. 132-149.

23 しかし、Abbé Morellet, *Prospectus d'un nouveau Dictionnaire de Commerce*（1769, reprint, Munich: 1980）は、一八世紀に「力（force)」ないし「力強さ（vigueur)」から「役立つこと（utileté)」へのそのような転換を観察している。

24 もちろん、この試みは、実にさまざまな理論によって行われた。Rudolf Kaulla, *Die geschichtliche Entwicklung der modernen Werttheorien*（Tübingen: 1906）を見よ。

25 価値についての非常に広い概念はすでに一八世紀に観察することができる（例として、Jacques Pernetti, *Les Conseils de l'amitié*, 2d ed. [Francfurt: 1748] を参照。同書の定義は、義務と喜び、名誉と生活、健康と富をふくんでいる）。しかし、それは功利主義的人間学のコンテクストに位置づけられていた。

26 Heinz von Foerster, *Observing Systems*（Seaside, Calif.: 1981).

27 価値とプログラムとの区別の必要性に関する議論について、Niklas Luhmann, *Soziale Systeme: Grundriß einer allgemeinen Theorie*（Frankfurt: 1984)〔ルーマン『社会システム理論』〕を見よ。

28 「新しい価値の主たる原理は、リスクを回避することであるように思われる」。Walter L. Bühl, *Ökologische Knappheit: Gesellschaftliche und technologische Bedingungen ihrer Bewältigung*（Göttingen: 1981).

29 Werner D. Fröhlich, *Angst: Gefahrensignale und ihre psychologische Bedeutung*（Munich: 1982).

30 Klaus Krippendorff, "Paradox and Information," in Brenda Derwin and Melvin J. Voigt, eds., *Progress*

in Communication Sciences, 5: 45–71.

31 Charles S. Chihara, *Ontology and the Vicious-Circle Principle* (Ithaca, N. Y.: Cornell University Press, 1973).

32 コミュニケーションにはそのような理想化が含まれているという主張が仮に正しいとしても、それによって問題が解決されるわけではない。なぜなら、自己言及もまたコミュニケーションにふくまれているからである。

33 コミュニケートするシステムは自己を観察するために、帰属によって行為を同定するということを論証することは可能である。Luhmann, *Soziale Systeme*〔ルーマン『社会システム理論』〕を参照。

34 Löfgren, "Unfoldment of Self-Reference" は、脱パラドクス化の自然な形式が問題になっているのか人為的な形式が問題になっているのかを決定することが論理的に可能であるということを示唆することなく、この区別を暗に提案している。

35 Heinz von Foerster, "Cybernetics of Cybernetics," in Klaus Krippendorff, ed., *Communication and Control in Society* (New York: 1979), pp. 5–8.

第7章　社会、意味、宗教——自己言及にもとづいて

1 ところで、「古典的」著作を保持すること、またそれらを必要とすることは比較的新しい現象である。一八世紀まで、「古典的」という用語は単に学校の授業で用いられるものということを意味していた。

2 Clifford Geertz, "Religion as a Cultural System," in Michael Banton ed., *Anthropological Approaches to the Study of Religion* (London: Tavistock, 1966), pp. 1–46 を見よ。

3 私が言及した研究は、学際的重要性を有している。それゆえ以下のような非常に異種のものをふくんでいる。Robert P. Pula, "General Semantics as a General System Which Explicitly Includes the System

Maker," in Donald E. Washbum and Dennis R. Smith, eds., *Coping with Increasing Complexity: Implications of General Semantics and General Systems Theory* (New York: Gordon and Breach, 1974), pp. 69-84 (based on Korzybski); Gotthard Günther, "Cybernetic Ontology and Transjunctional Operations," in Gotthard Günther, *Beiträge zur Grundlegung einer operationsfähigen Dialektik* (Hamburg: Meiner, 1976), 1: 249-328; Edgar Morin, *La Méthode* (Paris: Seuil, vol. 1, 1977; vol. 2, 1980)〔エドガー・モラン『方法 1・2』〕; Yves Barel, *Le paradoxe et le système: Essai sur le fantastique social* (Grenoble: Presses Universitaires, 1979); Francisco Varela, *Principles of Biological Autonomy* (New York: North Holland, 1979); Humberto R. Maturana and Francisco J. Varela, *Autopoiesis and Cognition: The Realization of the Living* (Dordrecht: Reidel, 1980)〔マトゥラーナ／ヴァレラ『オートポイエーシス』〕; Erich Jantsch, *The Self-Organizing Universe: Scientific and Human Implications of the Emerging Paradigm of Evolution* (Oxford: Pergamon, 1980)〔エリッヒ・ヤンツ『自己組織化する宇宙——自然・生命・社会の創発的パラダイム』芹沢高志・内田美恵訳、工作舎、一九八六年〕; Milan Zeleny, ed., *Autopoiesis: A Theory of Living Organization* (New York: North Holland, 1981); Heinz von Foerster, *Observing Systems* (Seaside, Calif.: 1981).

4　さらに広範な議論について、Niklas Luhmann, *Soziale Systeme: Grundriß einer allgemeinen Theorie* (Frankfurt: Suhrkamp, 1984) を見よ。〔ルーマン『社会システム理論』〕

5　この革新は、H・マトゥラーナに多くを負っているので、もっとも適切な定式化はマトゥラーナ自身のことばによるものであろう。すなわち、「われわれが主張することは、以下のような構成要素の生産のネットワークの統一体として定義されるシステムがあるということだ。すなわち、その構成要素が、(1)それらの相互作用を通じて、構成要素を生産するネットワークを回帰的に生み出し実現し、(2)構成要素が存在する空間において、このようなネットワークの境界を、ネットワークの実現に関与する構成要素として構成する、そのような構成要素の生産のネットワークの統一体として定義されるシステムである」。またさらなる説明は、以下のとおり。「オートポイエティック・システムが統一体として定義されるのは、構成要素の生産の諸関係によってであって、どの構成要素であれシステムを成り立たせている構成要素によってではない。オートポイエティック・システムが統一体として定義されるのは、形式（諸関係の諸関係）の関係によってであって、エネルギー変換の関係によってではない。オートポイエティック・システムが統一体として定義されるのは、システムを自律的存在として実現する際のメディアの特定化によってであって、境界の広がりを決定するメディアとの関係によってではない」。Maturana, "Autopoiesis," in Zeleny, ed., *Autopoiesis*, pp. 21-33, 21 and 29f.

6　私は「コミュニケーション的行為」「発話行為」という用語を避ける。また基礎的枠組みとしての「行為理論」に準拠することもいっさい避けることとする。コミュニケーションの単位は、単純な行動や行為といったものではない。これらは、情報、伝達、理解の統合により（社会システムの内部で）統一される（ドイツ語では、この意味におけるコミュニケーション（Kommunikation）とコミュニケーション行為としての伝達（Mitteilung）とを区別することができるのだが）。

7　Niklas Luhmann, "Sinn als Grundbegriff der Soziologie," in Jürgen Habermas and Niklas Luhmann, *Theorie der Gesellschaft oder Sozialtechnologie: Was leistet die Systemforschung?* (Frankfurt: Suhrkamp, 1971), 同書第二章 pp. 25-100〔ユルゲン・ハーバーマス／ニクラス・ルーマン『批判理論と社会システム理論――ハーバーマス＝ルーマン論争 上』佐藤嘉一・山口節郎・藤沢賢一郎訳、木鐸社、一九八四年〕を参照されたい。

8　Edgar Morin, *La Méthode* (Paris: Seuil, 1977), 1: 201.〔エドガー・モラン『方法 1』〕

9　Gregory Bateson, *Steps to an Ecology of Mind* (New York: Ballantine, 1971), pp. 405ff., 417ff. を見よ。

10　この用語は、不可能性の否定と必然性の否定によって定義される論理的、神学的意味で用いる。「コンティンジェント」を「依存」とする理解は、それ自身、神の意志によって創造され、また神の意志に依っているとする偶然性《コンティンジェンシー》の神学的解釈に基づく限定された理解にすぎない。

11 もちろん、このことは有名な神学的問題の社会学的再構成である。膨大な文献があるが、いくつかの解釈については以下を参照。Thomas B. Wright, “Necessary and Contingent Being in St. Thomas,” *The New Scholasticism* (1951), 25: 439-466; Guy Jalbert, *Nécessité et contingence chez saint Thomas d'Aquin et chez ses prédécesseurs* (Ottawa: 1961); Innocenzo d'Arenzano, “Necessità e contingenza nell'agire della natura secondo San Tommaso,” *Divus Thomas* (1961), vol. 38, 3d series, pp. 27-69; および Celestino Solagurén, “Contingencia y creación en la filosofía de Duns Escoto,” *Verdad y Vida* (1966), 24: 55-100.

12 Georg Simmel, *Die Religion* (Frankfurt: Rütten and Loening, 1906)〔G・ジンメル『宗教の社会学』居安正訳、世界思想社、一九八一年〕を見よ。また同 “Zur Soziologie der Religion,” *Neue Deutsche Rundschau* (1898), 9: 111-123 をも参照。

13 Roy A. Rappaport, “The Sacred in Human Evolution,” *Annual Review of Ecology and Systematics* (1971), 2: 33-44, および Roy A. Rappaport, “Ritual, Sanctity and Cybernetics,” *American Anthropologist* (1971), 73: 59-76 を見よ。

14 Roy A. Rappaport, “Maladaptation in Social Systems,” in J. Friedman and M. J. Rowlands, eds., *The Evolution of Social Systems* (Pittsburgh, Pa.: University of Pittsburgh Press, 1978), pp. 49-71 を参照。

15 Paul Valéry, “Eupalinos ou l'architecte,” in Paul Valéry, *Œuvres* (Paris: éd. de la Pléiade, 1960), 2: 79-147〔『ヴァレリー全集 3　対話篇』筑摩書房、一九六七年、所収。「エウパリノス」伊吹武彦訳〕を見よ。

16 Robert N. Bellah, “Religious Evolution,” *American Sociological Review* (1964), 29: 358-374 を参照されたい。

17 Marion Blute, “Sociocultural Evolutionism: An Untried Theory,” *Behavioral Science* (1979), 24: 46-59

を見よ。

18 Varela, *Principles of Biological Autonomy*, pp. 37ff.; Gerhard Roth, "Conditions of Evolution and Adaptation in Organisms as Autopoietic Systems," in D. Mossakowski and G. Roth, eds., *Environmental Adaptation and Evolution*（Stuttgart and New York: Fischer, 1982）, pp. 37–48. 社会学ではこの点に関する議論を見たことがない。

19 Eric A. Havelock, *The Literate Revolution in Greece and Its Cultural Consequences*（Princeton, N. J.: Princeton University Press, 1982）を参照されたい。

20 Walter J. Ong, *The Presence of the Word: Some Prolegomena for Cultural and Religious History*（New Haven, Conn.: Yale University Press, 1967）; Walter J. Ong, "Communications Media and the State of Theology," *Cross Currents*（1969）, 19: 462–480 を見よ。

21 Walter J. Ong, *Interfaces of the Word: Studies in the Evolution of Consciousness and Culture*（Ithaca, N. Y.: Cornell University Press, 1977）, pp. 20f. を参照されたい。

22 Ong, *The Presence of the Word*, p.190f. は、次のようなことさえ示唆する。すなわち、神自身が、口述は依然として重要であるが文字がすでに利用可能であったこの歴史的瞬間を選択した――「この登場（アルファベットの登場と推測）が持続と繁栄にとっての最大の機会をもたらしたであろうということを心理的構造が確信させるまさにそのときである」。

23 Samuel H. Monk, *The Sublime: A Study of Critical Theories in Eighteenth-Century England*, 2d ed.（Ann Arbor, Mich.: University of Michigan Press, 1969）を見よ。

24 Eric A. Havelock, *Preface to Plato*（Cambridge, Mass.: Belknap, 1963）〔ハヴロック『プラトン序説』〕を参照。

25 Jack Goody and Ian Watt, "The Consequences of Literacy," *Comparative Studies in Society and*

History (1963), 5: 304-345を見よ。

26 Anthony, Earl of Shaftesbury, "Miscellaneous Reflections," in *Characteristicks of Men, Manners, Opinions, Times* (1714; reprint Farnborough, England: Gregg, 1968), 3:81を参照されたい。

27 Talcott Parsons, "Evolutionary Universals in Society," *American Sociological Review* (1964), 29: 339-357を見よ。

28 イエズス会に関するパスカルの賭の有名な例について、Pierre de Villiers, *Pensées et reflexions sur les égaremens des hommes dans la voye du salut*, 3d ed. (Paris: Collombat, 1700), 1: 204f. を参照されたい。

29 救済に関わる多くの二次的なパラドクスが存在する。たとえば、もっとも外部的なサインは、神によって与えられたもっとも信頼できる内的確実性の根拠であるという理念、すなわち「箴言は行為の土台なり(verbum solum habemus)」、あるいはのちにマックス・ヴェーバーが主張しようとした、まさに職業。

30 この言明は、説教および一般の宗教に関係する。もちろん神学は、技術的な意味で、祈願(invocatio)あるいは切願(evocatio)というような概念を用いることで、またこの困難な操作を縮減すること、すなわち神の名において神を呼ぶことで、神とのコミュニケーションの概念を回避ないし抜け道を見つけることができる。

31 コミュニケーションに代わるものは、もちろん労働である。

32 構造的分化と宗教の私事化の非常に進歩したアテネの状態については、S. C. Humphreys, "Evolution and History: Approaches to the Study of Structural Differentiation," in J. Friedman and M. J. Rowlands, eds., *The Evolution of Social Systems* (Pittsburgh: University of Pennsylvania Press, 1978), pp. 341-371を見よ。

33 この点を理解するために、一五世紀の宗教改革運動と領土的国家の登場との非常に複雑な関係が注目されなければならない。分化を基礎として登場した教会と国家の新しい共生形式は、プロテスタント宗教改革の前提条件であり、帰結ではなかった。

34 Raymond de Roover, "The Concept of Just Price: Theory and Economic Policy," *Journal of Economic History* (1958), 18: 418-434, および Marjorie Grice-Hutchinson, *Early Economic Thought in Spain 1170–1740* (London: Allen and Unwin, 1978) をみよ。また、Benjamin Nelson, *The Idea of Usury: From Tribal brotherhood to Universal Otherhood*, 2d ed. (Chicago: 1969); Robert P. Malorey, "Usury in Greek, Roman and Rabbinic Thought," *Tradition* (1971), 27: 79–109 を参照。

35 Jean-Louis Flandrin, *Familles: Parenté, maison, sexualité dans l'ancienne société* (Paris: Hachette, 1976)〔J・L・フランドラン『フランスの家族――アンシャン・レジーム下の親族・家・性』森田伸子・小林亜子訳、勁草書房、一九九三年〕; および "Uomo e donna nel letto coniugale-norme e comportamenti: La teologia morale di fronte alla sessualità," *Prometeo* (1983), 1 (4) : 44-49 を見よ。

36 Jochen Hörisch, *Gott, Geld und Glück: Zur Logik der Liebe in den Bildungsromanen Goethes, Kellers and Thomas Manns* (Frankfurt: Suhrkamp, 1983) を参照されたい。

37 Niklas Luhmann, *The Differentiation of Society* (New York: Columbia University Press, 1982), とくに pp. 229ff. を見よ。

38 これは、Thomas Hodgskin, *Popular Political Economy* (London: Tait, 1827; reprint New York: Kelly, 1966), pp. 28ff. にあるテクストを検討することで見て取ることができる。「われわれが額に汗することにより、パンを食さなければならないことは、われわれの存在の掟である。しかし、相補的に、外部世界がわれわれの労働にパンを与えること、しかもただ労働に対してだけにパンを与えることは外部世界の掟である。それゆえ、あらゆる部分が変更不可能な掟によって制御されている世界が、人間に適合し、また人間が世界に適合していることがわかる」(p. 28)。ホジスキンは、「人間は、重力の影響の方向性を変えるかもしれないのと同じように、ある程度働くことの必要性から免れる力をもっている」ことを認める

(p. 30)。「しかし、人間のあるひとつの階級に、われわれの民に課された労働の必要から逃れるための長く続いたあらゆる試み……は、自然法の侵害であり、自然法はけっして変わらず、公示されることもない」(p. 30)。これは、ある意味で聖書的な経済学であるが、宗教的言及を落とすことにより、階級政治の自然法へ至る。

39　Niklas Luhmann, *Die Funktion der Religion* (Frankfurt: Suhrkamp, 1977), pp. 225ff.〔ルーマン『宗教社会学』土方昭・三瓶憲彦訳、新泉社、一九八九年〕を参照。

40　「啓蒙」の問題との関係において、Marco M. Olivetti, "Sich in seinem Namen versammeln: Kirche als Gottesnennung," in Bernhard Casper, ed., *Gott nennen: Phänomenologische Zugänge* (Freiburg and Munich: Alber, 1981), pp. 189–217. を見よ。

41　防衛的攻撃性の社会的背景としての「機能分化」に関して、Bassam Tibi, "Islam and Secularization: Religion and the Functional Differentiation of the Social System," *Archiv für Rechts- und Sozial-Philosophie* (1981), 66: 207–221; および Bassam Tibi, *Die Krise des modernen Islam: Eine vorindustrielle Kultur im wissenschaftlich-technischen Zeitalter* (Munich: Beck, 1981). を見よ。

42　批判的視点について Michel de Certeau, "Du système religieux à l'éthique des Lumières (17e–18e s.): La Formalité des Pratiques," *Ricerche di Storia Sociale e Religiosa* (1972), 1 (2): 31–94; および Franz-Xaver Kaufmann, *Kirche begreifen: Analysen und Thesen zur gesellschaftlichen Verfassung des Christentums* (Freiburg/Brsg: Herder, 1979) を見よ。Niklas Luhmann, "Die Organisierbarkeit von Religionen und Kirchen," in Jakobus Wössner, ed., *Religion im Umbruch* (Stuttgart: Enke, 1972), pp. 245–285 をも見よ。

43　一八世紀には、見えないもの、あるいは隠れたものというメタファーは、多くの異なったコンテクストにおいて、秩序のパラドクス（すなわち、秩序および無秩序の隠された秩序、多数性の統一性等々）を解くために、用いられてきた。よく知られたJ・グランヴィルやA・スミス等によって言及される「見えざる手」というものは、機能的に分化した下位システム（科学、経済）のなかで進歩の期待を定式化する、ひとつの事例にすぎない。宇宙論的論証について、Johann Heinrich Lambert, *Cosmologische Briefe über die Einrichtung des Weltbaues* (Augsburg: Klett, 1761), p. 116を参照。「世界の無秩序は、仮象にすぎない。無秩序極まりないと思えるところでも、真の秩序ははるかにすばらしいものとして存在しているのであり、ただわれわれには隠されているにすぎない」。

44　Louis-Sébastien Mercier, *L'homme sauvage, histoire traduite de...* (Paris: Duchesne, 1767),「いつの日か、私たちはそのお方を知ることであろう」(p. 119) という不十分な慰めをともなった場面を見よ。また一七世紀については、Lucien Goldmann, *Le dieu caché* (Paris: 1956).〔リュシアン・ゴルドマン『隠れたる神』上・下、山形頼洋訳、社会思想社、一九七二―七三年〕問題は、もはや神の声を聞くことではなく（創世記3-8、7-1、8-15、22-1、31-11等）なにかを見ることである。見えるのは事物の表面だけだが、その背後になにかべつのものが隠されているかもしれないのである。

45　ひとびとを怖れさせ、支配する説教者の知的道具である地獄が、議論を展開させる。Pierre Cuppé, *Le ciel ouvert à tous les hommes, ou traité théologique* (Paris: 1768); anon., (=Dom Nicolas Louis), *Le ciel ouvert à tout l'univers* (1782) を見よ。また、William Blake, "The Marriage of Heaven and Hell" (1790-1793), in William Blake, *Complete Writings*, ed. Geoffrey Keynes (London: Oxford University Press, 1969), pp. 148-158〔ウィリアム・ブレイク『ブレイク詩集』土居光知訳、平凡社ライブラリー、一九九五年〕をも参照。ここには、差異の機能に関わる異なった視点がある。「反対物なくしては、進歩はない。魅力と嫌悪、理性と精力、愛情と憎悪、それらは人間の存在にとって必要である。こうした反対物から、宗教的なひとびとが善と悪と呼ぶところのものが出てくる。善は、理性にしたがう受動的なものである。悪は精力から生ずる能動的なものである。善は天国である。悪は地獄である」。

46　多くの批判的観察のひとつは、地獄における空間の問題に関わっている。しばらくののち、地獄は、すべてのものに対する十分な業火を欠いたまま、恐ろしいほど混み合った場所となった。というのは、天国では魂が無限に圧縮できる実体であると考えられうる一方、地獄は身体を保持しなければならなかったからである。

47　とくにドイツにおいて、フランスはそうではない。Niklas Luhmann and Karl Eberhard Schorr, *Reflexionsprobleme im Erziehungssystem*（Stuttgart: Klett-Cotta, 1979）; Jürgen Schriewer, "Pädagogik — ein deutsches Syndrom? Universitäre Erziehungswissenschaft im deutsch-französischen Vergleich," *Zeitschrift für Pädagogik*（1983）, 29: 359-389 を見よ。

48　Cuppé と Louis（注45）は、すくなくとも天国の等級づけのシステムを想像することができた。それは、天国と地獄というおおまかな差異を、よりよいポジションとより悪いポジションという職業上の序列のような区別に置き換えるものであった。

49　Barel, *Le paradoxe et le système*, pp. 89f. を参照。

50　Edwin Dowdy, ed., *Ways of Transcendence: Insights from Major Religions and Modern Thought*（Bedford Park, South Australia: The Australian Association for the Study of Religion, 1982）を見よ。

51　ところで、これは学問的領域として社会学よりもはるかに旧い議論である。Peter Villaume, *Über das Verhältnis der Religion zur Moral und zum Staate*（Libau: Friedrich, 1791）を参照。この議論は次のように続く。機能的説明は、それが説明する事柄の真理に接近することはない。機能的説明は、あらゆるものを「意見《オピニオン》」として扱わなくてはならない。

52　私も、これに属す。Niklas Luhmann and Wolfhart Pannenberg, "Die Allgemeingültigkeit der Religion," *Evangelische Kommentare*（1978）, 11: 350-357 を見よ。Frithard Scholz, *Freiheit als Indifferenz: Alteuropäische Probleme mit der Systemtheorie Niklas Luhmanns*（Frankfurt: Suhrkamp, 1982）も見よ。

53 Ranulph Glanville, "The Nature of Fundamentals, Applied to the Fundamentals of Nature," in George J. Klir, ed., *Applied General Systems Research: Recent Developments and Trends* (New York: Plenum Press, 1978), pp. 401-409 を参照されたい。また、英国的英知の他のものとして、「実際には、深く考えることが、浅はかな考えの原因となることがよくある」、Earl of Shaftesbury, "Miscellaneous Reflections," p. 226 を見よ。

54 ここでもまた、Blake, "The Marriage of Heaven and Hell" p. 153〔ウィリアム・ブレイク『ブレイク詩集』〕を参照。「預言者のイザヤとエゼキエルは、私とともに食事をとった。私は、彼らにどうして、神が彼らに語ったとあえてそのようにはっきりと主張するか尋ねた。また、誤解されるのではと考えないのかどうか、またそれは押しつけの原因ではないかとか尋ねた。イザヤは答えた。「私は、有限な感覚器官による知覚において、いかなる神も見ていないし、またなにも聞いていない。しかし、私の諸感覚は、あらゆるものにおいて無限なるものを発見した。また、正直な憤慨の声が神の声であるということを納得させられ、いまだに確信している。私は結果を気にするのではなく、ただ、記述したのだ」」。

55 早期における適応的進歩の進化的帰結としての「対抗適応的」については、Anthony Wilden, *System and Structure: Essays in Communication and Exchange*, 2d ed. (London: Tavistock, 1980), pp. 205ff. を見よ。「不適応的」に関する注14をも見よ。

56 Mikhail Bakhtin, *Rabelais and His World* (Cambridge, Mass.: MIT Press, 1968)〔ミハイール・バフチーン『フランソワ・ラブレーの作品と中世・ルネッサンスの民衆文化』川端香男里訳、せりか書房、一九八〇年〕を見よ。David Gross, "Culture and Negativity: Notes Toward a Theory of the Carnival," *Telos* (1978), 36: 127-132 をも参照。

第8章　政治システムのなかの〈国家〉

1　Ernst-Wolfgang Böckenförde, ed., *Staat und Gesellschaft*（Darmstadt: Wissenschaftliche Buchgesellschaft, 1976）.

2　Paul-Ludwig Weihnaht, *Staat: Studien zur Bedeutungsgeschichte*（Berlin: Duncker and Humboldt, 1968）; Wolfgang Mager, *Zur Entstehung des modernen Staatenbegriffs*（Wiesbaden: Steiner, 1970）.

3　ユストゥス・リプシウスによれば、この順序を逆にして、幸福からはじめるのが適切だということになろう。Justus Lipsius in *Politicorum sive civilis doctrinae libri sex*（Leiden: 1589）. Karl-Georg Faber, "Macht, Gewalt," in Otto Brunner et al. eds., *Geschichtliche Grundbegriffe: Historisches Lexikon zur politisch-sozialen Sprache in Deutschland*（Stuttgart: Klett-Cotta, 1982）, 3: 875f.

4　Niklas Luhmann, *The Differentiation of Society*（New York: Columbia University Press, 1982）, pp. 138ff.; Niklas Luhmann, *Politische Theorie im Wohlfahrtsstaat*（Munich: Olzog, 1981）.〔ルーマン『福祉国家における政治理論』徳永彰訳、勁草書房、二〇〇七年〕

5　Niklas Luhmann, *Soziale Systeme: Grundriß einer allgemeinen Theorie*（Frankfurt: Suhrkamp, 1984）.〔ルーマン『社会システム理論』〕

6　Hans Kelsen, *General Theory of Law and State*（New York: 1961）.〔ハンス・ケルゼン『法と国家の一般理論』尾吹善人訳、木鐸社、一九九一年〕

7　簡潔な報告として、Gianfranco Poggi, *The Development of the Modern State: A Sociological Introduction*（Stanford, Calf.: Stanford University Press, 1978）.

8　repraesentatio identitatis（同一性の具現的代理）、この用語は一五世紀の公会議主義運動において、かならずしも教皇によって履行されなければならないわけではない機能を表現するために発明された。

9　Rodolfo de Mattei, "Il problema della deroga e la 'Ragion di Stato,'" in Enrico Castelli, ed.,

Christianesimo e Ragion di Stato (Rome and Milan: Bocca, 1953).

10 A. Bonucci, *La derogibilità del diritto naturale nella scolastica* (Perugia: Bartelli, 1906).

11 Harlan Wilson, "Complexity as a Theoretical Problem: Wider Perspectives in Political Theory," in R. La Porte Todd, ed., *Organized Social Complexity: Challenge to Politics and Policy* (Princeton, N. J.: Princeton University Press, 1975), pp. 281-331.

12 Manfred Riedel, "Gesellschaft, bürgerliche," in *Gesellschaftliche Grundbegriffe* (Stuttgart: Klett, 1975), 2: 719-800 (738ff.).

13 ないしは「近代諸国家（＝近代的諸状態）」。一八〇〇年ごろはこちらの表現が用いられていた。この集合的単数形は、これよりものちになって導入された。Stephan Skalweit, *Der "moderne Staat": Ein historischer Begriff und seine Problematik* (Opladen: 1975).

14 もちろん、それは現実的な可能性であり蓋然的な発展とさえいえる。進化は異例《エクセプション》によって進行する。かくして、概念が歴史を動かすといったからといって、私はヘーゲルのいうような精神の歴史に依拠しているわけではない。私の言いたいのはただ、ゼマンティク的な発展が社会構造の発展に必然的に相関するということ、そしていずれの場合においても進化は一種の反直観的（counterintuitive）な運動であるということである。

15 実際のところ、資産と権力との区別はより以前に導入されており、この区別がいっそう抽象的な社会と国家との区別に対して実体を付与しその基礎を用意したのである。多くの事例があげられるが、そのなかでもフォルボネの François Véron de Forbonnais, *Principes et observations oeconomiques* (Amsterdam: Rey, 1767), pp. 1ff. を参照。さらにまた、資産と権力との分化はそれ自体進化の帰結であるとみなすことができる。「古代にあっては、領土的資源と権力とは事実上同義であって結びついていた」(Forbonnais, *Principes*, p. 11, note a).

16 George Spencer-Brown, *Laws of Form*, 2d ed. (London: Allen and Unwin, 1971), pp. 69ff.〔スペンサー＝ブラウン『形式の法則』〕

17 関連する問題への一般的な手引きとして。Yves Barel, *Le paradoxe et le système: Essai sur le fantastique social* (Grenoble: Presses Universitaires, 1979).

18 Carl Schmitt, *Politische Theologie: Vier Kapital zu der Lehre von der Souveränität* (Munich: Duncker and Humboldt, 1922).〔カール・シュミット『政治神学』田中浩・原田武雄訳、未來社、一九七一年〕またあまり知られていないが、Carl Schmitt, *Römischer Katholizismus und politische Form* (Munich: Theatiner Verlag, 1925).〔シュミット『政治神学再論』長尾龍一・小林公・新正幸・森田寛二訳、福村出版、一九八〇年、所収。「ローマカトリック教会と政治形態」〕同書は「国家の終焉」からこの伝統を振り返っている。

19 T. Weis-Fogh, "An Aerodynamic Sense Organ Stimulating and Regulating the Flight in Locusts," *Nature* (1949), 164: 873-874.

20 この定義に代わる有効な他の選択肢としては、すでに争点を脱パラドクス化してしまっている次のような定式化以外見当たらない。たとえば、共同利益ないし公共財に準拠するか、それとも友敵の区別（再参入なしの?）に準拠する定式化か。

21 それゆえ、たとえば資産秩序の制約に関心をもつ重農主義者。Paul-Pierre Le Mercier de La Rivière, *De l'ordre naturel et essentiel des sociétés politiques* (London and Paris: 1767). また、異なる見地に立ったものだが、シモン＝ニコラ＝アンリ・ランゲも参照。Simon-Nicolas-Henri Linguet, *Théorie des loix civiles, ou Principes fondamentaux de la société*, 2 vols. (London: 1767).〔ランゲ『市民法理論』〕

22 十分に一般的な論述として。Heinz von Foerster, "The Conscious Behavior of Complex Systems: Lessons from Biology," in Harold A. Linstone and W. H. Clive Simmonds, eds., *Futures Research: New*

Directions (Reading, Mass.: Addison-Wesley, 1977), pp. 104-113 (110ff.).

第9章　社会システムとしての世界社会

本論文初出は、*International Journal of General Systems* (April 1982).

1　Aristotle, *Politica*, 1252a: 5-6.〔アリストテレス『政治学』山本光雄訳、岩波文庫、一九六一年〕

2　ヘーゲルからトライチュケ、レオ・シュトラウス、そしてハンナ・アレントにいたるそのような試みにもかかわらず。次を参照のこと。St. Tm. Holmes, "Aristippus in and out of Athens," *American Political Science Review* (1979), 73: 113-128.

3　「それらのうち至高で、残りのものをことごとく包括している（共同体）」。Aristotle, *Politica*, 1252a: 5-6.〔アリストテレス『政治学』、三一ページ。訳文は邦訳書による〕

4　Humberto R. Maturana and F. J. Varela, *Autopoiesis and Cognition: The Realization of the Living* (Dordrecht: Reidel, 1980)〔マトゥラーナ／ヴァレラ『オートポイエーシス』〕、F. J. Varela, *Principles of Biological Autonomy* (New York: North Holland, 1979).

5　神とコミュニケートすることの可能性／不可能性はこの条件を象徴している。Th. Luckmann, "On the Boundaries of the Social World," in M. Natanson, ed., *Phenomenology and Social Reality: Essays in Memory of Alfred Schutz* (The Hague: Nijhoff, 1970), pp.73-100. ルックマンは宇宙の脱社会化の概念を精緻化しているが、それと照応する社会的世界の境界の観念の受容を拒絶している。

6　この点で、オートポイエーシスの生物学理論の諸仮定を棄てて、「閉鎖性」と「自律性」の相異なった概念を用いる。生物学では生命の定義をもってはじめねばならない。ところがこの点では社会学者は意味の定義を用いることができるからである。

7　あきらかに、あるシステムはこのような仕方で、同時にかあるいは次から次へと出来するであろう種々の下位システムにとっての環境となる。それぞれのケースでは、内的環境は特殊な下位システムの諸境界の外部にとどまっているシステムの部分なのである。

8 O. Lattimore, *Studies in Frontier History* (The Hague and Paris: Mouton, 1962).

9 Niklas Luhmann, *The Differentiation of Society* (New York: Columbia University Press, 1962). Niklas Luhmann, *Gesellschaftsstruktur und Semantik*, 2 vols. (Frankfurt: Suhrkamp, 1980–1981).〔ルーマン『社会構造とゼマンティク』〕

10 グローバル・システムと地球上におけるさまざまな全体社会システムとを区別することによって、この洞察を無効にしようとしても無駄である。それはただ領土的単位に関連づけられうるような仕方で諸社会を定義するという未解決の問題へと引き戻すだけである。またたとえ、この問題がなんらかの規準によって解決されえたとしても、この規準がいかにしてモダニティの典型的な特徴についての私たちの理解とどのように関連してくるのかを知ることは困難となろう。

11 これに照応した世界概念のゼマンティク的転換については、次を参照。A. Koyré, *From the Closed World to the Infinite Universe* (Baltimore: Johns Hopkins University Press, 1957)〔アレクサンドル・コイレ『コスモスの崩壊——閉ざされた世界から無限の宇宙へ』野沢協訳、白水社、一九七四年〕; I. Pape, *Von den "möglichen Welten" zur "Welt des Möglichen": Leibniz im modernen Verständnis*, Studia Leibnitiana, Suplementa 1: Akten des Internationalen Leibniz-Kongresses Hannover 1966 (Wiesbaden: Steiner, 1968), 1: 266–287.

12 この組織概念については、次を参照。Niklas Luhmann, "A General Theory of Organized Social Systems," in G. Hofstede and M. S. Kassem, eds., *European Contributions to Organization Theory* (Assen and Amsterdam: Van Gorcum, 1976), pp. 96–113.

13 Leeuwenberg, "Meaning of Perceptional Complexity," in D. E. Berlyne and K. B. Madsen, eds.,

Pleasure, Reward, Preference: Their Nature, Determinants, and Role in Behavior (New York: Academic Press, 1973), pp. 99–114; Herbert A. Simon, *The Sciences of the Artificial* (Cambridge, Mass.: MIT Press, 1969).〔ハーバート・A・サイモン『システムの科学』稲葉元吉・吉原英樹訳、ダイアモンド社、一九七七年〕

14　このケースに関連した、すばらしいケース・スタディとして、Gunther Teubner, *Organisationsdemokratie und Verbandsverfassung: Rechtsmodelle für politisch relevante Verbände* (Tübingen: Mohr, 1978).

15　A. G. Keller, *Social Evolution: A Study of the Evolutionary Basis of the Science of Society*, 2d ed. (New Heaven, Conn.: Yale University Press, 1931); D. T. Campbell, "Variations and Selective Retention in Sociocultural Evolution," *General Systems* (1969), 14: 69–85; K. E. Weick, *The Social Psychology of Organizing* (Reading, Mass.: Addison-Wesley, 1969).〔カール・E・ワイク『組織化の社会心理学〔第2版〕』遠田雄志訳、文眞堂、一九九七年〕

16　Niklas Luhmann, "The Improbability of Communication," *International Social Science Journal* (1981), 23: 122–132（本書第3章）。

17　「進歩」（単線的な）という言葉の使用は、近代社会が可視的になり、自己観察過程が誘発された一八〇〇年ごろに流行したものであることは注目に値する。R. Koselleck, "Fortschritt," in *Geschichtliche Grundbegriffe: Historisches Lexikon zur politisch-sozialen Sprache in Deutschland* (Stuttgart: Klett-Cotta, 1975), pp. 351–423 (384ff.).

18　Julian S. Huxley, "Evolutionary Ethics," (1943) in T. H. Huxley and Julian Huxley, *Evolution and Ethics : 1893–1943* (London : Pilot, 1947), pp. 103–142.

19　経済については、A. A. Alchian, "Uncertainty, Evolution, and Economic Theory," *Journal of Political Economy* (1950), 58: 211–221; J. Spengler, "Social Evolution and the Theory of Economic Development," in H. R. Barringer, G. I. Blanksten, and R. W. Mack, eds., *Social Change in Developing Areas: A Reinterpretation of Evolutionary Theory* (Cambridge, Mass.: Schenkman, 1965), pp. 243-272; H. Reise, "Schritte zu einer ökonomischen Theorie der Evolution," in B. Gahlen and A. E. Ott, eds., *Probleme der Wachstumstheorie* (Tübingen: Mohr-Siebeck, 1972), pp. 380-434; K. Boulding, "Toward the Development of a Cultural Economics," in L. Schneider and Ch. Bonjean, eds., *The Idea of Culture in the Social Sciences* (Cambridge: Cambridge University Press, 1973), pp. 47-64 (pp.55ff.); R. R. Nelson and S. G. Winter, "Toward an Evolutionary Theory of Economic Capabilities," *American Economic Review* (1973), 63: 440-449. を参照。サイエンスについては、P. Caws, "The Structure of Discovery," *Science* (1969), 166: 1375-1380; D. C. Dennett, *Content and Consciousness* (London: Routledge and Kegan Paul, 1969); J. A. Blachowitz, "Systems Theory and Evolutionary Models of the Development of Science," *Philosophy of Science* (1971), 38: 178-199; St. Toulmin, *Human Understanding* (Oxford: Clarendon 1972), vol. 1; D. T. Campbell, "Evolutionary Epistemology," in P. A. Schilpp, ed., *The Philosophy of Karl Popper* (La Salle, Ill.: Open Court, 1974), pp. 412-463. 法システムについては、H. Cairns, *The Theory of Legal Science* (Chapel Hill, N. C.: University of North Carolina Press, 1941), pp. 29ff.; R. D. Schwartz and J. C. Miller, "Legal Evolution and Societal Complexity," *The American Journal of Sociology* (1964), 70: 159-169; Niklas Luhmann, "Evolution des Rechts," in Niklas Luhmann, *Ausdifferenzierung des Rechts* (Frankfurt: Suhrkamp, 1981), pp. 35-52.

20　進化論的変数「適応的向上」の意味においてである。この概念がパーソンズの理論枠組みにおいてはA（適応）機能を提供している。

21　区別と指し示しを基礎としたスペンサー＝ブラウンの論理を見よ。G. Spencer-Brown, *Laws of Form* (London: Allen and Unwin, 1971).〔スペンサー＝ブラウン『形式の法則』〕

22　複雑性の概念については、H. Atlan, *Entre le cristal et la fumée: Essai sur l'organisation du vivant* (Paris: Seuil, 1979), pp. 74ff.〔アンリ・アトラン『結晶と煙のあいだ――生物体の組織化について』阪上脩訳、法政大学出版局、一九九二年〕を参照。

23　R. Girard, *Mensonge romantique et Vérité romanesque* (Paris: Grasset 1961).〔ルネ・ジラール『欲望の現象学』古田幸男訳、法政大学出版局、一九七一年〕

24　スペンサー＝ブラウンのいう意味での「再参入」。Spencer-Brown, *Laws of Form*.〔スペンサー＝ブラウン『形式の法則』〕

25　F. C. von Savigny, *Vom Beruf unsrer Zeit für Gesetzgebung und Rechtswissenschaft* (Heidelberg: 1814; reprint Darmstadt: Wissenschaftliche Buchgesellschaft, 1959).

26　W. S. McCulloch, *Embodiments of Mind* (Cambridge, Mass.: MIT Press, 1965); Campbell, "Evolutionary Epistemology"; H. von Foerster, *Observimg Systems* (Seaside, Calif. : Intersystems, 1981); H. R. Maturana and F. J. Varela, *Autopoiesis and Cognition: The Realization of the Living* (Dordrecht: Reidel, 1980)〔マトゥラーナ／ヴァレラ『オートポイエーシス』〕; K. Knorr-Cetina, *The Manufacture of Knowledge* (Oxford: 1981); Niklas Luhmann, "Die Ausdifferenzierung von Erkenntnisgewinn: Zur Genese von Wissenschaft," in N. Stehr and V. Meja, eds., *Wissenssoziologie* (Opladen: Westdeutscher Verlag, 1981), pp. 102–139.

27　政治システム内部の相似的状況に関して、Niklas Luhmann, *Politische Theorie im Wohlfahrtsstaat* (Munich: Olzog, 1981)〔ルーマン『福祉国家における政治理論』〕を参照。

第10章　芸術作品と芸術の自己再生産

1　私は、理論的に基礎づけられた芸術分析の他の可能性、たとえば象徴的に一般化されたコミュニケーション・メディアとしての芸術概念を排除する。Niklas Luhmann, "Ist Kunst codierbar?" in Niklas Luhmann, *Soziologische Aufklärung* (Opladen: 1981), 3: 245–266 参照。

2 Theodor W. Adorno, *Ästhetische Theorie* (Frankfurt: 1970), pp. 334, 335.〔テオドール・W・アドルノ『美の理論』大久保健治訳、河出書房新社、一九八五年〕

3 Erving Goffman, *Frame Analysis: An Essay on the Organization of Experience* (New York: 1974).

4 形式／コンテクストの区別はこのように形式／内容の区別よりもよりいっそう啓発的である。Christopher Alexander, *Notes on the Synthesis of Form* (Cambridge, Mass.: 1964)〔クリストファー・アレグザンダー『形の合成に関するノート』稲葉武司訳、鹿島出版会、一九七八年〕; George Spencer-Brown, *Laws of Form* (New York: 1971).〔スペンサー＝ブラウン『形式の法則』〕

5 Ernst H. Gombrich, "Norm and Form," in *Studies in the Art of the Renaissance* (London: 1966).〔エルンスト・ゴンブリッチ『規範と形式――ルネサンス美術研究』岡田温司・水野千依訳、中央公論美術出版、一九九九年〕

6 世俗化を導くこの重要な伝統については、Hans Blumenberg, "Kontingenz," in Kurt Galling, ed., *Die Religion in Geschichte und Gegenwart* (Tübingen: 1959), vol. 3, column 1793f. を参照。

7 より拡張して論じたものとして、Niklas Luhmann, "Temporalisierung von Komplexität," in *Gesellschaftsstruktur und Semantik* (Frankfurt: 1980), 1: 235–300.〔ルーマン『社会構造とゼマンティク 1』〕

8 ヴィンケルマンの『古代芸術史』は単純なものから複雑なものへの動きとして歴史を概念化する古典的な例である。そこでは様式の概念は歴史的差異を秩序づける機能を果たしている。

9 その他の例については、Niklas Luhmann and Karl-Eberhard Schorr, *Reflexionsprobleme im Erziehungssystem* (Stuttgart: 1979); および Niklas Luhmann, *Politische Theorie im Wohlfahrtsstaat* (Munich: 1981) を参照。〔ルーマン『福祉国家における政治理論』〕

10　アダム・スミスはまた、美的判断において流行の影響を限定するのに困難をきたしている。Adam Smith, *Theory of Moral Sentiments*, 5: 1.〔アダム・スミス『道徳感情論』上・下、水田洋訳、岩波文庫、二〇〇三年〕そしてボードレールにとっては、流行はゲームの半面である。それなくして、作品は限定できない抽象的な美となってしまうであろう。"Le peintre de la vie moderne"〔『ボードレール全集 Ⅳ』阿部良雄訳、筑摩書房、一九八七年、所収。「現代生活の画家」〕をも見よ。〔補注――なお、同じ文中にあるディドロ「美について」の邦訳は次の通り。『ディドロ著作集 第4巻 美学・芸術 付・研究論集』鷲見洋一・井田尚監修、法政大学出版局、二〇一三年、所収。「美の起源と本性についての哲学的探求」小場瀬卓三・井田尚訳〕

11　社会的安寧と個人の特性との弁証法については、Georg Simmel, *Philosophie der Mode* (Berlin: 1905).

12　E. D. Cope, *The Primary Factors of Organic Evolution* (Chicago: 1896) を参照。

13　Jean de la Bruyère, "Les caractères ou les mœurs de ce siècle," *Œuvres Complètes* (Paris: 1951), p. 392.〔ラ・ブリュイエール『カラクテール』全三冊、関根秀雄訳、岩波文庫、一九五二―五三年〕

第11章　芸術というメディア

1　Fritz Heider, "Thing and Medium," *Psychological Issues* (1959), 1 (3): 1-34.

2　Karl Weick, *Der Prozeß des Organisierens* (Frankfurt: 1985), pp. 269ff. を見よ。

3　Immanuel Kant, "Refutation of Idealism," in the *Critique of Pure Reason*, B 274ff. およびのちに付け加えられた"Transcendental aesthetics" (B 33ff.)〔『カント全集 4 純粋理性批判 上』有福孝岳訳、岩波書店、二〇〇一年〕を見よ。

4　ハーバート・スペンサーの進化論とは対照的に、ここで意味されているのは連続的過程でも拡散（バラバラな部分へと解体した）から集中や統合にいたる運動でもなく、解体と再結合の双方の諸可能性の相互依存におけるひとつの進化論的増進である。

5 Heider, "Thing and Medium."

6 アルファベットが言語それ自体に、たとえば書き言葉用に新語が発明されたことや、より明確な構文論的構造の必要によって、相当な影響をもたらしたことは今日では一般に認識されてきている。Eric A. Havelock, *The Literate Revolution in Greece and Its Cultural Consequences* (Princeton, N. J.: Princeton University Press, 1982).

7 アルンハイムもまた気づいている。Rudolf Arnheim, *Entropy and Art : An Essay on Order and Disorder* (Berkeley, Calif.: University of California Press, 1971), pp. 26ff.〔アルンハイム『エントロピーと芸術――秩序と無秩序に関する考察』関計夫訳、創言社、一九八五年〕を参照。

8 サイバネティクスは、一種のノイズからの秩序原理から一種の秩序・無秩序からの秩序原理へと（本文で述べたことに照応して）発展してきている。Heinz von Foerster, *Observing Systems* (Seaside Calif.: Intersystems, 1981), pp. 2-23.

9 パーソンズの最近年の定式化については、"Social Structure and the Symbolic Media of Exchange," in Talcott Parsons, *Social Systems and the Evolution of Action Theory* (New York: 1977), pp. 204-228〔T・パーソンズ『社会体系と行為理論の展開』田野崎昭夫監訳、誠信書房、一九九二年〕を参照。加えて、"A Paradigm of the Human Condition," in Talcott Parsons, *Action Theory and the Human Condition* (New York: 1978), pp. 352-433 (392ff.).〔T・パーソンズ『人間の条件パラダイム――行為理論と人間の条件第四部』富永健一・高城和義・盛山和夫・鈴木健之訳、勁草書房、二〇〇二年〕

10 パーソンズがハイダーの用いたメディア概念に気づいていたかどうかは知らない。パーソンズの著作にはハイダーのメディア理論を摂取しようとした努力が見えない。それゆえ私は私自身の試みに取り掛からなければならない。

11 そういう期待を旧式のサイバネティック美学理論は抱いていた。Herbert W. Franke, *Phänomen Kunst: Die naturwissenschaftlichen Grundlagen der Ästhetik* (Munich: 1967), p. 110を見よ。

12 そのようなアプローチは容易に単純な社会に応用されうる。Elisabeth Colson, "The Redundancy of Actors," in Fredrik Barth, ed., *Scale and Social Organization* (Oslo: 1978), pp. 150–162.

13 ティシケの詩が収められた巻、Holger Teschke, *Bäume am Hochufer* (Berlin: 1985) のあとがきにおいて、GDRの代表者が記している。そこにはこうある。「われわれはこのような努力を払った。全体的に異なった所有諸関係、装い新たな社会秩序、完全に新しい国家。著者は、……今のままの世界を望まず、今われわれが多少ましに営むだけの世界を望まず、むしろ未来を探索するために過去をかき回し、なにごとをも信じようとせず、自分自身がすべてを知っていると考えている。われわれはここでなにを生み出したのだろうか」、と。とはいえ、彼の著作は是とされ刊行されたのであった。

第12章　法の自己再生産とその限界

1 このことは、こんにちまた再検討にさらされている。Richard L. Abel, "Delegalization: A Critical Review of its Ideology, Manifestations, and Social Consequences," *Jahrbuch für Rechtssoziologie und Rechtstheorie* (1980), 6: 27を見よ。

2 Niklas Luhmann, "Communication About Law in Interaction Systems," in K. Knorr-Cetina and A. V. Cicoural, eds., *Advances in Social Theory and Methodology: Toward an Integration of Micro- and Macro-Sociologies* (Boston, Mass.: Routledge and Kegan Paul, 1981), p. 234.

3 Niklas Luhmann, *The Differentiation of Society* (New York: Columbia University Press, 1982), p. 122.

4 事実、一般システム理論におけるもっとも重要なパラダイム・チェンジは、この一〇年に生じた。それは、自己言及の概念を構造のレベルから、システムの要素レベルへと拡大したことからなる。このことは、システム理論の概念的用具の再定義を要求し、またその焦点を設計と制御から自律性へ、計画化から進化へ、また静態と動態との区別から動的安定性の問題等へと移行する。このアプローチの生物学上のものとして、Humberto R. Maturana and Francisco J. Varela, *Autopoiesis and Cognition: The Realization of the Living* (Dordrecht: Reidel, 1980)〔マトゥラーナ／ヴァレラ『オートポイエーシス』〕およびFrancisco J. Varela, *Principles of Biological Autonomy* (New York: Elsevier, 1979) を参照。

5 アシュビーは、サイバネティクス・システムを「エネルギーに対して開いた、情報とコントロールに対しては閉じられた」ものと定義する。W. Ross Ashby, "Principles of the Self-Organizing System," in W. Buckley, ed., *Modern System Research for the Behavioral Scientist* (Chicago, Ill.: Aldine, 1968), p. 4. を見よ。閉鎖性と開放性の結合に対する最近の関心のべつの源は、J. Y. Lettvin, Humberto R. Maturana, W. S. McCulloch, and W. H. Pitts, "What the Frog's Eye Tells the Frog's Brain," *Proceedings of the Institute of Radio Engineers* (1959), 47 (11): 1940.

6 神がこの地上において起こるすべての出来事において共にいるということを含意する、付随(concomitans)の神学的祖先を覚えておくことは有益であろう。これを背景にして理解するならば、同時に生起する自己言及のアイデアは、神学的概念が世俗化したものとして現れる。

7 Niklas Luhmann, *Die Wirtschaft der Gesellschaft* (Frankfurt: Suhrkamp, 1988).〔ルーマン『社会の経済』春日淳一訳、文眞堂、一九九一年〕

8 この文における「なぜならば」は、まちがいではなく、意図されたものである。これは、Torstein Eckhoff and Nils K. Sundby in "The Notion of Basic Norm(s) in Jurisprudence," *Scandinavian Studies in Law* (1975), p. 123 による主張を補強するものである。Torstein Eckhoff, "Feedback in Legal Reasoning and Rule Systems," *Scandinavian Studies in Law* (1978), p. 41 をも見よ。

9 Michel Virally, "Le phénomène juridique," *Revue du droit public et de la science politique* (1966), 82: 5

を参照。ここでは、法秩序（l'ordre judique）に対するデュルケームの立場がそのようなものであったことが詳論されている。同様な見解は、（社会）制度の概念を用いる。Neil McCormick, "Law as Institutional Fact," *The Law Quarterly Review* (1974), 90: 102 を見よ。

10　さらに文献にあたれば、精神的存在の領域に妥当性を求める最近の超越論的ないし観念論的立場のさまざまなヴァージョンを見いだすであろう。Heinrich Henkel, *Einführung in die Rechtsphilosophie* (Munich: Beck, 1977), p. 550 を参照。

11　Erik Wolf, *Griechisches Rechtsdenken* (Frankfurt am Main: Klostermann; vol. 1, 1950, vol. 2, 1952).

12　Paul Bohannan in *Social Anthropology* (New York: Holt, Rinehart and Winston, 1963), p. 284 は、「ここで規範が意味するのは、あきらかに、ひとびとがすべきことである」と書いている。また Robert Nisbet, *The Social Bond: An Introduction to the Study of Society* (New York: Knopf, 1970), p. 226〔ロバート・ニスベット『現代社会学入門』全四冊、南博訳、講談社学術文庫、一九七七年〕は、「社会規範のもっとも不可欠な性質は……人間の行動においてそれらが呼び起こす当為性の感覚である」という。この定式化は、「「しなければならない」とは、意識のそれ以上減じることのできない基本的な内容である」とする他の主張に拠っているのであろう。Nicholas S. Timasheff, *An Introduction to the Sociology of Law* (Cambridge, Mass.: Harvard University Press, 1939), p. 68〔ティマーシェフ『法社会学』川島武宜・早川武夫・石村善助訳、東京大学出版会、一九六二年〕を見よ。

13　行動主義的枠組み内で規範的予期と事実的予期とをつなげようとする Johan Galtung, "Expectations and Interaction Processes," *Inquiry* (1959), 2: 213 の提案にしたがう。さらに、それを練り上げたものとしては Niklas Luhmann, *A Sociological Theory of Law* (London: Routledge, 1985).〔ルーマン『法社会学』〕を見よ。

14　もちろん非一貫性は、つねに文化的に定義される事実であり、発展した社会は原始的社会が通常の非日常性として扱うものごとを一貫性のないものとして把握することは、よく知られている。Peter Winch, *Ethics and Action* (London: Routledge and Kegan Paul, 1972), p. 8〔ピーター・ウィンチ『倫理と行為』奥雅弘・松本洋之訳、勁草書房、一九八七年〕を参照。この非一貫性の自覚の増大は、認知的および規範的指向の分化が増大することの帰結と説明されうる。

15 この新語は、Le Moigne によって創案されたように思える。Jean-Louis Le Moigne, *La théorie du système générale: Théorie de la modélisation* (Paris: Presses Universitaires de France, 1977), p. 58 を見よ。

16 Herbert Blumer, "Ths Psychological Import of the Human Group," in M. Sherif and M. O. Wilson, eds., *Group Relations at the Crossroads* (New York: Harper, 1953), p. 185; Barney Glaser and Anselm Strauss, "Awareness Contexts and Social Interaction," *American Sociological Review* (1964), 29: 669; Ronald D. Laing, Herbert Phillipson, A. Russel and A. R. Lee, *Interpersonal Perception: A Theory and a Method of Research* (London: Tavistock, 1966); Jean Maisonneuve, *Psycho-sociologie des affinités* (Paris: Presses Universitaires de France, 1966), p. 322; Thomas J. Scheff, "Toward a Sociological Theory of Consensus," *American Sociological Review* (1967), 32: 32; Vladimir A. Lefebvre, "Formal Method of Investigating Reflective Processes," *General Systems* (1972), 17: 181.

17 Niklas Luhmann, *Soziale System: Grundriß einer allgemeinen Theorie* (Frankfurt: Suhrkamp, 1984)〔ルーマン『社会システム理論』〕を見よ。Niklas Luhmann, "Autopoiesis, Handlung und kommunikative Verständung," *Zeitschrift für Soziologie* (1982), 11: 366 をも見よ。

18 きわめて一般的な意味において、条件づけは一度にすべての変数を動かすことができず、あることが現実化する状態を条件づけなければならない、あらゆる複雑なシステムの必須条件である。Ashby, "Principles of the Self-Organizing System," p. 108 を参照。

19　より「哲学的な」用語で表現すれば、法の現実は、自他に対して自己同一性と自己多様性とを結合させる出来事からなる過程（ホワイトヘッドの意味で）である。Alfred N. Whitehead, *Process and Reality: An Essay in Cosmology* (Cambridge: Cambridge University Press, 1929).〔『ホワイトヘッド著作集 第10・11巻　過去と実在　上・下』〕　このことは、狭い意味での法的手続きにのみあてはまるだけでなく、法システムに準拠してコミュニケートされる（そしてそれによって統一性が与えられる）あらゆる出来事——契約、違反、出生、再婚、離婚、死亡など——にあてはまる、ということは必要であろう。

20　Helmut Willke, "Three Types of Legal Structure: The Conditional, the Purposive and the Relational Program," in Gunther Teubner, ed., *Dilemmas of Law in the Welfare State* (Berlin: de Gruyter, 1986), pp. 280–298.

21　アンガーも、躊躇する。「近現代の法律学は……ますますルールの意味が、したがって権利の範囲が、ルールに帰せられる目的をいかに最高度に達成するかということについての決定によって決められなければならないという考えを受け入れた。しかし、このような目的論的判断はすべて、元来、個別主義的であり、不安定なものである。所与の目的に対するもっとも効果的な手段は、状況に応じて変化するものであり、目的自身も達成されて変化するということが起こりうる」。Robert M. Unger, *Law in Modern Society: Toward a Criticism of Social Theory* (New York: Free Press, 1976), pp. 86 および 194 を見よ。

22　法的決定の予言の能力と責任に関するドイツの議論内部において、私はかなり極端な立場をとる。すなわち、正しい立場とはいわないまでも「権利を重く受け止める」立場に属する。より釣り合いのとれた見解については、Gunther Teubner, "Folgenkontrolle und responsive Dogmatik," *Rechtstheorie* (1975), 6: 179; Thomas W. Wälde, *Juristische Folgenorientierung* (Frankfurt am Main: Athenäum, 1979); Hubert Rottleuthner, "Zur Methode einer folgenorientierten Rechtsanwendung," *Archiv für Rechts-und Sozialphilosophie, Wissenschaften und Philosophie als Basis der Jurisprudenz* (1979), special issue 13, page 97; および Gertrude Lübbe-Wolff, *Rechtsfolgen und Realfolgen* (Berlin: Duncker and Humblot, 1981). 結果に対する法的コントロールを重視する好機とみている研究者たちが法化と法の過度の緊張を次第に危惧しはじめているひとたちとは異なるということが期待される。

23　裁判上のレベルと解釈学《ドグマティクス》的レベルの区別は、公式組織においてパーソンズがいう技術的レベルと制度的というレベルの区別にあてはまる。Talcott Parsons, "A General Theory of Formal Organization," in Talcott Parsons, *Structure and Process in Modern Societies* (Glencoe, Ill.: Free Press, 1960), p. 59 を参照。また、両者の間には、管理運営に関するいくつかのレベルがありうる。それらは、たとえば法廷の運営方針、組織的方針、法廷間の関係等の形式に具体化されている。

24　Jan M. Broekmann, "Legal Subjectivity as a Precondition for the Intertwinement of Law and the Welfare State," in Gunther Teubner, ed., *Dilemmas of Law in the Welfare State* (Berlin: de Gruyter, 1986), pp. 76–108; Thomas C. Heller, "Legal Discourse in the Positive State: A Post-structuralist Account," in Teubner, pp. 173–199.

25　法的概念の社会的適合性に関しては、Niklas Luhmann, *Rechtssystem und Rechtsdogmatik* (Stuttgart: Kohlhammer, 1974), p. 49〔ルーマン『法システムと法解釈学』土方透訳、日本評論社、一九八八年〕を見よ。また「応答法」(私は「応答的解釈学《ドグマティクス》」を推奨するが)について、Gunther Teubner, "Substantive and Reflexive Elements in Modern Law," *Law and Society Review* (1983), 17: 239 を参照。Josef Esser, *Vorverständnis und Methodenwahl in der Rechtsfindung: Rationalitätsgarantien der richterlichen Entscheidungspraxis* (Frankfurt am Main: Athenäeum, 1970) も刺激的な示唆を与える。

26　Gunther Teubner, "After Legal Instrumentalism? Strategic Models of Post-Regulatory Law," in Teubner, pp. 299–325.

27　Dieter Nörr, *Rechtskritik in der römischen Antike* (Munich: Beck, 1974); Lodovico Muratori, *Dei difetti della giurisprudenza* (1st ed., Venice: 1742; Milan: Rizzoli, 1958).

28 とくに、聖なる法は、二次的な意図を考慮したこの種の取り扱いを必要とする。Joseph Schacht, "Die arabische hijal-Literatur," *Der Islam* (1926), 15: 211 を見よ。

29 十二表法の法的規定にもとづいて「もし父その息子を三回売却したれば、息子は父より自由たるべし。(Si pater filium ter venumduit, a patre filius liber esto.)」

30 Abel, "Delegalization," p. 27.

31 Rüdiger Voigt, *Verrechtlichung: Analysen zur Funktion und Wirkung von Parlamentarisierung, Bürokratisierung und Justizialisierung sozialer, politischer und ökonomischer Prozesse* (Königstein/Taunus: Athenäeum, 1980); Rüdiger Voigt, "Mehr Gerechtigkeit durch mehr Gesetz? Ein Beitrag zur Verrechtlichungsdiskussion," *Aus Politik und Zeitgeschichte* (1981), 21: 13; Günther Ellscheid, "Verechtlichung sozialer Beziehungen als Problem der praktischen Philosophie," *Neue Hefte für Philosophie* (1979), 17: 37.

32 わずかばかりの変更によって、この小集団アプローチは、ネオ・コーポラティズムの指導者小集団(リーダー的行為者)にまで拡張される。ここでは、善き隣人の「聖なる監視」によるコンフリクトの抑制やパートナーによる固定化は回避されうる。しかし、脱法律化のメカニズムは、平和というより、むしろ権力となる。

33 私の提案は、時間的、社会的、また事実的局面における予期の一般化のためにコンフリクトの可能性を用いることである——若干の定義のヴァリエーションが、拙著 *A Sociological Theory of Law*〔『法社会学』〕にある。きわめて/非常に一般的な定義——たとえば、社会の秩序に対する貢献——を用いることが不十分であることは間違いない。というのも、そのような定義では、いかなるものにも、法の機能的等価物の地位を与えることになるからである。

34　あるいは「集合的行動」！の「蓋然性」を意味している。Neil J. Smelser, *Theory of Collective Behaviour* (London: Routledge and Kegan Paul, 1963), p. 67〔ニイル・J・スメルサー『集合行動の理論』会田彰・木原孝訳、誠信書房、一九七三年〕を参照。

35　私は、マトゥラーナやヴァレラのような、オートポイエティック・システム理論の研究者たちが、おそらくこの定式化に同意しないであろうということを認めなければならない。Maturana and Varela, *Autopoiesis and Cognition*〔マトゥラーナ／ヴァレラ『オートポイエーシス』〕を見よ。彼らは、閉鎖性の必要を強調し、システムと環境との区別が観察者を前提とすることを主張する。このことを考慮にいれると、われわれは自己観察がオートポイエティック・システムの本質的な特徴であることを要請しなくてはならない。Gordon Pask, "Organizational Closure of Potentially Conscious Systems," in M. Zeleny, ed., *Autopoiesis: A Theory of Living Organization* (New York: Elsevier, 1981), p. 265 をも参照。

36　Edgar Morin, *La méthode* (Paris: Seuil, 1977), 1: 294〔エドガー・モラン『方法 1』〕; Niklas Luhmann, "The Improbability of Communication," *International Social Science Journal* (1981), 33 : 122.（本書第3章）

37　Alexander Goldenweiser, "Loose Ends of a Theory on the Individual, Pattern and Involution in Primitive Society," in Robert H. Lowie, ed., *Essays in Anthropology, Presented to A. L. Kroeber* (Berkeley, Calif.: University of California Press, 1936), p. 99 および Clifford Geertz, *Agricultural Involution: The Process of Ecological Change in Indonesia* (Berkeley, Calif.: University of California Press, 1963), p. 80〔クリフォード・ギアーツ『インボリューション――内に向かう発展』池本幸生訳、NTT出版、二〇〇一年〕を参照。彼らはインボリューション（involution）を基礎的パターンの、内的成熟と過度の修飾の、細々としたことへの技術的こだわりの、また果てしない名人芸化の増加する固持と記述する。

38 Klaus A. Ziergert, *Zur Effektivität der Rechtssoziologie: Die Rekonstruktion der Gesellschaft durch Recht* (Stuttgart: Enke, 1975) を見よ。本書は、法の用具的および表出的機能を主張する。私としては、法の政治的および法的使用という区別を用いたい。

39 この（厳密にはポスト・ゲーデル的ではなく、ポスト・フランス革命の）証拠をもって、一九世紀の著作家たちは、法の機能は自由を創造し、また保証することである主張した。Georg F. Puchta, *Cursus der Institutionen* (Leipzig: Breitkopf and Härtel, 1856), p. 4を参照。本書は、この機能をはっきりと理性と道徳性の要求に対照的なものとして論じた。すなわち、カントと対照したのである。いい換えれば、「自由」とは、機能的に分化した社会がその統合を自然、理性および道徳性という伝統的なゼマンティクのうえに基礎づけることができないという事実の規範的対抗部分である。

40 ところで、法システムは理性および道徳性の優位性からの独立を自負する唯一のものでない。政治については、マキャヴェリを参照。また愛については、有名な"Duel de l'amour et de la raison," in François Joyeux, *Traité des combats que l'amour a eu contre la raison et la jalousie* (Paris: Hauteville, 1667), p. 231を見よ。価値自由な科学は、同様な問題を扱ったもうひとつのヴァリエーションである。

41 この用語は、James G. March and Herbert A. Simon in *Organizations* (New York: Wiley, 1958), p. 191〔J・G・マーチ／H・A・サイモン『オーガニゼーションズ』土屋守章訳、ダイアモンド社、一九七七年〕によって与えられた意味で用いている。

42 Helmut Willke, "Three Types of Legal Structure."

43 D. J. Mathew, "The Logic of Task Analysis," in Peter Abel, ed., *Organizations as Bargaining and Influence Systems* (New York and London: Heinemann, 1975), p. 103.

44 シュライエルマッハーの解釈学的原則のひとつに、「創作が恣意に委ねられるにつれ、ますます目的は理念（＝作品の内的統一性）から離れる」とある。Friedrich E. D. Schleiermacher, *Hermeneutik und*

Kritik (Frankfurt am Main: Suhrkamp, 1977), p. 175. を見よ。

45　この件に関する議論について、Muratori, *Dei difetti della giurisprudenza*, p. 111 を参照。

訳者あとがき

ニクラス・ルーマン（一九二七―一九九八年）は、二〇世紀後半を代表するドイツの社会学者であり、その理論は、「社会システム理論」と呼ばれる。この理論においては、およそ社会を構成するあらゆるシステム（法、政治、経済、宗教、教育、そして社会そのもの等）がその対象とされ、また、リスク、エコロジー、マスメディア、組織、愛など、社会を解明する上で挙げられうるさまざまなテーマについての論考が展開されている。著作数は膨大であり、かつその内容は難解であるが、いまや、その主要なものは、大部分邦訳にて読めるようになった。

本書は、そうしたルーマンの膨大な著作群のなかでも、なにより「エッセイ」というかたちをとる希有な著作である（原題は、*Essays on Self-Reference*）。これがエッセイであるのは、本書がルーマンの他の著作とは異なり、所収論文が「自己言及性」をめぐる論考であるということによる。このことは、ルーマンが展開する理論を読者がフォローすることになる他の著作と比べ、本書においては、ルーマンの理論の一つの核心である「自己言及性」に読者がアプローチしていくことを可能にしている。つまり本書は、ルーマンの理論展開を追いかけるのではなく、ルーマンが自己の理論展開で用いる装置（自己言及性）に、さまざまな切り口から接近していくことを可能にするものといえる。

もっとも、ルーマンにとって「自己言及性」とは、所与のものである。ルーマンは、「自己言及性」を当然のごとく前提として扱い、そしてそれを用いることにより、理論上のさまざまな成果を手にしている。したがって「自己言及性とは何であるか」という問いへの答えは、彼が示すこと、そのもののなかにある。すなわち、「自己言及性を用いて議論することで、このように説明できる」、と。もちろん、自己言及性一般についてのさまざまな説明の仕方はあるが、ルーマンを読む場合には、彼自身が案出した概念であれ、他から援用し必要な変更を加えて用いた概念であれ、ルーマン独自の理解と用法によるものと考えた方がよい。そのオリジナリティこそ、ルーマン理論の潜勢力《ポテンシャル》であり、魅力である。こうしたことから、「自己言及性」が何であるかについては、本書で示される論考と成果をもって理解されるべきであろう。したがって、ここでは自己言及性の議論に定位することの意味を述べたいと思う。

〔パラドクスと悪循環〕

そもそも自己言及とは、「自己」が「自己」に言及することである。この自己言及は、古くは、ウロボロス（自らの尾を飲んで環をなす蛇）という古代の象徴に、また文字文化においては、自らがクレタ人であったエピメニデス（紀元前六〇〇年頃）の「クレタ人は、いつも嘘つき」とした言葉に示されている。後に、使徒パウロがクレタ島に残された彼の弟子テトスに宛てた手紙にも、この言葉は引用されている（新約聖書、テトスへの手紙1－12）。この言葉からは、「すべてのクレタ人は嘘つきだと、クレタ人が言った」という周知のパラドクスの議論が導かれる。クレタ人が言ったことが嘘ならば、クレタ人は嘘つきだという言明は嘘になる。ならば、クレタ人は嘘をつかない。しかし、クレタ人は嘘をつく、と（クレタ人が）言うのである。このパラドクスは、その解法を試みようとして、あるいは解法の探究の諦めとして、またときとして言葉遊びとして話題とされ、または揶揄されながらも、今日までさまざまに議論されるに至っている。いずれにせよ基本的にパラドクスというものは、出口のない問題として、あるいは悪循環として、まずは回避ないし遺棄されるべきものとして考えられている。自己が自己に言及すること、それはこのようなパラドクスを生じさせる。したがって学問の展開は、この自己言及の問題から巧みに目をそらすこと、あるいは目をそらさせることで、それぞれ展開していったともいえる。

［特権的外部者］

たとえば、ヨーロッパの学問を可能にしたキリスト教の中心概念に、その端緒を見ることができる。キリスト教は、世界の創造神をその中心に据える。神は、万物の創造主である。そこで、神を創造主と認めることのできる自己の場所を問うてみよう。そうすると、それを主張する自己は、創造を確認できる位置、つまり神の業を確認できる位置にいることになる。そこでは、人は神の被造物でありながら神を対象としうる視点、つまり神の神たる視点を持つことができる。つまり、絶対者を対象として語るということは、自らが絶対者に対して、より上位に位置することを導く。ゆえに自己の立ち位置は、議論において触れられない。こうした観察者は、つねに外部で特権化され、議論からはずされている。そうすることで、神の絶対性の主張だけが取りざたされる。

議論において真・善・美が根拠とされるとき、この構造はつねに維持されている。そして近年、地球環境やエコロジーを人類共通の価値とする議論のなかにも、また人権や人間の尊厳、平和や安全などが語られるときも同様の構造が散見される。それらは、つねに議論の外部に位置し、かつそれをめぐる議論のなかで、それら自身や、その位置そのものが吟味されることはない。

［自己言及が暴く構造］

著名な議論の多くには、この特権的な外部が隠されている。このような外部は、以下示すように、それぞれの議論が立つところのものにそれ自身を適用したとき、たちまち問題を露呈させる。いくつか列挙しよう。

○S・フロイトは、人間の理性や意識が無意識によってコントロールされていることを指摘し、それまでの学問に衝撃を与えた。しかし、フロイトはこの「無意識」を「意識」によって発見したのではないだろうか。

○M・ヴェーバーは、「ある（存在《ザイン》）」と「あるべき（当為《ゾルレン》）」とを峻別し、社会科学の科学性＝客観性は当為ではなく存在を扱うことにあるとした。では、この峻別は、存在なのか、当為なのか。つまり、社会科学が科学であるためには、「峻別せよ！」という当為命題に定位しなくてはならないのではないか。

○J・ハーバーマスが討議倫理を説くとき、討議を通じて従うべき規範を創出しようというのであれば、それを主張する討議理論そのものは、討議を経て創出されたものであるのか。

○相対主義は、相対主義に抗する絶対主義にたいしても相対的に理解することができるのだろうか。寛容は、非寛容の議論に対しても寛容でありつづけられるのだろうか。もっとも民主的とされたヴァイマル憲法は、民主的であるがゆえに、ナチに破棄されたのではなかったか。また、文化人類学の成果や異文化の発見からひとつの価値や文化の絶対性を否定し、その多様性および相対性を主張する場合、かかる主張そのものが絶対化されているのではないか。あるいは、大きな物語の終焉を唱えるポストモダンの主張は、それ自体が「大きな物語」なのではないか。

○多くの近代的な思考が立脚する、外部のテキストを内部で処理するという図式において、主体自らは、自らの身体の内部／外部-性を判断できないのではないか（他者の身体については、その外部／内部を外側から観察することができる）。そもそも、自己は自己が投げかける視線を見ることができない（他者がなにものかに投げかける視線を見ることはできる）。自己は、その図式のどこに自己自身が位置すると考えることができるのだろうか。

あるいは、まさにわれわれも経験した例でいえば、「想定を超えた事態」で生じた事故への対策が可能だというのは、想定できない事態が想定できたということに他ならないのではないか。

これらは、その外部に特権化された自己を隠し持つことで、結局は自らが最高の存在であることを可能にしている。言い換えれば、これまでのわれわれの知と学問は、自らがその議論の対象となるのを免れることによって、成立していたのである。そこでは、自己が行う議論の対象として、自己が登場することはない。自己が自己に言及することはない。これらは、そのことをもって、自己が「真理」であることを可能にしてきたといえる。

［自己言及の活用］

ルーマンは、自己言及に正面から目を向ける。それを肯定するのでも否定するのでもない。単に、そして現に、自己言及は在るのであり、ルーマンはそのことを、社会の所与とする。逆からいえば、自己言及は古代、中世、近代と社会が進展してきたなかで、近代社会が備えるに至った獲得物である。

本書で示された自己言及の諸相、たとえば、永遠の真理とされたものが、実は真理の暫定的・仮定的性格ゆえにつねに更新され続けていくことによって真理として可能になること、人間の所為を超えた根拠をもつとされた法（自然法）が、法によって決定された法（実定法）にとって代わられたがゆえに、社会においてより柔軟かつ効果的に可能となることなど、社会はこのような仕組みと考え方をすでに備えている。

理解を容易にするために、比喩でそのイメージを示そう。たとえば世界一高いビルを建設することになったとしよう。その建設にあたっては、最高の技術が投入されるであろう。これは旧来の理論のイメージである。そのためには、そのビルよりわずかばかり高い足場が必要とされる。ただしその足場が、かかるビルよりも高い建築物であることは問題にされない。つまり、その足場が世界一高いということは隠され、その隠された足場こそが、ビルを世界一高い建築物にする。ビル自身の「高さ」は、（隠された、ないしは言及されない）外部の支えによって可能となっている。それに対して自己が自己に言及することを積極的に取り入れていくならば、このビルの建設にあたっては自己にプラス一階組み上げていくロボットを考えることになる。この場合、いわば自己が自己を支えることとなる。最終的に、どちらが世界一の高さを実現するのだろうか。

つまり――いまやそれが欺瞞であれ、あるいは擬制であれ――、「最高」という言葉を例に用いて表すならば、普遍的で、完全な妥当性を有し、最大の効用をもたらすことを目す知のあり方が「最高」を可能にするのか、あるいは、自己に言及し続ける知のあり方、すなわち自らの限界を自らで突破していく知のあり方がより「最高」を示し続けるのか。後者に拠るのであれば、われわれはルーマンの理論を選択することになる。

本書からは、自己言及性を中心にさまざまな視角が提供される。それを丹念に読むことで、自己言及性によって説明される事態の豊富さを垣間見ることができよう。と同時に、それに対する無理解や批判に対して、一定の解答を得ることも可能となるであろう。とはいえ、本書で展開される議論は、けっして容易に理解されるものではない。ルーマンは、彼のどの著作においても独自の概念や定式を駆使するが、それは本エッセイにおいても例外ではない。ルーマンが用いる概念や定式については、本書において説明される記述に加え、ぜひルーマン自身もオーソライズしたルーマン理論の用語集（E・エスポジト他『GLU――ニクラス・ルーマン社会システム理論用語集』土方透、庄司信、毛利康俊訳、国文社、二〇一三年）を参照していただければと思う。同書には、ルーマンの詳細な著作リストが収められており、それによって彼の理論構想の全体を、膨大なタイトルのリストを通して大まかにでも見渡すこともできるであろう。

なお、訳語について付言しておきたい。社会システム（social system）は、法システム、政治システム、経済システム、宗教システムなど、社会的コミュニケーションから成るシステムであり、それは生命システム、心的システムなどから区別される（本書九ページ参照）。とくに近現代の社会（Society）は、そうした社会システムのもっとも包括的な全体として理解される。したがって、「Society」には、文脈に応じて「社会」「全体社会」「包括的なシステムとしての社会」などの訳語を、また「societal system」には、「社会というシステム」「全体社会システム」などの訳語を用いた。ご理解いただければ幸いである。

最後に、本訳書の書誌情報を記しておきたい。本書は、Niklas Luhmann, *Essays on Self-Reference*, Columbia University Press, New York: 1990. の翻訳である。原著には、"Meaning as Sociology's Basic Concept" なる論文が収められているが、本邦訳書では割愛した。同論文は、ドイツ語版からの翻訳が『批判理論と社会システム理論――ハーバマス＝ルーマン論争』（佐藤嘉一、山口節郎、藤沢賢一郎訳、木鐸社、一九八四年）に収めら

れており、当時、同じ論文について二つのヴァージョンの邦訳が出ることを懸念して、ルーマンが訳者に割愛するよう要請したことによる。

本書は、もともと一九九六年に国文社より出版されたものである。この二〇年の間にルーマンも逝去し、すなわち（依然として新たに遺稿が整理され出版されてはいるものの）ルーマン自身による新たな理論の提示は停止し、加えてルーマン理論の理解も大幅に進んだ。今回、同書がちくま学芸文庫に収められることを機に、旧訳書の訳語を全面的に見直した。大澤が第3、4、5、8、9、10、11章を、土方が第1、2、6、7、12章を担当し、最終的に土方が全体としての統一を整えた。また、その作業の過程で、ルーマン他の翻訳を公刊されている庄司信氏に、さまざまな点でご協力をいただいた。同文庫での再刊の声をかけてくださった筑摩書房の田所健太郎さんをはじめ、校閲の方々にも、たいへんお世話になった。記して感謝したい。

二〇一六年春

土方　透

本書は、一九九六年七月、国文社より刊行された。文庫化に際しては、全面的に訳文を見直し、改訂を施した。

生活世界の構造

アルフレッド・シュッツ／トーマス・ルックマン
那須壽監訳

「事象そのものへ」という現象学の理念を社会学研究で実践し、日常を生きる「普通の人びと」の視点から日常生活世界の「自明性」を究明した名著。

死と後世

サミュエル・シェフラー
森村進訳

われわれの死後も人類が存続するであろうこと、それは想像以上に人の生を支えている。二つのシナリオをもとに倫理の根源に迫った講義。本邦初訳。

哲学ファンタジー

レイモンド・スマリヤン
高橋昌一郎訳

論理学の鬼才が、軽妙な語り口ながら、切れ味抜群の思考法で哲学から倫理学まで広く論じた対話篇。哲学することの魅力を堪能しつつ、思考を鍛える！

ハーバート・スペンサーコレクション

ハーバート・スペンサー
森村進編訳

自由はどこまで守られるべきか。リバタリアニズムの源流となった思想家の理論の核が凝縮された論考を精選し、平明な訳で送る。文庫オリジナル編訳。

ナショナリズムとは何か

アントニー・D・スミス
庄司信訳

ナショナリズムは創られたものか、それとも自然なものか。この矛盾に満ちた心性の正体を、世界的権威が徹底的に解説する。最良の入門書、本邦初訳。

日常的実践のポイエティーク

ミシェル・ド・セルトー
山田登世子訳

読書、歩行、声。それらは分類し解析する近代的知が見落とす、無名の者の戦術である。領域を横断し、秩序に抗う技芸を描く。（渡辺優）

反解釈

スーザン・ソンタグ
高橋康也他訳

《解釈》を偏重する在来の批評に対し、《形式》を感受する官能美学の必要性をとき、理性や合理主義に対する感性の復権を唱えたマニフェスト。

ウォールデン

ヘンリー・D・ソロー
酒本雅之訳

たったひとりでの森の生活。そこでの観察と思索の記録は、いま、ラディカルな物質文明批判となり、精神の主権を回復する。名著の新訳決定版。

聖トマス・アクィナス

G・K・チェスタトン
生地竹郎訳

トマス・アクィナスは何を成し遂げたのか。一流の機知とともに描かれる人物像と思想の核心。専門家からも賞賛を得たトマス入門の古典。（山本芳久）

ちくま学芸文庫

自《じ》己《こ》言及《げんきゅう》性《せい》について

二〇一六年 五月 十 日 第一刷発行
二〇二四年十一月二十五日 第二刷発行

著 者 ニクラス・ルーマン
訳 者 土方透（ひじかた・とおる）
大澤善信（おおさわ・ぜんしん）
発行者 増田健史
発行所 株式会社 筑摩書房
東京都台東区蔵前二―五―三 〒一一一―八七五五
電話番号 〇三―五六八七―二六〇一（代表）

装幀者 安野光雅
印刷所 信毎書籍印刷株式会社
製本所 株式会社積信堂

ISBN978-4-480-09677-7 C0136